云南大学禁毒防艾研究丛书

编 委 会 主 任：刘绍怀　何天淳

编委会副主任：肖　宪　林文勋

编 委 会 委 员（按姓氏拼音排序）：

陈云东　何天淳　李　聪　李晨阳

李东红　林文勋　刘绍怀　刘　稚

沈海梅　王启梁　邬　江　向　荣

肖春杰　肖　宪　杨　毅

《金三角毒品问题研究》

主　　编：李晨阳

副主编：邵建平

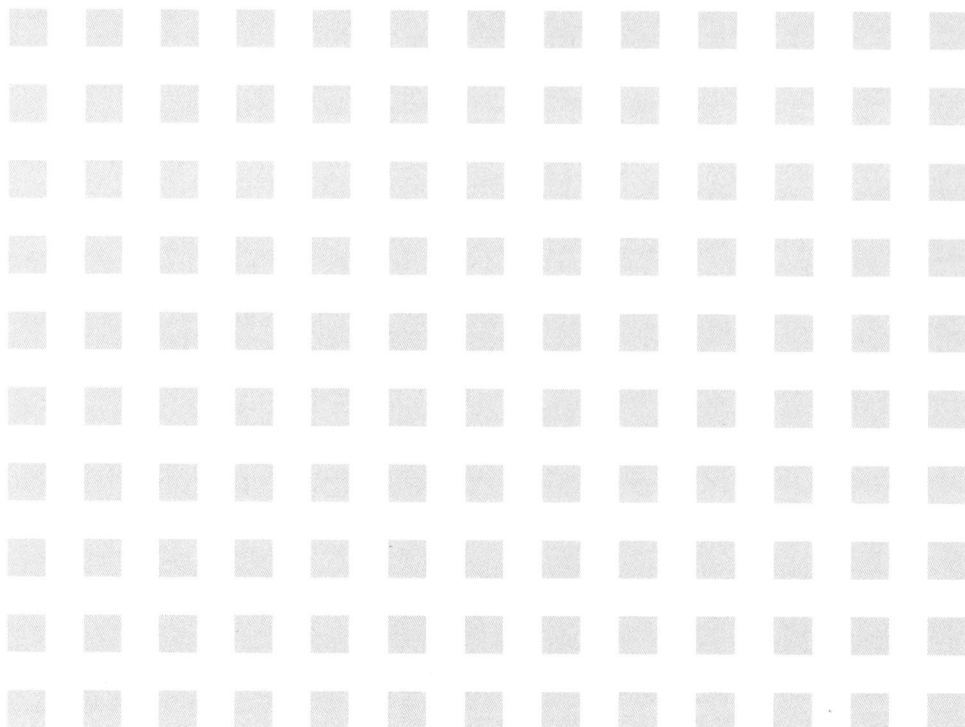

云南大学禁毒防艾研究丛书

金三角毒品
问题研究

JINSANJIAO DUPIN WENTI YANJIU

李晨阳　主编

云南大学出版社

YUNNAN UNIVERSITY PRESS

图书在版编目（CIP）数据

金三角毒品问题研究/李晨阳主编 . —昆明：云
南大学出版社，2010
（云南大学禁毒防艾研究丛书）
ISBN 978 - 7 - 5482 - 0247 - 9

Ⅰ . ①金…　Ⅱ . ①李…　Ⅲ . ①禁毒—研究—东南亚
Ⅳ . ①D733.088

中国版本图书馆 CIP 数据核字（2010）第 187444 号

金三角毒品问题研究

李晨阳　主编

责任编辑：龙宝珍
封面设计：丁群亚
出版发行：云南大学出版社
印　　装：昆明卓林包装印刷有限公司
开　　本：787mm × 1092mm　1/16
印　　张：15.5
字　　数：209 千
版　　次：2010 年 6 月第 1 版
印　　次：2010 年 6 月第 1 次印刷
书　　号：ISBN 978 - 7 - 5482 - 0247 - 9
定　　价：42.00 元

地　　址：昆明市翠湖北路 2 号云南大学英华园内
邮　　编：650091
发行电话：0871 - 5031071　5033244
E - mail：market@ ynup. com

总　序

　　毒品和艾滋病问题是全球面临的重大社会问题。在我国，这一问题早已引起社会的广泛关注和党和国家的高度重视。胡锦涛总书记强调："禁毒工作事关人民群众的身心健康和安居乐业，事关社会主义精神文明建设，事关经济社会协调发展，事关全面建设小康社会宏伟目标的顺利实现，事关国家安危和民族兴衰。禁毒工作必须全社会共同参与，各部门通力合作，综合治理。首先要抓教育，第二要抓戒毒，第三要抓打击，第四要抓管理，最后要抓法制，加强立法。""艾滋病防治是关系我中华民族素质和国家兴亡的大事，各级党政领导需提高认识，动员全社会从教育入手，立足预防，坚决遏制其蔓延势头。"

　　地处祖国西南边疆的云南，因其特殊的地理位置和地缘情况，毒品和艾滋病问题较为突出，是国家禁毒防艾工作的前沿。近年来，按照国家的统一部署，通过持续不断地开展禁毒防艾人民战争，云南的毒品和艾滋病问题得到有效控制和治理。但因受国际、国内多种因素的影响，我们还必须充分认识到这一问题的长期性、复杂性和艰巨性。特别是从我国建设和谐社会、和谐边疆，进一步扩大对外开放，把云南建设成面向

1

西南开放的桥头堡等重大战略需要来看，我们要做的工作还很多，任务依然十分艰巨。新的形势、新的任务给我们提出了新的更高的要求。

云南大学作为云南省唯一一所"211工程"重点建设大学、西部大开发重点建设院校和省部共建高校，一直致力于服务地方经济社会发展和国家战略需要。自20世纪80年代初以来，针对毒品和艾滋病问题，就有一批学者相继投入此方面的研究。1995年，在前期研究积累的基础上，云南大学与美国迈阿密大学合作，联合成立了毒品综合研究中心。2004年，学校成立云南大学法律援助中心，专门为艾滋病患者提供法律援助。2007年，学校又进一步组建了禁毒防艾研究与援助中心。2008年，经云南省教育厅批准，"云南省学校禁毒防艾志愿者培训基地"在云南大学成立。2009年初，云南大学禁毒防艾研究与援助中心被列为"云南省省院省校合作研究基地"。与此同时，学校还在校外的一些禁毒防艾机构和社区建立了一批实践基地和社会工作站。经过长期的建设与发展，云南大学对禁毒防艾问题的研究及其工作取得了显著的进展，并形成了三个突出的特色，即：一是充分发挥多学科的优势，综合开展禁毒防艾问题研究；二是理论研究与实践运用相结合；三是注重国际间的交流与合作，彰显国际性。这为进一步的建设与发展奠定了坚实的基础。

为进一步加强禁毒防艾问题的研究，更好地适应形势发展的需要，2009年5月，我校在整合相关资源和力量的基础上，组建了云南大学禁毒防艾研究中心。中心围绕禁毒防艾的法律与政策问题、国际禁毒防艾合作、禁毒防艾的技术控制、禁毒防艾的社会控制，以及禁毒防艾与公共卫生安全等主要研究方向，科学研究、人才培养、社会服务并举，正在全力推进建设与发展，力争将其建设成国内外具有较高水平和重要影响的禁毒防艾研究中心和基地。

为集中反映云南大学禁毒防艾研究中心的成果，增进与国内外学术界和相关部门的交流，我们组织编辑出版了"云南大学禁毒防艾研究丛书"。丛书的出版和中心的建设与发展，得到了许多部门、机构和专家学者的关心与支持，在此，谨致谢忱！同时，我们也将更加努力地工作，争取有更多的新的成果奉献给大家。

林文勋

2010 年 6 月 26 日

目　录

绪论：21世纪初的金三角毒品问题及其对我国的影响①

李晨阳

进入21世纪后，境外毒品对我国的走私呈现出"多头入境，全线渗透"的态势，其中金三角的毒品对我国的危害最大。目前金三角生产加工的海洛因大部分通过中缅边境陆路进入我国，我国消费的海洛因95%以上来自该地区②。但随着金三角最大的毒品武装佤邦联合军（简称佤联军）承诺从2005年底开始禁种罂粟以及2005年4月中国政府决定拨款8亿元在云南及其周边地区开展禁毒和防治艾滋病的专项斗争以来，个别所谓的毒品问题专家认为金三角毒品问题的彻底解决指日可待，甚至提出了"后金三角时代"这样的概念。这在很大程度上是一种掉以轻心的盲目乐观，在实践中对我国的禁毒斗争是有害的。

一、21世纪初金三角毒品问题的基本态势

（一）传统毒品形势有所缓解，但是总体形势仍然十分严峻

20世纪90年代初以来，中国和中南半岛的越、老、缅、泰等国

---

①本文撰写于2005年8月，收入本书时只对个别词句和数据进行了更新。
②中华人民共和国公安部网站 http://news.mps.gov.cn/right_ news.asp? id = 788，2004年7月16日。

1

家政府加大了禁毒的力度，泰国、老挝、缅甸部分地区的替代种植有所发展，金三角的罂粟种植面积和鸦片、海洛因的产量有了大幅度下降。但是由于新型毒品的产量迅速增长，因此金三角总的毒品产量以及这些毒品的市场价值有增无减，金三角地区的禁毒成效只能说是局部的，而非全面的。以 2003 年为例，金三角地区当年生产加工的海洛因仍高达 70～80 吨，而包括甲基苯丙胺、安非他明和摇头丸等在内的兴奋类毒品据估计已超过了 100 吨，大麻的产量则更高。此外，由于辖区内可卖的资源日趋减少以及替代种植遇到了比较多的困难，20 世纪 90 年代中期曾经基本根除毒品种植的缅甸克钦邦第一、第二特区出现了一定程度的罂粟复种，掸邦东部第四特区的毒品走私再度猖獗，成了新的毒品集散地和走私通道。

有必要强调的是，金三角以海洛因为主的麻醉型毒品的减少，固然有国际社会的压力和替代种植的作用，但也要看到国际上对海洛因需求下降因素的影响。还有必要指出的是，由于各种因素的干扰，联合国毒品与犯罪办公室近年来对金三角罂粟种植面积和鸦片、海洛因的产量统计偏低。如 2002 年、2003 年、2004 年联合国统计的缅甸罂粟种植面积分别为 8.14 万公顷、6.22 万公顷和 4.4 万公顷（加上老挝的也只有 5.6 万公顷），但据云南省公安厅禁毒局统计，2004 年云南境外的罂粟种植面积超过了 100 万亩，比 2003 年增长了10.2%，各类毒品加工厂过百家[1]。尤其是佤联军抓住 2005 年禁种前的机会，暗地里扩大了种植面积，使每公顷鸦片的产量从世纪之交的 10 公斤提高到了 2003 年的 13～16 公斤[2]，而且还囤积了大量的鸦片和海洛因。果敢同盟军表面上 2003 年在其辖区实现了禁种，但同样囤积了不少毒品，制贩毒活动仍很猖獗。

---

①《禁毒：构建和谐崭新的"平安云南"》，《云南政协报》2005 年 6 月 25 日，第 4 版。

②Office on Drugs and Crime of United Nations, *World Drug Report*：2004，Vol. I，p73；Vol. II, pp. 216～217.

（二）毒品加工精制化和高科技化，毒品种类增多，新型毒品异军突起，有超过传统毒品海洛因的态势

金三角毒品以前主要是以罂粟为原植物提炼出来的鸦片、吗啡和海洛因。20 世纪 90 年代初以来，金三角地区的毒枭在继续大量精制海洛因的同时，开始用麻黄素为原料，生产甲基苯丙胺、安非他明、摇头丸等兴奋类毒品，而且规模日渐扩大。从整个毒品市场来看，甲基苯丙胺、安非他明、摇头丸等兴奋类毒品有其自身的优势，与传统毒品鸦片和海洛因相比，新型毒品易于携带，易于逃避检查。因此，为了迎合市场需要，金三角地区的一些海洛因生产者转向生产甲基苯丙胺、安非他明、摇头丸等兴奋类毒品。此外，为了解决麻黄素原料不足的问题，金三角的毒枭一方面花高价从国外网罗所谓的高手到其辖区内生产麻黄素和其他化学制剂，另一方面学会了不用麻黄素作为原料的化学合成方法。在全球数以百计的毒品中，除古柯与可卡因外，金三角地区目前都有产销，连以前被人忽略，但在金三角大量生长的大麻也已被毒枭作为走私牟利的财源。2002年，东亚和东南亚地区（主要为中国、泰国、菲律宾和缅甸）查获的安非他明（包括摇头丸）达 14 124 公斤，超过了同年在这一地区缴获的海洛因（11 181 公斤）[1]。此外，2002 年，泰国、缅甸和老挝三国缴获的大麻草高达 14 309.188 公斤[2]。据 2005 年统计，世界上超过 2/3 的甲基苯丙胺吸食者在亚洲，其中大部分在东亚和东南亚[3]。庞大的市场，导致金三角已经完成了从"海洛因王国"到"冰毒王国"的转变[4]。

---

①Office on Drugs and Crime of United Nations，*World Drug Report*：2004，Vol. I，p73；Vol. II，p. 83.

②Office on Drugs and Crime of United Nations，*World Drug Report*：2004，Vol. I，p73；Vol. II，p. 308.

③UNODC（2005），*World Drug Report* 2005.

④董胜：《金三角真相》，时代文艺出版社，2003 年版，第 109 页。

（三）毒品产区比以往更为集中，产毒中心北移，佤联军取代坤沙集团成为金三角最大的贩毒武装

作为世界主要毒源地之一的金三角，包括缅甸的掸邦、克钦邦，泰国的清莱府、清迈府北部及老挝的琅南塔省、丰沙里、乌多姆赛省，面积约为 15～20 平方公里①，越南北部地区也一度被涵盖在内。20 世纪 80 年代末，缅甸共产党解体后，从缅共人民军中分裂出来的果敢同盟军、佤联军等四股少数民族武装的制贩毒活动规模不断扩大，金三角的产毒中心逐渐从缅泰边境向中缅边境缅方一侧转移。此后，克钦新民主军和掸邦东部同盟军在 20 世纪 90 年代中期基本根除了毒品种植，毒品产区进一步向缅甸的佤邦、果敢等两个地区以及老挝北部集中，其中果敢地区是最主要的毒品集散地和中转站。1996 年初，在坤沙集团向缅甸投降之前，佤联军的制贩毒活动已与坤沙集团并驾齐驱。在"后坤沙时代"的毒品市场争夺中，佤联军凭借其强大的军事实力，已经成为控制金三角主要毒品贩运通道和市场的最大武装贩毒集团，这一状况至今没有改变。正因为如此，美国参议院外交委员会和美国缉毒署 2002 年 3 月相继认定佤联军是"一个众所周知的与全世界毒品贸易有密切联系的恐怖主义组织"②；2005 年 1 月 25 日，美国纽约法庭宣布起诉佤联军的魏学刚、魏学隆、魏学贤、鲍有祥、鲍有义、鲍有良、鲍有华、鲍华祥等八名毒枭。

（四）制毒、贩毒活动组织化、武装化、隐秘化

金三角的涉毒民族武装大部分都秘密成立了毒品经营管理机构，规定凡涉及毒品种植、收购、生产、贩运等事情均由该机构具体组织实施。为了笼络人心、稳定内部和便于保密，各武装大多采取军政官员按级别入股分红的经营方式。为了减少风险，这些少数民族武装将罂粟种植由城镇周边、公路沿线向位置偏僻、交通不便的山

---

①董胜：《金三角真相》，时代文艺出版社，2003 年版，第 109 页。

②U. S. Department of State, Narco - Terror: The Worldwide Connection between Drugs and Terror, March 13, 2002.

区和林区转移，毒品加工也分散转移到缅老、缅泰、缅印边境以及萨尔温江、湄公河沿岸的山区农家，呈现出小规模、多作坊和多批量生产的特点。这样，金三角地区的毒品加工形成了同时向集约化、大型化和流动式作坊化、分散化两极方向发展的特点。金三角的毒品走私运输目前已发展到海陆空并用，其中陆地运输不仅多有武装押运，夹藏毒品的方式也更加隐秘，而且往往采取钱货分离、单线联系，同时使用多个手机卡等方式，并配备高级越野车乃至全球定位仪和卫星电话。为了逃避打击，金三角贩毒团伙大多设立了商业办事处或销售公司等掩护机构，近年来又大量利用人体藏毒等小宗贩毒形式，甚至采取转移到其他国家和地区生产毒品或者绕道其他武装辖区迂回走私的方法。

（五）毒品走私的主要通道没有明显变化，但走私的毒品种类却发生了较大变化

金三角毒品向外走私的渠道很多，但从 20 世纪 90 年代初以来，金三角毒品最主要的流向是中国和泰国，这一态势迄今没有改变。随着金三角毒品种类的变化，流向中国和泰国的毒品类型也发生了变化，即由过去的海洛因同时大量向中国和泰国走私变为海洛因主要流向中国，甲基苯丙胺等兴奋类毒品主要流向泰国，同时也有相当部分流向中国。以 2002 年为例说明，泰国当年查获安非他明 8 662 公斤，海洛因只有 697 公斤，而中国同年缴获海洛因 9 291 公斤，安非他明 3 190 公斤①。

二、金三角毒品问题将在较长时间内继续存在

2005 年 4 月，国务院为支援云南禁毒工作，决定分期向云南拨付近 8 亿元禁毒专款，境外毒品替代种植专项经费从过去每年 50 万元增至 5 000 万元。这反映了党和政府对毒品问题的高度重视和决

---

① Office on Drugs and Crime of United Nations, *World Drug Report*：2004，Vol. I,
p73；Vol. II, p. 83.

心，将对金三角毒品问题的解决起到历史性的推动作用。但从生活方式、思想观念以及经济、政治等方面的因素综合分析，金三角总的毒品产量在未来几年内不会有明显下降。因此，我们不能存有"毕其功于一役"的侥幸心理，而是要继续做好长期禁毒的思想准备，现在就提出"后金三角时代"的概念尚为时过早。

（一）在金三角全面禁种罂粟短期内很难实现

在金三角全面禁种罂粟是一个非常困难的问题，首先因为种植和贩卖毒品是金三角地区老百姓的一种生活方式。据联合国毒品与犯罪办公室 2004 年的统计，金三角地区当时大约还有 35 万户农民种植罂粟，而这些老百姓绝大部分都不认为种植罂粟和贩卖鸦片是犯罪，只觉得这是他们换取大米和其他日常生活用品的生存方式。此外，金三角地区缺医少药，鸦片是当地人传统的止痛药物，当地人甚至认为吸食少量毒品有益于健康，因此，在金三角某些地区至今还有用鸦片来接待客人的现象。而我们知道，要改变这些民族持续了 100 多年的传统生产方式和生活习惯的难度是很大的。在实践过程中确实出现了这样的现象，长期居住在海拔 1 000 米以上山区的老百姓搬迁到坝子之后，出现了严重的水土不服现象，不少人生病甚至死亡，加之这些民众不善农耕，也不愿意从事如此辛苦的劳作，实际生活水平下降，因而纷纷搬回山上继续种植罂粟。而在连温饱问题都未解决的情况下，要通过办教育的方式改变金三角地区各民族的思想观念和生活方式，不是短期内就能实现的，而是一个几代人的工程。

其次，虽然替代种植是解决金三角毒品问题的最佳方式，但金三角地区除罂粟之外种植什么合适？种植后市场在哪里？老百姓是否愿意种，在短期内能否学会？毕竟对金三角地区的老百姓而言，种植罂粟不需要像种植其他经济作物所需要的资金和技术，也不需要承担卖不出去的市场风险。此外，包括佤邦北部辖区在内的部分地区缺乏搞替代种植的自然条件，怎么办？这些基础问题目前都缺少系统的深入研究和全面规划，现有的替代种植还没有深入到边远山区，没有完全覆盖罂粟种植区，导致这些地区放弃罂粟种植的烟农失去了最基本的生活来源。连金三角第一代大毒枭、缅甸目前的华侨领袖罗星汉也曾指出："替代种植不能解决全部问题，山区不适宜种植，过去搞的代价太高。必须寻求工业和贸易途径解决山民生活。"① 当然，我们并不否定金三角周边各国政府和企业在替代种植方面所付出的巨大努力和所取得的成效，也承认替代种植由点到面逐步推广做法的合理性和意义，但相对于目前金三角十几万平方公里的范围和每年超过 200 万亩的毒品种植面积来说，金三角已经实施的替代种植的作用不应该被过高估计。因为已开展替代种植的地区往往是自然条件较好和交通便利的地方，而目前的罂粟种植已基本转移到了人迹罕至的深山老林，尤其是罂粟种植一般每隔 2～3 年就换一个地方。至于个别学者和有关部门就金三角的替代种植制定的具体规划，仅仅是理论层面的，有待实践的检验。

第三，从实践的角度看，金三角的替代种植遇到了许多难以解决的困难。一是金三角居民文化素质普遍很低，缺少改种的动力，部分不愿意改种的烟农就从实施替代种植的少数民族武装辖区内迁走，导致这些地区人口减少。这又是少数民族武装不愿意看到的现象。二是迄今为止除了在掸邦东部第四特区的替代种植具有典型意义之外，金三角其他地区的替代种植鲜有成功的范例，包括联合国推介的项目也大都以失败告终。这在很大程度上使当地老百姓认为外来人和当地政府是在折腾他们，替代种植的热情受到严重打击。三是多数少数民族武装辖区内用于替代毒品财政的矿产、木材等资源迅速减少，服务业、博彩业、边境贸易和旅游业不景气，少数民族特区财政难以为继，不愿意再搞替代种植。四是由于缅甸的毒品问题与民族问题和国内政治问题纠缠在一起，使得目前国际社会与缅甸的禁毒合作也陷入了两难境地。与缅甸中央政府合作禁毒，不仅有被少数民族组织视为民族歧视的可能，而且很难保证资金能最

---

①《听罗星汉讲述传奇人生》，《参考消息》2005 年 6 月 23 日，第 13 版。

大限度地用于禁毒；若与少数民族组织合作禁毒，则可能被缅甸军政府视为干涉内政和支持少数民族武装与政府对抗。这种"两难"困境使中国、泰国等国家与缅甸的禁毒合作难以持续深入。五是我国与金三角接壤的云南边疆地区本身就是极其贫困落后的地区，不仅经济上和文化上对境外缺少辐射力，而且本身就是迫切需要救助的地区。如果我国投入大量的资金单纯在境外的金三角搞替代种植，而不把云南边疆地区的扶贫开发放在更重要的位置，又可能出现新的不平衡问题。

有些学者认为，只要缅甸军政府消灭了少数民族武装，真正统一了国家，毒品问题就能解决，这只是一厢情愿的想法。实际上，在缅甸军政府控制区内目前仍然有罂粟种植，主要原因是缅甸军政府对边远地区的控制力有限。作为社会主义国家的老挝目前都无法根绝罂粟的种植，更何况是缅甸。此外，由于贩卖毒品具有其他行业不可比拟的高利润，即使目前的少数民族武装不存在了，仍会有人在金三角继续制毒、贩毒。这就是金三角的毒枭消灭了一个，又不断涌现新毒枭的主要原因。从其他国家的实践来看，泰国北部的替代种植是在政令畅通的情况下，搞了30多年的综合治理才基本见成效。因此，对缅甸的期望值不能过高。总之，要在金三角根绝罂粟的种植，不是5～10年就能实现的。

（二）佤邦禁种罂粟并不意味着金三角毒品问题的解决

虽然佤邦是目前金三角最主要的罂粟种植区，但佤邦在2005年底宣布禁种罂粟并不意味着金三角毒品问题的解决。

首先，暂时的禁种罂粟并不意味着金三角地区以后不再种植罂粟。我们相信，在国际社会的巨大压力下，佤联军等少数民族武装在今后的几年确实会大量减少罂粟的种植。但是，我们也应看到近两年来金三角地区罂粟复种现象的出现。此外，我们还不能排除金三角的老百姓在执法人员难以检查到的地区继续种植罂粟，而且随着时间的推移和国际社会压力的减少，金三角大面积的罂粟种植死灰复燃是完全有可能的。

其次，禁种罂粟解决的仅是以海洛因为主的麻醉类毒品问题，并不意味着金三角地区甲基苯丙胺、冰毒、摇头丸等兴奋类毒品产量的减少，甚至还会促使这类毒品产量激增。这是因为目前金三角的毒品问题并不是单纯的毒品问题，而是与缅甸、老挝的政治、经济密切相关的复杂问题，是这两个国家国内民族矛盾冲突与经济不发达的伴生物。

目前缅甸和老挝境内存在着数十支要求民族高度自治甚至独立的少数民族武装，尤其是缅北12个少数民族特区政府①的行政人员和武装力量加起来多达数万人。从金三角的自然条件和经济发展水平来看，一般替代种植也许可以解决老百姓的温饱问题，但满足不了这些武装的生存和发展需要。因此在现阶段，毒品买卖仍是这些民族武装最重要的经济来源，这一状况在短期内是无法改变的。前文已经提到，20世纪90年代中期，基本实现罂粟禁种的克钦新民主军、克钦独立军以及掸邦东部同盟军在世纪之交又转向了毒品经济。所以，在这些少数民族武装的政治要求没有达到之前，要他们放弃"以毒养军"的做法基本不可能。此外，长期与缅北少数民族武装打交道的缅甸政府总理钦纽上将2004年10月被撤换，缅北少数民族武装组织普遍对缅甸政府缺乏信任，为了应付缅甸政府军可能发动的军事进攻，也在进行备战，因此"以毒养军"现象日趋严重。2009年，"8·8果敢事件"之后，缅北很多少数民族地方武装为了避免自己像果敢军一样遭受政府军的攻击，不得不增加罂粟种植面积以求通过出售更多的鸦片购买武器②。从佤邦发言人李祖烈2005年6月的讲话也可以看出，佤邦即将宣布的"无毒源区"只是"无罂粟种植区"而已③。佤邦政府也只是宣布种植鸦片从2005年开始

---

①缅甸已有17支"民地武"与政府政治和解或达成停火协议，其中12支"民地武"的辖区被编为政府特区。

②Reuters, Myanmar rebels grow more opium to buy arms, Yahoo News, 14 December 2009.

③《佤邦禁毒任重道远》，《参考消息》2005年6月23日，第12版。

是违法行为，三年后买卖毒品将受到严厉制裁，十年后才实现全面禁毒①。

而在缅甸政府看来，位于金三角范围内的缅北少数民族武装是否拥护和承认政府的领导是最重要的，毒品问题只是缅甸政府用来解决民族问题的一张"牌"而已。缅甸军政府20世纪90年代中期下决心消灭坤沙领导的"蒙泰军"，主要不是因为该武装制贩毒，而是该武装宣布成立"掸邦共和国"，开创了少数民族武装公开分裂国家的先河，这是缅甸军政府所不能容忍的。因此，缅甸民族问题的长期存在就意味着金三角的毒品问题在短期内难以彻底解决，缅甸军政府在1998年提出的目标也只是在15年内根除毒品。即便如此，仍有许多学者对缅甸能否在2014年实现禁毒目标表示怀疑。

三、金三角毒品问题对我国的危害

据公安部2005年6月公布的数据，截至2004年底，我国共有吸毒人员79.1万，其中滥用海洛因者67.9万人，占85.8%。在传统毒品海洛因尚未得到有效控制的情况下，甲基苯丙胺类新型毒品又在我国迅速蔓延。因此，使全社会深刻认识到毒品问题对我国的危害性，是我们最终打赢这场反毒品战争的坚实基础。金三角的毒品除了严重危害人民群众的身心健康②之外，对我国还有以下几个方面的不利影响。

（一）严重影响国民经济的稳步发展和西部大开发战略的实施

我国是一个发展中国家，毒品泛滥对我国经济发展的影响是很大的。一是由于毒品的外源性，我国作为单纯的毒品消费市场，每年因吸毒而耗费了大量的资金，同时导致大量财富流失境外。我国目前已成为金三角海洛因的最大消费国。据国家禁毒委员会2004年

---

①《金三角禁毒：难以替代的罂粟花》，《南方都市报》2005年6月27日，第18版。

②据公安部统计，从1990年至2004年6月，我国吸毒死亡人数累计达3.9万。

的估算，中国每年光吸毒消耗的资金至少也有 270 亿元人民币之多，相当于重庆市全年的税收，而这还是很保守的数字。早在 1998 年，就有学者认为中国的海洛因瘾君子一年要消耗的毒品相当于 300 亿元人民币[①]。考虑到西部地区的毒品问题更为严重，这种"白粉内流、白银外流"的状况实际上加剧了西部大开发的资金紧缺问题。二是吸毒使大批青壮年人丧失了劳动力，变成了必须由社会供养的包袱。三是我国每年用于禁毒的财政投入不断增加。如每年用于强制戒毒和劳教戒毒的经费高达几十亿元，客观上浪费了大量本来可用于经济建设的宝贵资金，至于各级政府和禁毒部门耗费的人力和时间就难以用经济数据来衡量了。

（二）严重影响我国构建和谐社会目标的实现

毒品问题在我国的蔓延引发了严重的社会问题，影响了和谐社会的构建。一是因毒品问题引发的刑事案件逐年上升。由于我国的吸毒人员以吸食海洛因为主，而海洛因的难以戒断性特点使得这些吸毒人员在耗尽了个人及家庭的财富之后，大都走上了犯罪的道路。据公安部的统计，部分地区的抢劫和盗窃案件中有 60% 甚至 80% 是吸毒人员所为。随着我国吸毒人数的增加，因毒品引发的刑事案件也不断攀升，并且导致了卖淫嫖娼等社会丑恶现象的增多。二是加剧了艾滋病在我国的传播。因注射毒品而交叉感染是我国目前艾滋病传播的主要途径，我国现有的 84 万艾滋病病毒感染者中，有 55.3% 是因静脉吸毒传播。三是严重影响了我国的社会治安。目前我国出现了大批以贩毒为业的人员以及带有黑社会性质的贩毒团伙，枪毒合流现象越来越严重，对我国的社会治安构成了较大威胁。四是严重影响了我国青少年的健康成长。目前我国的吸毒人员中，青少年占 72% 左右，不少人因此成为"堕落的一代"，非常不利于我国的长远发展和中华民族的腾飞。

（三）阻碍中国—东盟自由贸易区的建设和运营

建设中的中国—东盟自由贸易区除了货物贸易自由化外，还包

---

①贺晓东、方明：《中国禁毒大视角》，北京大学出版社，1998 年版，第 82 页。

括金融、旅游和投资等领域的合作，而毒品作为一种特殊的"商品"，使我们在贸易便捷化、人员和资本自由流动方面投鼠忌器。如金三角地区的毒枭一方面通过各种关系到我国境内投资，直接参与我地方经济建设，或者吸引我方企业到金三角地区与其合资，以达到使其毒资合法化的目的。另一方面，部分毒资通过各种非法渠道深入我金融系统，干扰了正常的金融秩序和商品流动秩序，使中国和东南亚国家正常的投资和贸易因防止黑钱的渗入而变得复杂化，增加了自由贸易区的建设、运营成本。此外，中国（云南）与东盟之间陆地、水路和航空交通条件的不断改善以及因特网都有可能被贩毒分子所利用，不仅将对我国产生新的、更大的危害，而且也严重干扰自由贸易区的建设和正常的经济活动。

（四）有损我国的国际形象以及与有关国家的关系

金三角的毒品借道中国走私到世界其他国家和地区、中国大量的易制毒化学配剂被偷运到金三角用于毒品生产，以及洗钱问题的存在成为以美国为首的西方国家以及敌对势力攻击我国的借口，在一定程度上影响了我国的国际形象。如美国国务院近10年来发布的《世界主要毒品生产和贩运国报告》均将中国列为金三角毒品的主要转运国和制毒配剂的主要生产国。2005年1月，美国纽约地方法院宣布佤邦的8个主要领导人为全球通缉的毒枭，实际上也是在给中国施加压力。

毒品问题还严重影响了中缅关系和中泰关系。缅甸军政府认为毒品生产所需要的化学原料主要来自于缅甸之外，毒品的消费市场也主要在国外，所以缅甸政府认为禁毒的首要任务是其他国家控制吸毒人群的增长和化学制剂的输出。此外，制毒、贩毒的暴利也是导致不少中国人非法移民到金三角的重要原因之一。泰国与中国一样是深受金三角毒品危害的国家，由于缅甸少数民族武装的制贩毒活动长期存在是一个不可避免的客观现实，因而中泰两国同样对金三角的毒品流向问题非常敏感，以往的做法是只要金三角的毒品不流入自己国家，就"睁一只眼，闭一只眼"，所以在某一个阶段成为金三角毒品最主要的走私和消费途径的国家就对另一个国家有怨言。

（五）在一定程度上影响了党和政府的威信和执政能力

我国政府一贯高度重视毒品问题，并采取了一系列措施，也取得了一定的成效，但近年来毒品犯罪没能得到有效遏制，相反恶性发展的现实在一定程度上影响了党和政府的威信，也使得一些处于禁毒第一线的干部、干警以及群众对取得禁毒斗争的胜利缺乏信心。在未来一段时间内，毒品问题能否被遏制或基本得到解决，也是对党和政府执政能力的一个重要考验。

目前腐败问题也是影响党和政府威信的一个重要问题。而毒品犯罪分子总是努力寻求地方保护主义势力和官员的保护，不断渗透和腐蚀政权机构，因此加剧了党政机关的腐败现象，降低了党和政府的执政能力。

第一章　金三角面面观①

董　胜　刘　稚　杨祥章　等

第一节　金三角面面观

这里所说的"金三角"是指与中亚的"金新月"、南美洲的"银三角"齐名的全球三大毒源地之一。它大致位于东南亚地区泰、缅、老三国交界之处。19 世纪初以前，这里还是一个民风淳朴、山川秀美的地方。此后，罂粟开始在这里种植并迅速蔓延开来。自 20 世纪 50 年代起，它开始以世界毒品产地"金三角"而闻名于世。金三角地区的毒品问题与这个地区的历史、地理因素以及政治和国际关系的不断变化息息相关。正是由内到外政治势力的影响，才导致了鸦片经济的不断强化和发展，最终导致金三角地区成为世界最主要的毒品王国之一。

一、历史原因

（一）英国殖民者在缅甸北部推广种植罂粟

英国殖民者入侵前，缅甸已经是中南半岛上最大的国家，是连

①本章除有脚注特别标明外，大部分内容都参考了董胜的《金三角真相》，时代文艺出版社，2003 年版。

接东南亚与南亚的纽带，地理位置十分重要。19 世纪初，英国控制印度后，为了扩大对亚洲的控制以及从西南入侵中国，力图打通云南和西藏，将印度、缅甸与中国的长江流域连成一片，从而加强其与法国争夺势力范围的能力。1824 年到 1885 年，英国殖民统治者连续发动了三次侵缅战争，最终使缅甸沦为英属殖民地。

早在 19 世纪 20 年代，一家英国公司便将罂粟带入缅甸掸邦萨尔温江一带的少数民族聚居区，教授当地山民种植罂粟的技术。1885 年，英国殖民主义者占领缅甸后，开始在萨尔温江以东的地区大肆推广鸦片种植。在其统治期内，罂粟花在缅甸盛开起来，这里很快成为英国殖民者在亚洲推行鸦片贸易的原料产地之一，而鸦片最终也成为缅北多数山地民族赖以生存的物品，为今后金三角的形成打下了基础。

（二）殖民老挝：推进"金三角"鸦片化的进程

1353 年，法昂建立了澜沧王国，这是老挝国家历史的一个重要纪元，但此后老挝不断出现内斗和分裂的内忧，还有来自越南、缅甸和暹罗侵略的外患。1778 年，老挝成为暹罗的附属国。1893 年，法国殖民者占领老挝并开始了长达 60 多年的殖民统治。

法国殖民者殖民统治老挝之后，开始效仿英国人在缅甸的做法，在老挝推行鸦片经济政策。按照殖民当局的规定，烟农必须缴纳鸦片税和人头税，两项税金相当于烟农罂粟收获量的 20%。因此，罂粟种植越多，殖民者得到的税款也越多。为此，法国殖民者曾采取各种手段推广罂粟种植。南塔省、波乔省等地居民在法国殖民者的鼓励下，将之前零星种植的罂粟改为大面积种植。为提高鸦片产量，当地政府在一些较适宜罂粟种植的地方建起了罂粟种植基地，并派驻专门的技术人员对种植者进行辅导。为引诱山民种植罂粟，鸦片贩子常常向烟农预付种子款和购粮款，为他们提供基本的生活保障，使其全力种植罂粟。在收购方面，法国当局在鸦片产地设有鸦片收购站，以保证及时从烟农手中收购鸦片。由于殖民当局在种植和收购方面对鸦片生产提供了很大的便利，鸦片生产的规模在老挝境内迅速扩大开来。有资料表明，在第一次世界大战和第二次世界大战期间，法国殖民者从印度支那夺取的财富中有二分之一是来自鸦片贸易，其中很大部分则来自老挝①。

第二次世界大战后，法国重返老挝。为了对付共产党，法国和当地的部落首领、土司以鸦片为交易再次合作。法国人购买对方的鸦片，当地首领和土司则协助法国人打击共产党。这使得老挝的罂粟种植和鸦片贸易再次呈现出兴旺发达的局面。1954 年，奠边府战役之后，美国取代法国控制了老挝。为了获得老挝苗族将领王宝及其特种部队的效忠以遏制老挝共产党，美国继续在老挝推行"扶毒剿共"的政策，为王宝集团的贩毒提供了多种便利。当时的美国航空公司与大陆航空服务公司（CAS）、老挝发展航空公司把鸦片从王宝特种部队总部龙镇运往万象，再转运至西贡。金三角地区的毒品沿着政治为其铺平的大道，畅通无阻地从深山密林走进了现代都市。金三角地区的罂粟种植和鸦片生产受此刺激不断扩大。

（三）越南战争："金三角"的孵化器

1954 年 7 月 21 日，在日内瓦会议上，相关各国就印度支那停战达成了协议，规定以北纬 17°作为越南南、北方的临时分界线；法国承认柬埔寨、老挝和越南独立，并从三国领土上撤军。然而好景不长，吴氏家族在美国支持下建立起在越南的独裁统治，废黜了法国一手扶持的保大皇帝，由此引发了越南战争。美国在越南战争中越陷越深，最终于 1971 年 1 月与越南民主共和国签署了《关于在越南结束战争、恢复和平的协定》。到美军从越南全部撤出时为止，美军伤亡人数达 30 多万。1975 年 4 月底，越南北方统一了南方，实现了全国统一。越南战争对美国社会和金三角地区的毒品扩张影响巨大。越战期间，美国掀起了反战思潮，无政府主义泛滥，年轻人的反叛情绪严重。毒品成为社会反叛者的精神寄托，毒品吸食问题在美国日益严重。除了传统的毒品种类，又出现了安非他明和迷幻药等新

---

① 马树洪主编：《云南境外毒源研究》，云南民族出版社，2001 年版，第 133 页。

型毒品。美国社会的毒品交易和走私也日益加剧。

（四）地方武装介入及贩毒集团的兴起

20世纪40年代末、50年代初，盘踞在中国云南的国民党段希文旧部从云南外逃，在金三角地区落脚。由于来自外部的援助减少，这支部队将眼光转向了鸦片买卖。他们从鸦片买卖中获利，并用这些经费来供给部队，成为此后金三角地区武装组织中"以毒养军，以军护毒"的鼻祖。从此，金三角地区的毒品与大型武装力量结合起来，贩毒之势急剧飙升。这种模式拉开了现代金三角的序幕，也使得金三角地区的毒品问题更加复杂，解决的难度进一步加大。在这支部队的影响下，掸邦地区的罂粟种植面积大幅度增加。贩毒骡马商队不断增多，成群的马帮在武装力量的护卫下将鸦片源源不断地运往泰国，泰北地区也由此变成了鸦片集散地和鸦片流向世界其他地区的主要通道。

随着毒品生产、加工工艺的不断改进，金三角地区的部分贩毒组织开始种植、加工并制造大麻及精神药品，染指世界范围内的毒品交易。大规模的贩毒集团迅速崛起，先后出现了罗星汉、坤沙等大毒枭。20世纪七八十年代，国民党残部"金盆洗手"归化泰国，罗星汉集团在缅甸政府的打击下也已瓦解。以1996年坤沙向缅甸政府投降为标志，传统的三大贩毒集团淡出金三角历史舞台。取而代之的是1989年由原缅共人民军蜕变而来的几支缅北地方民族武装。它们无不拥兵自重，以毒养军，以军护毒。

总的说来，英、法殖民统治者19世纪在缅甸和老挝境内推广罂粟种植，犹如打开了潘多拉的匣子，罂粟这一罪恶的种子开始在缅甸和老挝扎根并蔓延开来。越南战争则不仅导致美国毒品消费市场的扩大，还密切了金三角毒品与欧美市场的联系。加之战争时期种种特殊手段，使得毒品的生产、运输和销售能力成倍增长，原本偏居一隅的金三角成为世界媒体关注的焦点。地方武装势力卷入鸦片贩卖，更刺激了金三角地区的罂粟种植和毒品买卖的扩大，同时也使得该地区的毒品问题更具复杂性。

二、地理条件

同世界上大多数植物一样，罂粟对生长环境有着特殊要求。罂粟最好的生长环境是地表湿润而不浸积、日照充分而不干热，土壤养分充足而酸性较小。从金三角地区的地理条件来看，该地区平均海拔高度为 1 500 ~ 3 000 米（较低海拔地区气温低了 3℃ ~ 7℃），属亚热带季风气候，降水充分，年降水量在 1 000 ~ 2 000 毫米，但由于是山区，地势多呈斜坡状，易于排水，故地表湿润而不会有积水。此外，亚热带的长时间日照使得这里有足够的阳光促使各类植物生长。这一地区地面植被茂密，土壤多为腐质土，透水性好又肥沃。较为难得的是，这里的土壤 pH 值较高，呈弱碱性，对罂粟的生长极为有利。由于具备了这些条件，金三角地区成为世界上最适宜罂粟生长的地区之一①。

湄公河是金三角形成的又一个重要的地理原因。它从中国西北的青海径直向南流去，穿过中国、老挝、缅甸、泰国、越南及柬埔寨六个国家。全长 4 009 公里的河道将东南亚的崇山峻岭拦腰截断，加上山脉之间众多的深谷和湍急的支流，造成了无数的斜谷和峭壁，形成了大片的交通死角。

由于以上特殊的地理原因，金三角地区在经济和文化方面与发达地区的联系较少，社会经济发展缓慢，长期以来金三角地区的交通基础设施极为落后。相关国家中央政府在长时间内难以对金三角地区进行深入的有效控制。但有利于农作物生长的良好气候条件，再加上地形、地貌和地理气候的特殊性和复杂性，给这个区域众多民族的生存繁衍，还有各种割据势力创造了极好的生存和回旋之地；更令人难以想象的是，这个落后狭小的死角却源源不断地散发出腐蚀文明社会的能量，顽强地向世界宣告着它的存在。复杂的地理、众多的民族、畸形的力量，为在这里上演的种种神秘故事搭造了一

①马树洪主编：《云南境外毒源研究》，云南民族出版社，2001 年版，第 133 页。

个极佳的舞台。

三、金三角的扩大

由于国际毒品市场和贩毒组织的进一步扩大，金三角地区的毒品种植开始向东北部和西北部延伸。毒品主要产区逐渐向北转移至缅甸北部、老挝北部、泰国西北部及越南西北部分地区，形成大金三角毒品基地。

第二节　金三角的地理、人文、民族、毒品透视

人们在探究金三角地区毒品问题的过程中，发现了比毒品更加神秘和有趣的问题。因为，金三角不仅仅是一个毒品概念，还是一个地理概念、人文概念。这里有湄公河、南湄果河、南塔河、南坎河、南罗河、南湄英河、南考栋河和萨尔温江等江河穿流其间，当地的苗、瑶、掸、克钦、克伦和卡佤等少数民族长期以刀耕火种为生，他们跨境而居，被称为"山地民族"。这种自然和社会环境，为毒品的产销提供了极为优越的条件①。因此，只有对其地理、人文和毒品问题有着全面的了解，才能够认识到真正意义上的金三角。

一、地理透视

（一）金三角的大致区域

严格地说，金三角到底有多大，包括哪些区域，呈现什么形状，不同的人在不同的时期有不同的看法和结论。有的是从不同势力控制的范围来划分，有的是从罂粟种植的地区来划分，还有的则将毒品生产、加工、囤积和贩运的区域都包括进去。所以，随着地方势力控制区域的变化，随着罂粟种植区域的变化，或是随着贩毒态势

---

①马树洪：《当代金三角——东南亚毒品问题》，云南省社科院东南亚研究所编印，1995 年，第 3 页。

分析观点的变化，金三角的范围在不断变动。

20 世纪 70 年代，美国的《生活》杂志称：金三角的面积为 15.5 万平方公里，主要包括缅甸的腊戍、泰国的夜丰颂和老挝琅勃拉邦的高原地区。此后，有人称金三角是一个面积约 19.3 万平方公里，人口不足 100 万的地区。到 20 世纪 80 年代，有文章提到金三角时，已经把地域扩大到了缅甸的克钦邦、钦邦、曼德勒以及泰国和老挝的北部地区。20 世纪 90 年代的材料显示，金三角包括缅甸掸邦和克钦邦高原，泰国的夜丰颂府、清莱府、清迈府以及老挝的南塔、丰沙里、琅勃拉邦等地区。据中华人民共和国公安部网站介绍，金三角位于东南亚缅甸、泰国和老挝交界处，作为世界毒源地意义上的金三角，其范围包括缅甸北部的掸邦、克钦邦，泰国的清莱府、清迈府北部及老挝的南塔省、丰沙里和乌多姆赛省，面积约 15～20 万平方公里。扩张后的大金三角还包括越南西北部分地区。

（二）金三角的核心区域

尽管对金三角地区的描述各异，不过关于金三角的位置没有争议的是，大家都认可其核心位置是湄公河与湄赛河交汇的区域。

紧靠湄公河与湄赛河交汇地的首先是泰国的清盛。它位于湄公河的西岸，有着各式各样的高层建筑，时髦的男女，柏油的路面，往来的汽车，码头上货物堆积如山，完全是一个现代化的城镇。有名的金三角牌坊就竖立在这个小城的岸边。夹在两河中间的三角地带属于缅甸，建有一座金碧辉煌、大名鼎鼎的帕拉拜大酒店。20 世纪 90 年代初，泰国人出资租用此地 30 年。客人们可以从专用码头步入酒店，娱乐后坐在宽大的窗边喝着咖啡聊天，窗外不时有船只从湄公河上静静地驶过。两河交汇处的东岸是老挝乔波省的墩棚县，这里与对岸的繁华相比有较大的差距，但却别有一番风情。

清盛、帕拉拜大酒店和墩棚三地构成了金三角地理核心的基本概貌，但这里与由地理、历史、政治等因素综合构成的金三角仍有很大距离。仅到达这里的人们并没有到达真正的金三角，就如同站在台风眼中的人无法感受台风的威力和景象。要探究金三角，我们不得不走向更远、更广阔的土地，只有走出金三角才能走入金三角。

（三）美斯乐：从傈僳族的密梭罗到残军总部

清莱府位于泰国的最北端，距曼谷785公里，距清迈168公里，海拔580米，面积为11 678平方公里。清莱大部分地区为山区，盛产木材和矿石。历史上，清莱曾是泰国产鸦片最多的府。由于泰国政府禁烟，并在当地少数民族中推行农作物替代种植，其盛产毒品的历史已经一去不复返。而美斯乐，一座位于清莱西北70公里左右，坐落在大山斜坡上背靠缅甸的小城，却依然是金三角重要的据点。早年的美斯乐是一个傈僳族和阿卡族混居的小村寨，四周全是原始丛林，只有一条羊肠小道通往山下。1961年，中国国民党下令金三角残军撤回台湾，但第三军和第五军的大部分人员仍留在金三角。其中，第五军在段希文的带领下，从缅甸撤入泰北，在美斯乐及其周边地区定居下来，以美斯乐为根据地，在此征战多年。如今的美斯乐已经建成为金三角地区重要的旅游点。

（四）满星叠：不起眼的坤沙旧巢

清迈是泰国北部地区的经济、文化、交通和政治中心，满星叠就位于清迈府的泰缅边境地区。从20世纪70年代到80年代初，拥有数千人武装力量的坤沙在此建立了自己的总部，雄踞一方。满星叠地处茂密的山谷中，四面环山，地势险要。它背靠泰缅边境，可进可退。令人难以想象的是当年的坤沙就在这么一个偏远的地方指挥千军万马与缅、泰大军周旋，与其他民族武装、贩毒势力争战。直到1982年1月，泰国派出重兵一举攻占满星叠，将坤沙及其部属赶进深山。从此，坤沙的主要根据地转入缅甸境内。

（五）重镇景栋：毒品通道之咽喉

掸邦位于缅甸的东北部高原地带，北与中国接壤，东与老挝相连，东南与泰国交界，总面积为60 155平方公里，是缅甸面积最大的邦。景栋是掸邦的重要城镇，是中、老、缅、泰四国毗邻地区的重要交通枢纽和商业城市。由于其地理位置的重要性，景栋一直是缅甸北部的军事重地，同时也是毒品运往泰国的重要通道。这里曾是缅甸政府军与中国国民党残部作战的重要据点，后又成为缅甸政府军与坤沙及其他少数民族武装作战的前哨。现今的景栋在加强中缅边境地区和缅泰边境地区经济合作起着重要作用，也成为堵截掸邦北部毒品流入泰国的重要枢纽。

二、民族透视

泰国、缅甸和老挝都是历史悠久而民族众多的国家。在金三角地区，生活着掸、佤、佬、苗、瑶、克钦（景颇）、傈僳、拉祜、阿卡（哈尼）、崩龙、拉瓦、克伦、老龙、老听和汉等数十个民族，总人口逾百万。由于历史的原因，不同的民族分布在不同的地理区域，有的生活在自然条件较好的平原，有的则生活在山区。因文化背景、生活习性、自然条件的差异而产生的民族差别折射出斑驳的文化，增添了民族色彩。这里多数民族的生产和生活水平仍然十分低下，有些甚至仍生活在刀耕火种的原始状态，加上长期的殖民经济压迫和统治者反复推行和强化的毒品政策，迫使生活在金三角的不少民族长期靠种植罂粟来换取生活必需品。经过世代相传，跨越历史的长河，罂粟最终成为他们赖以生存的最基本、最根深蒂固的传统作物。

（一）山地民族——哈尼族

哈尼族在中、越、老、缅和泰五国都有分布，只是名称有所不同。老挝在21世纪初约有哈尼族4~5万人，主要分布在丰沙里、南塔和乌多姆赛。泰国将哈尼族称为"阿卡"、"果卡"或"卡"。据考证，泰国的阿卡是在20世纪初由中国逐渐迁入缅甸、越南、老挝的北部，再由此进入泰国的北部地区，主要分布在清莱府和清迈府的山区。缅甸的哈尼族称为"高族"，19世纪中叶由中国迁入，主要分布在掸邦东北地区，21世纪初，人口约为4万人。

（二）不断南迁的民族——苗族

苗族在东南亚地区人数多，分布广，明清时期由中国向东南亚地区迁移。老挝种植罂粟的山民主要是苗族。苗族约在1810—1820

年间开始移居老挝。由于先前的民族已经占据了土地和自然条件较好的坝区，苗族多居住在山区。其生产方式基本都是刀耕火种，生产水平低下。

（三）分布最广的民族——傣族

傣族是金三角地区分布最广的民族，他们在泰国和越南被称为"泰族"，老挝称之为"佬族"或"老龙族"，缅甸则称之为"掸族"。他们在老挝和泰国是主体民族，遍布全国。这些民族多信奉南传上座部佛教，性情温和，热情好客，把行善积德、追求来世幸福当做人生最高目标。由于他们生活在经济条件相对较好的平原地区，经济和文化的发展程度比同地域的山地民族要好。

（四）被迫更改族名的民族——果敢族

在缅甸掸邦北部的尽头，有一支汉民族已经在此生存繁衍了300多年。这支汉民族就是生活在缅甸掸邦果敢及其周边的民族，在缅甸被称为"果敢族"。明朝灭亡之际，一些官员和百姓逃亡到缅甸并定居下来。1897年，中英边境条约把果敢地区划归缅甸，同时把那里的汉人也定为"果敢族"。但时至今日，缅甸的果敢人仍说中国话，用中国字，而且还保留着许多中华民族的传统习俗。1989年，果敢成立了"缅甸民族民主同盟军"，同年获缅甸政府承认为"掸邦北部第一特区"。罂粟在果敢地区有很长的种植历史，是当地最主要的经济作物。自2002年来，该地区基本实现了罂粟禁种。

（五）从山洞中走出的民族——佤族

佤族跨中、缅、泰、老而居。中国的佤族全部在云南；缅甸的佤族主要居住在佤联军辖区；泰国的佤族被称为"拉佤"，主要居住在夜丰颂、清迈、清莱等府；老挝的佤族与其他孟高棉语族被统称为"老听族"。

（六）发源于青藏高原的民族——克钦族

缅甸克钦族与中国的景颇族是同一民族，他们主要居住在克钦邦山区、瑞丽江流域、掸邦山区以及景栋地区。克钦族人善于在山区行动，由克钦族士兵组成的军队为从日本人手中收复缅甸立下了汗马功劳。

三、毒品透视

作为全球三大毒品基地之一，金三角的毒品问题长期以来吸引着世人的关注。随着世界毒品消费市场的扩大，金三角的毒源也在不断扩张，并呈现出新的发展趋势。金三角的毒品正以惊人的速度流向世界各地，对人们的身心健康、国家和社会的稳定造成极大的威胁。虽然金三角各国和周边国家及国际社会为控制毒流、斩断毒源作出了不少努力，但在多方面因素的共同作用下，收效不大。要根除这一地区的毒品，还需要长久的时日。

金三角毒源地的形成已经有一百多年的历史。而金三角的毒品问题也呈现出一些新的发展趋势。

（一）金三角地区罂粟种植面积大大减少，但减中有增

根据联合国毒品和犯罪办公室多年来一直与缅甸、老挝和泰国政府部门合作，对罂粟种植情况开展的核查情况看，2003 年，东南亚地区已不再是世界上罂粟种植面积最大的区域。1998 年，东南亚地区罂粟种植面积占全球罂粟种植总面积的 67%，到 2007 年这一比例跌至 12.4%。

1998 年，缅、老、泰三国境内估计罂粟种植面积共达 157 900 公顷，到 2007 年，罂粟种植面积已经锐减到 29 400 公顷。在短短的 9 年时间内，罂粟种植总面积大体上减少了近 81%。但是，2007 年的罂粟种植面积比 2006 年增加了 22%。

联合国毒品和犯罪办公室 2009 年 11 月发布的数据显示，2009 年东南亚地区的罂粟种植面积为 34 000 英亩，是阿富汗罂粟种植面积的四分之一。数据表明，与 2008 年相比，2009 年老、缅、泰三国的罂粟种植面积减少 4 939 英亩。其中，老挝减少 651 英亩，缅甸减少 4 087 英亩，泰国减少 201 英亩。

（二）鸦片产量大大降低，但降中有升

金三角地区已不再是世界主要的鸦片产区。1998 年，东南亚地

区的鸦片产量估计在 1 435 吨左右，到 2006 年仅为 337 吨，2007 年则上升至 472 吨。尽管产量上升，但是与 1998 年相比，鸦片产量也下跌了 67%。到 2007 年，该地区的鸦片产量只占全球鸦片产量的 5%①。

（三）毒品从单一化发展到多元化

在 20 世纪 90 年代以前，金三角毒源主要是毒品原植物罂粟果汁液加工提取制成的鸦片、吗啡、海洛因等。进入 21 世纪，金三角毒品生产发生了重大变化：罂粟制品继续向多样化和精制化发展；新型人工合成的麻黄素制品——冰毒等毒品迅速发展；大麻成为主要毒品之一，并加工提炼成大麻酊、大麻酚和大麻油等。金三角毒品品种日益丰富、多元化，在全球数以百计的毒品和兴奋剂中，除古柯和可卡因外，在金三角毒品产地几乎都有产销。

目前金三角毒源地已从单一的海洛因毒源地发展为海洛因、冰毒等新型人工合成毒品并存的多重毒源地。这一地区加工制造毒品的能力有明显提高，贩毒势头不减反增。海洛因、可卡因、大麻等毒品继续泛滥，冰毒、摇头丸等苯丙胺类兴奋剂问题逐步发展成为新的毒品市场和毒品问题。欧美、亚洲和金三角等周边国家已经形成庞大的生产和消费市场。

受世界毒品消费结构影响，毒品供需也呈现新特点。20 世纪 90 年代以来，东南亚及日本一些国家制毒人员积极研制各种新型毒品，引起金三角地区的效仿，金三角贩毒集团在控制海洛因与鸦片市场的同时，加大研制和生产冰毒和摇头丸等新型毒品的力度，以适应毒品市场需要。1999 年，金三角冰毒的产销量为 200 吨，已经超过了海洛因的年产销量。在其周边国家中，泰国的海洛因市场已大部分被冰毒所取代，东南亚和南亚的冰毒市场正在迅速扩大②。

---

①"金三角"毒源变化及其毒品走私态势预测课题组：《"金三角"地区毒品形势系列调查报告（六）》，载《云南警官学院学报》2007 年第 4 期，第 28 页。
②陶颖：《金三角地区毒品问题的现状和发展趋势》，内部研究报告，2004 年，第 11~12 页。

（四）毒流从单向流动发展到双向对流

随着毒品产地的扩大和毒品的多元化，金三角的毒品流动格局也发生了重大变化。20世纪中期以前，金三角毒源地的毒品和加工毒品的原材料、设备、人员基本出自毒源地，从外部进入的很少。可以说这一时期，金三角的毒品是单向流到世界各地的。20世纪末，全球毒品市场迅速扩大，毒品需求多元化。金三角地区也迅速发展冰毒系列和大麻系列毒品，以顺应世界毒品市场的需要。而加工冰毒的原料、设备、化学配剂和技术是这个地区缺乏的，基本上依赖"进口"。用于制造冰毒的原料麻黄素主要来自我国西北和印度。从而，形成了双向毒流。

（五）毒品产供销一体化

受国际毒品消费市场规模不断扩大的刺激，金三角地区的毒品犯罪正在朝集团化、国际化和专业化趋势发展。原来以民间自发分散的毒品生产变成了有计划、有组织的产、供、销一体化体系。毒品生产者、加工者和走私者之间的合作，给金三角毒品问题的解决带来更多不便。

（六）金三角毒品呈全面扩散之势

20世纪90年代之前，泰国曾是金三角毒品的主要集散地，大部分毒品通过泰国流往世界各地。此后，国际贩毒集团在金三角周边国家开辟了全方位的贩毒路线。金三角地区的毒品外流主要有以下三条路线。

第一条线路：由泰国曼谷经陆路和海路到香港，北上到台湾、日本、韩国等地；南下到澳大利亚、新西兰；向东横穿太平洋到美国的旧金山、洛杉矶等地。

第二条线路：由缅甸经海路到马来西亚或新加坡，再南下澳大利亚或东运至美国西海岸，也有部分毒品经泰国陆路进入马来西亚。

第三条线路：由缅甸向西经空运或陆路到印度和斯里兰卡，再空运至欧洲各国，其中部分再转运到美国东海岸的纽约等地。

（七） 周边国家由毒品过境国变为重要消费国

由于国际政治、经济等各方面因素的影响，尤其是受国际毒品消费市场规模不断扩大的刺激及东南亚金融危机形成的巨大压力，周边地区毒品犯罪正在迅速向集团化、国际化、专业化趋势发展。与此同时，毒品种类也日趋多元化，鸦片、海洛因、大麻等传统毒品在继续对各国构成严重威胁的同时，甲基苯丙胺、摇头丸、氯胺酮等新型人工合成毒品的非法生产、贩运和消费也日益向网络化、规模化方向发展，使毒品形势更加严峻。2001 年底，金三角毒源地罂粟种植面积超过 140 万亩，生产鸦片 1 800 吨，海洛因超过 150 吨，创近年新高。同时，该地区毒品加工厂已首次接近 100 个。在全球数以百计的毒品和兴奋剂中，除古柯和可卡因外，在金三角毒品产地几乎都有产销。从发展趋势看，冰毒等新型人工合成毒品将取代海洛因成为金三角的主流毒品。在金三角的各种毒品大量涌入国际市场的同时，国际市场的制毒设备、原材料和易制毒化学品也大量流入金三角毒源地，形成了互为市场和互相拉动的毒品产销恶性循环。出现新的毒品集散地和贩毒通道，毒品北上南下、东进西出，呈全面扩散之势；中国已由毒品过境受害国变为毒品过境与消费并存的受害国。而毒品扩散的规律是，毒品市场沿传送线路不断扩大，最初的过境国到后来无一例外也成为消费国。新毒品通道的形成，加剧了金三角毒品的泛滥，一个区域性的市场被培育出来，使中国和东南亚国家深受其害，吸毒人数、毒品犯罪呈上升之势①。

四、金三角毒品问题长期存在的原因

致使金三角地区毒品长期存在的因素很多，既有客观方面的自然因素，也有主观方面的人为因素。

（一） 社会经济落后的必然选择

金三角地区的民众由于长期困居在高寒山区，处于较为封闭的

---

①陶颖：《金三角地区毒品问题的现状和发展趋势》，内部研究报告，2004 年，第 11 页。

状态，未能融入所在国的政治、经济发展主流当中，其社会发展程度较低。落后的社会经济环境限制了人们认识自然、改造自然进而改善自身生活状况的能力。金三角地区的少数民族由于人文教育落后，不具备发展常规农业的基本知识，面对恶劣的自然环境，只能选择种植较适合当地生产力水平和社会需要的作物。从某种程度上来说，如果罂粟被引入金三角地区还带有一定的偶然性，那么罂粟屡禁不止，在该地区得以长期大规模种植就不再是一种简单的偶然，而是具有深刻的社会和经济原因。在金三角地区的特殊条件下，罂粟种植简单易行，投入少，风险小，适合当地粗放的生产方式。罂粟采用的是直接播种法，简单省力。由于其自身具有较强的抗虫害能力，且不像普通农作物那样容易招引飞禽走兽啃食。罂粟在 11 月撒种后，期间只需间苗一次，便可以等待来年 3～4 月份成熟开割。"金三角"地区经济发展程度低、生产力落后又地广人稀，发展常规农业条件较差，因此，罂粟是比较适宜在当地大面积种植的作物。

（二）历史文化沉淀的结果

从历史文化因素来看，毒品是一种文化现象的延续和发展。毒品原植物的广泛种植是人类文明史中的一项重要内容，其在医疗、经济领域的广泛运用已为人熟知。生产毒品原植物的地区和民族仍保留着以这些植物为中心的传统的经济和生活方式，有的甚至保留着对原植物的迷信和崇拜。这种文化现象遍及拉丁美洲的安第斯山、小亚细亚的安纳托利亚高原、印度和东南亚金三角等地区。在东南亚的金三角地区，大多数民族虽然种罂粟，但并不吸食，除了换取现金之外，罂粟最大的好处就是药用。在贫困落后的地区，缺医少药普遍存在，鸦片的药用价值十分重要，作为一种文化方式，得以长期存在。

落后的教育、复杂的民族问题为毒品原植物的种植和生产创造了社会条件。在世界几大主要毒品产地，几乎不同程度地存在着比较复杂的民族问题，当地群众受教育程度低，无现代观念，视毒品为硬通货；有些原始部落割据，古老文化习俗的影响等使生产毒品原植物成为天经地义。除了鸦片，没有其他可选择的商业性农作物，固有的生存环境决定了人们生产行为的法则，成为金三角地区不断扩大罂粟种植的深刻社会原因①。

（三）地形复杂，跨境民族众多

金三角地区除了具有罂粟生长的自然条件外，复杂的地形地貌，客观上有利于毒品的制售活动，是该地区发展成为世界著名毒品产地的另一个重要因素。金三角地区处于喜马拉雅山山脉南缘延长段，地形复杂多变，区域内沟壑纵横，重峦叠嶂，林茂草深，分布着一些著名的地区性的大江大河和众多的小河小溪，成为与外界隔绝的天然屏障。以中国、缅甸、老挝和越南四国为例，中国与三国之间有4 060公里的共同边界，山水相连，国家间和民间的经贸往来频繁的同时，也为毒品的跨国走私创造了便利条件，客观上为毒品的生产和运送起到了保护作用，成为该地区毒品久禁不绝的一个重要原因。

金三角主要毒品生产国与周边国家都有着漫长的边界线，不易管理。除正常的出入境口岸外还有许多边民通道。金三角及其周边地区居住着众多的民族，当将这些民族按照国家疆界加以划分时，我们发现其中不少民族属于跨境民族。同一民族间的族源纽带，密切了金三角地区民族间的往来，也为毒品的外流提供了便利。

（四）金三角毒品问题的复杂性

毒品问题始终与政治联系在一起，二者相辅相成，致使毒品问题复杂化、扩大化。很多与毒品有染的国家，由于国内政治发展不平衡，少数民族集团、宗教集团和国家政治中的劣势集团，由于没有掌权，缺乏资金支持斗争。为了提高与政府当局讨价还价的能力，增强影响力，这些集团只有通过毒品经济来获取在国家政治、经济、文化等方面的权力。毒品交易虽然风险大，但生产、加工等环节对

①陶颖：《金三角地区毒品问题的现状和发展趋势》，内部研究报告，2004年，第6页。

技术要求不高，最重要的是利润可观，短期内容易聚敛大量毒资，可作为支付政治斗争的资本。于是许多政治、军事弱势集团，纷纷加入到种毒、制毒、贩毒的行列中来；还有一些国家政局长期不稳，某些大国趁机插手，使本来就错综复杂的政治局面更为混乱，这些国家中的各色政治团体出于自身政治利益，均参与毒品有关活动，促成了毒品问题的进一步恶化。其目的有三种：一是冲突中的种族、民族、宗教、政治、军事等集团利用毒品筹措资金，达到各自的政治目的；二是借口解决长期悬而未决的毒品问题，与执政集团或外国势力讨价还价，达到某种政治需求；三是这些集团利用毒品提供斗争手段外，还用毒资来贿赂各级党政军警公务人员，以实现钱权交易。

还有一些国家，由于政府的政治行为能力低下，政府腐败，禁毒机构不力，法律制度存在漏洞及外国势力的干涉，扭曲了当地的政治发展。一些合法的政治集团无法拒绝毒品经济的诱惑，纷纷蜕变为非法贩毒集团，使毒品政治影响了国家决策及政府行为能力。贫困、争取民族独立的斗争、种族纷争、不完全的民主化等因素，是不同政治集团产生分歧的原因，为达到各自目的，利用毒品进行政治斗争，是导致毒品问题日趋严重的主要原因之一①。

金三角地区的毒品产量高，贩毒组织众多且多数拥有自己的武装，地下营销渠道十分发达，更重要的是，毒品问题与该地区复杂的民族问题和政治问题紧密交织在一起，使得国际社会在解决"金三角"毒品问题时面临错综复杂而且十分棘手的局面。郭林钦（Ko－Lin Chin）在其《金三角：东南亚的毒品贸易》（*The Golden Triangle*：*Inside Southeast Asia's Drug Trade* Lthaca and London：cornell Universiry press，2009）中称，缅甸毒品贸易、政治及合法商业之间并没有差异，因为毒品贸易获得的利润可以支持一切活动。在缅甸北

---

①陶颖：《金三角地区毒品问题的现状和发展趋势》，内部研究报告，2004 年，第 7 页。

部，绝大多数的地方民族武装仍然"以毒养军"，毒品收入在其财政总收入中占据很大的比重。佤帮和掸邦的武装力量是泰国和缅甸军政府关系恶化时的调节器，因此对它们来说地区稳定远胜过禁毒。

（五）流通环节的暴利驱使

因为金三角毒品的主要消费市场不是在产地，而是在国外，特别是欧美等发达国家和地区。由于这些发达国家与毒品生产国及中转国在经济发展水平和国民收入上存在巨大的差距，加之毒品走私在各国都受到严厉打击，不易获取，在供求规律的制约下，使得毒品在出产到最终消费之间构成暴利。毒品在流通转运中的差价巨大，难免会有一些发财心切而想不劳而获的人铤而走险，投入到毒品走私贩卖的队伍中。

（六）国际因素

金三角的毒品生产带有地方性，而毒品的消费则具有很强的国际性，正是国际市场对毒品有着广大而稳定的需求，使得金三角的毒品生产才有了持久的动力。

另一方面，国际社会缺乏有效合作，难以在堵截毒源的工作上取得成效。世界上绝大多数国家都不同程度地受到毒品问题的困扰，都有铲除毒品危害的强烈愿望。但在禁毒的方式方法上，受多种因素的影响，国际社会未能形成统一意见。由于缺乏有效协调，禁毒工作进展缓慢。

国际社会对控制毒源所给予的关注十分有限。如金三角地区的替代种植，除泰国早期得到过国际社会的系统资助外，缅甸和老挝的替代种植得到的国际资助很少。目前主要是中国企业在缅北、老北开展替代种植。由于对替代种植的资助力度不够，一些烟农蒙受损失，对通过替代种植改善生活的信心受挫。

五、全方位遏制金三角毒源的对策思考

遏制金三角毒源是世界禁毒斗争的一个重要战略任务，因此必须从战略高度，把遏制与消除金三角毒源纳入全球禁毒战略，通过

国际禁毒合作的途径，紧紧抓住毒品生产、流通和消费三个环节，坚持在金三角地区开展国际联合扫毒与合作发展替代种植、替代产业相结合，坚持境外除源与东南亚、澜沧江—湄公河次区域经济合作相结合，坚持境外除源与各国境内堵源截流、禁吸戒毒、禁毒预防相结合，形成全方位遏制金三角地区毒源的格局，这是彻底解决金三角地区毒源危害的基本战略①。

（一）遏制金三角地区毒源的基本战略原则

1. 把遏制和清除金三角地区毒源纳入国际禁毒整体战略

金三角是世界四大毒源地之一，对整个国际社会的安全危害巨大。要把遏制和清除金三角地区的毒源列入整个国际禁毒战略之中。在国际与次区域禁毒合作机制的框架下，各国应进一步积极探索联合扫毒与建立发展替代种植、替代产业的国际协调机制。联合国禁毒机构应该协调合作方各国政府，尽早签订联合遏制与清除"金三角"地区毒源的协议。在国际、东盟—中国和澜沧江—湄公河次区域合作的各种禁毒合作机制中应重视制订联合铲除毒源、打击国际贩毒势力、支持该地区相关国家政府发展替代种植和替代产业的合作计划，确保该地区清除毒源、替代发展的顺利进行。参与境外替代种植的各国应该加紧制订支持各国企业和国际组织参与毒品替代种植和替代产业发展的各项优惠政策，如制定替代种植的农业生产资料及境外生产农副产品出入境的免税政策实施细则；简化动植物检疫和车辆、货物、人员的出入境手续等。

2. 把遏制和清除金三角地区毒源纳入次区域合作战略

要把遏制和清除金三角地区的毒源列入中国—东盟自由贸易区和澜沧江—湄公河次区域合作战略中。金三角地区的毒品问题给东盟国家和中国的国民经济和社会安定带来严重的影响，这也是对中国—东盟自由贸易区和澜沧江—湄公河经济合作发展的直接制约。因此，在

---

①本部分的对策主要参考冷宁：《全方位遏制"金三角"毒源的对策研究》，载《云南警官学院学报》2008年第1期，第41~45页。

今后的合作中，各国不仅要加强经济和技术合作，还要把禁毒除源、打击毒品走私、发展替代种植等方面作为重点合作领域，以实现中国和东盟的共同发展与繁荣。而中国—东盟自由贸易区的建立和完善，中国与东盟经济合作体制与机制及统一大市场的形成，又有利于克服国家间在禁毒体制和机制上的障碍，形成地区禁毒合作机制。金三角地区的毒品生产国都是澜沧江—湄公河次区域合作的参与国，为此，澜沧江—湄公河合作深受毒品问题的困扰。把金三角地区的禁毒合作与发展替代种植纳入澜沧江—湄公河次区域经济合作，有利于禁毒资源的优化配置，可以有效遏制金三角地区的毒源。

（二）遏制金三角地区毒源的主要战略措施

1. 发展替代种植，推进金三角地区替代经济发展

发展替代种植，是解决金三角地区的毒源危害，防止毒品外流的主要方法，是一项无国界的工程。它必须得到世界各国，尤其是东南亚各国的通力合作。各国政府相关部门在这项工作中必须发挥重要作用，才能引导好企业开展替代种植，发展替代产业。要建立金三角地区毒品替代种植宏观管理的国际合作体制和机制，从管理体制、法律、政策、资金、种子、技术、人员和产品进出口等各个方面制定切实可行的政策，落实各合作方的责任与资金，推动金三角地区替代经济的发展。

2. 加强联合扫毒行动，消减金三角毒品生产与走私

采取联合扫毒打击金三角毒源地毒品生产制造与走私活动，是根除毒源的首要行动，是消减毒源地毒品生产制造能力，发展替代种植的基础。通过加强国际禁毒执法合作，实施联合扫毒行动。多年来的禁毒行动使我们认识到，禁毒是牵涉到毒源地国家、毒品走私过境国家、毒品消费国家的全方位战略行动，仅凭一国的禁毒行动是不行的，它涉及国内、国际等多方面的因素。

3. 建立全方位堵源截流战略，遏制金三角毒品走私的严峻态势

首先要转变堵源截流的战略思想，堵源截流不是被动防范境外毒品的渗透，而是主动进攻，打击毒品犯罪，遏制毒品生产加工活

动，双向查缉走私毒品和易制毒化学品，积极防范境外毒源渗透的重大战略措施。堵源截流工作要在坚持打击传统毒品的同时，加强遏制新型毒品制造与走私加剧的趋势。要建立堵源截流的国际合作机制，形成全方位堵源截流的格局。

第三节 金三角毒品问题的研究现状

一、国内研究现状

国内对金三角毒品问题的研究成果颇丰，其中不少相关研究是与我国在缅、老北部开展的替代种植相结合起来的。主要有以下几类。

（一）论文集和研究报告

20 世纪 90 年代以来，金三角核心产毒区的逐步北移和扩大，对我国构成日益严重的威胁与危害，在此形势下，对境外毒品形势进行追踪研究和前景预测十分紧迫。我国相关领域的研究人员不畏艰险深入实地对此问题展开调研，形成了一批著作、研究报告和论文。其中比较重要的有：马树洪主编的《当代金三角—东南亚毒品问题》和《云南境外毒源研究》，论文和研究报告有马树洪的《21 世纪初"金三角"毒品形势的发展变化及其对次区域国家的影响》，刘稚的《"金三角"毒品形势走向与国际禁毒合作》、《"9·11"事件后"金三角"毒品形势的变化及其对我国的影响》，陈存仪、李宜融的《缅甸掸北政局的新变化与毒品问题》，李晨阳的《缅甸民族地方武装与毒品问题》，陈吕范等人的《近年来"金三角"毒品流向分析》，国家社科基金项目"'金三角'地区毒品对我渗透的新变化及应对策略研究"课题组的系列调查报告（载《云南警官学院学报》，2007 年）等。这些成果就 20 世纪 90 年代以来金三角毒品种植、生产和流动格局的变化以及国际战略格局、世界毒品形势的发展对金三角毒品形势及对我国将产生的影响进行了深入分析和展望①。

此外，孙渭主编的《当代跨境民族与境外铲除毒源研究》（云南民族出版社，2001 年 10 月）收集了从不同角度和层面研究金三角毒品走势及肃毒办法的论文；刘稚的《中国参与湄公河次区域禁毒国际合作研究》（中国书籍出版社，2004 年 12 月），从湄公河次区域国际禁毒合作的角度，研究了次区域各国的毒品形势和禁毒措施，对金三角毒品问题及中国政府的替代种植工作进行了详细介绍；马树洪主编的《云南境外毒源研究》则相对系统而翔实地介绍了云南境外毒源地（主要指中国周边邻国金三角一带）的毒品发展历史、原因和防治措施，分析了整个云南境外毒源长期存在并不断扩展的原因②。

（二）期刊文献

研究金三角毒品问题的期刊文献有刘稚的《金三角毒品形势的变化与国际禁毒合作》（载《当代亚太》2001 年第 9 期）及《中国与东盟禁毒合作的现状与前景》（载《当代亚太》2005 年第 3 期）；林锡星的《缅甸金三角的人文地理与毒品贸易》（载《东南亚研究》2001 年第 4 期）；王东的《金三角毒情发展现状及我国对策》（载《东南亚研究》2001 年第 4 期）；梁晋云的《缅甸禁毒现状研究与思考》（载《东南亚纵横》2004 年第 8 期）；冷宁的《全方位遏制金三角毒源的对策研究》（载《云南警官学院院报》2008 年第 1 期等等。

（三）综合性的描述和介绍性文献

综合性描述和介绍金三角毒品现状的文献有陈英、王双栋的纪实文学《金三角之星》（缅甸佤邦民族教育出版社，2003 年）对缅甸佤邦种植罂粟的历史和禁毒的过程进行了文学性描述；时代文艺出版社企划并出版的《金三角真相》（2003 年）图文并茂，介绍了金三角的人文、地理、毒品问题和各国为禁毒作出的努力；韩云峰

---

① 刘稚：《云南毒品问题研究》，内部研究报告，2004 年，第 1 页。
② 孟爱琴：《缅甸佤邦地区毒品问题研究》，云南大学硕士学位论文，2008 年 5 月，第 5 页。

的纪实文学——《鸦片的肖像》（中国青年出版社，2004 年），作者用大量的图片辅以文字说明呈现了金三角地区（主要是老挝北部和缅甸北部）罂粟种植情况和烟民的生活状况；凤凰卫视系列图书《金三角零距离》（广东人民出版社，2005 年 9 月）也试图用直观的图片和真实的描述向人们展现金三角实况，等等。

二、国外研究现状

国外与金三角毒品问题相关的文献内容比较翔实，根据所掌握的材料情况来看，国外相关文献以实地勘查的量化性报告和结合民族问题进行的研究性著作为主，其中大部分是放在整个东南亚或者东盟框架内来进行研究的。

其中，以联合国毒品和犯罪问题办公室（UNODC）为代表的相关国际组织发布的年度报告、项目报告等。联合国毒品和犯罪问题办公室自 20 世纪 90 年代末以来，每年发布《世界毒品报告》（*World Drug Report*），分毒品类别对各类毒品重点毒源地的生产情况有详细说明，对毒品走私和消费情况也有详细数据。该类报告一般把缅甸、老挝作为重点鸦片或海洛因的生产国家对其罂粟种植情况进行详尽数据分析，包括鸦片产量、出售价格、主要销售对象等。

此外，联合国毒品和犯罪问题办公室（UNODC）出版的《2015 的无毒东盟：现状及建议》（*Drug—Free ASEAN* 2015：*Status and Recommendations*，2008 年），介绍了"无毒"东盟的目标，合作框架，东盟各国 2006 年的毒品问题现状，并就存在的问题提出了建议；联合国毒品和犯罪问题办公室（UNODC）与老、缅、泰毒品控制机构联合公布的报告《东南亚毒品种植：老挝、缅甸、泰国国别研究》（*Opium Poppy Cultivation in South East Asia*：*Lao PDR*，*Myanmar*，*Thailand*，2008 年 11 月），介绍了老、缅、泰三国的罂粟种植情况；2009 年的报告中则只针对老挝和缅甸的罂粟种植情况进行研究。

最新期刊文献有 Tom Kramer 的《从金三角到橡胶林——果敢和

佤邦禁毒前景》（*From Golden Triangle to Rubber Belt？——The Future of Opium Bans in the Kokang and Wa Regions*，*Drug Policy Briefing Nr 29*，*July 2009*），认为缅甸的果敢和佤邦实行禁毒政策，开展替代种植，但由于各方面因素的影响，农民并未从中获得多少利益，由此引发系列问题，需要国际社会给予关注。

最新专著有 Ko – Lin Chin 的《金三角：东南亚的毒品贸易》（*The Golden Triangle：Inside Southeast Asia's Drug Trade*），他在书中主要描述了缅甸佤帮的毒品种植和贸易情况，并分析了为何毒品贸易屡禁不止，他认为缅甸一日不能实现政治和解，毒品问题就不可能得到根除；Tom Kramer，Martin Jelsma 和 Tom Blickman 等的《金三角的消退——混乱的毒品市场》（*Withdrawl Sympatoms in the Golden Triangle – A Drugs Market in Disarray*，Transnational Institute，January，2009），介绍了金三角的形成、鸦片的减少、罂粟种植与贫困、主要毒品和影响等，认为毒品带来的危害亟待解决，不能等待（缅甸）民主政体建立后再采取禁毒措施。

参考文献

[1]董胜：《金三角真相》，时代文艺出版社，2003 年版。

[2]马树洪主编：《云南境外毒源研究》，云南民族出版社，2001 年版。

[3]刘稚：《中国参与湄公河次区域禁毒国际合作研究》，中国书籍出版社，2004 年版。

[4]汤家麟：《世界贩毒斗争的新篇章》，载《当代跨境民族与境外铲除毒源研究》，2001 年，第 39～40 页。

[5]孟爱琴：《缅甸佤邦地区毒品问题研究》，云南大学硕士学位论文，2008 年 5 月。

[6]刘稚、李晨阳等：《云南省境外罂粟替代种植和发展成效评估》（未定稿），2010 年 5 月。

第二章　缅甸的毒品问题

李晨阳　孟爱琴

缅甸一直是世界毒品生产三大基地之一——金三角的最主要毒源地，缅甸的毒品问题不仅长期影响缅甸政治、经济、社会的发展，而且对中国、泰国等周边国家以及全世界都造成了严重的危害。目前缅甸毒品问题已严重影响到缅甸与周边国家以及美国等大国的关系，成为影响东南亚地区安全与稳定的一个重要因素。

第一节　缅甸毒品问题的由来与发展

一、缅甸毒品问题的由来

从地理位置来看，缅甸的掸邦、克钦邦位于北纬20°～30°和东经96°～102°之间，基本上处于世界上公认最优质的鸦片产地的经纬度内。这里群山延绵，丛林密布，植被繁茂，溪流纵横，属季风型森林气候，分为旱、雨、凉三季。这一带是太平洋气流和印度洋气流的结合部，雨水少却土地温润，日照长而气候不干燥，海拔在1 000米左右，特别适合罂粟的种植。1826年，英国人占领若开邦和德林达伊后，开始在缅甸种植罂粟。1885年英国占领了整个缅甸。当英国人在上缅甸的统治稳固之后，殖民当局开始要求掸邦的土司推广种植罂粟，并向殖民当局缴纳一定数额的鸦片。因此，掸邦的罂粟种植始于1900年。到1911年，掸邦萨尔温江两岸地区（包括今天的果敢、佤邦和莱莫等地）已大规模种植罂粟，面积不断扩大，并逐渐发展成当地的重要产业。

二、缅甸毒品问题的发展

缅甸独立后，国民党残部罗星汉和坤沙等人领导的自卫队、少数民族反政府武装以及缅共先后在缅甸掀起了一轮又一轮的种毒、贩毒高潮。

1949 年，原国民党第 8 军和第 26 军余部溃逃到缅北地区。从1951 年开始，占据了萨尔温江以东部分地区的国民党残军开始通过大规模武装贩运鸦片来筹集经费。残军大力鼓励当地少数民族种植罂粟，除自己贩卖鸦片外，残军还向鸦片的生产者收取"农业税"，向鸦片的经营者收取"商品税"，向外来的商人收取"贸易税"、"入境税"、"保护税"，逐渐在其控制区形成了一个"鸦片王国"。到 20 世纪 50 年代中期，缅甸的罂粟种植面积增至 4~5 万公顷，鸦片产量达到 600 吨左右。

1961 年，为顺利进行边界勘定，中缅军队联合对盘踞于缅北的国民党残军进行了毁灭性打击，但缅甸境内的毒品生产并没有停止。由于越南战争期间美军士兵对毒品的需求不断增加，缅北地区的毒品生产进入了黄金时期，鸦片的产量急剧增长。在这一时期，缅北的毒品种类还比较单一，基本上是鸦片及其提炼物，并且经历了从鸦片—吗啡—2 号海洛因—3 号海洛因—4 号海洛因的升级过程。

为打击缅共和其他反政府武装，奈温政府允许各地成立自卫队，虽不负责提供武器和经费，但默许他们"自筹粮饷"，以弥补经费的不足。到 70 年代初，缅北地区有不下 50 支大大小小的自卫队。他们虽协助政府军攻打缅共，但在大多数时间里，为保障部队给养和牟取暴利，几乎全在做鸦片生意，使金三角出现了少有的畸形繁荣现象。其中罗星汉因为大肆走私鸦片，被美国《读者文摘》称为"鸦片将军"。

在罗星汉及其自卫队大规模贩毒的同时，坤沙率其自卫队也在其控制区内大力推行和鼓励罂粟种植，并到处设立关卡，征收毒品过境费，大量收购鸦片，建立吗啡和海洛因加工厂。1969 年，坤沙被缅甸政府诱捕，但张苏泉率领坤沙建立的自卫队武装继续贩毒。1976 年，坤沙逃离曼德勒，率部至缅、老、泰交界的金三角地区。由于越南入侵柬埔寨吸引了泰国军方的注意力，坤沙的"毒品事业"获得了一个千载难逢的发展机遇，他以满星叠镇（又名万欣德）为中心建立起了毒品王国，在满星叠镇附近的湄苗山中建立了 10 余个海洛因加工厂，最多时达 15 个，生产的"双狮地球"牌和"三星环球"牌海洛因"享誉全球"。

1982 年，泰军多次对坤沙的"掸邦革命军"发起进攻，坤沙被迫率部窜回缅甸掸邦，并很快在莱朗地区建立了新的总部，重操旧业。1985 年 3 月，坤沙武装和分别由莫亨、赛拉昂率领的掸邦联合革命军和掸邦军合并，实力进一步加强。从 80 年代末开始，坤沙集团的毒品贩销达到了登峰造极的地步。根据美国中央情报局的估计，坤沙所获的毒品利润 1988 年为 2 亿美元，1989 年为 4 亿美元。以后每年均在 5 亿美元以上，直至 1996 年坤沙投诚。

除了这些自卫队之外，缅甸从独立开始就出现了大大小小的几十支少数民族反政府武装。这些武装并不是专门的制贩毒集团，他们有自己的政治纲领，主要是谋求自治或独立，但当经费紧张时，他们也不时卷入毒品交易，因此对缅甸毒品问题的发展也起到了推波助澜的作用。

坤沙、罗星汉等人率领的自卫队武装以及其他少数民族反政府武装使缅北地区的毒品问题更加严重，但其产毒区域主要在缅泰边境缅方一侧，而且毒品贩运基本上走泰国、老挝方向。

随着缅甸共产党在缅甸腹地的影响不断萎缩，缅共 1968 年初开始在缅甸北部和东北部建立了新的根据地。新的根据地基本上属于传统的罂粟种植区，缅共及其武装的主要领导人虽然有明确的政治信念，但中下层干部和士兵基本仍由当地的少数民族组成。毒品问题成为缅共不得不面对的一个严重问题。从 1968 年 1 月到 20 世纪

70 年代初，由于组织较为严密和我国的影响，缅共在缅北根据地严厉禁止鸦片贸易，更不允许各级干部与官兵参与。对于老百姓的传统种植，缅共中央根据实际情况，给予适当放宽。从 70 年代中期开始，缅共开始介入毒品交易。最初是一种所谓的集体行为，后来是少数人和集团打着"集体"的旗号进行谋利活动，最后根本无法控制。

在缅共的缅北根据地，鸦片被称做"特货"。1976 年 5 月 1 日，缅共东北军区率先成立了"特货贸易小组"，也称"51 组"。"51 组"直接由东北军区财政部长吴觉敏主管，由财政部副部长刘国玺具体负责。"51 组"很快就垄断了缅北果敢地区、贵概、勐固和棒赛地区的鸦片。它提供给东北军区的资金成为东北军区最重要的财政来源。

1980 年 8 月 19 日，缅共中央将东北军区财政部、"51 组"及其成员统归中央直属。这个机构的代号就是"819"，总负责人是缅共中央副主席德钦佩丁，主要成员有吴觉敏、吴觉男（赵华）、苏康成、张德文和杨德茂。"819"出现之后，整个缅共控制区毒烟四起，几乎所有派驻有部队的地方都设立了毒品加工厂。

"819"从 1980 年成立至 1985 年，组织严密、管理严格，在鸦片的加工上，基本上是生产"既便于运输，又不能直接吸食的黄砒"，而且毒品几乎全部走泰缅边境，对中国暂时还没有构成危害。1986 年 4 月以后，缅共有了海洛因加工厂，而且整个缅共，除党的主席德钦巴登顶等极个别高级领导外，绝大多数高级干部开始从毒品生意中牟利，内部纪律因此变得极度松懈。最为严重的是，缅共中央已经无法控制不向中国境内贩毒。也就是从那时开始，禁毒成为中国的一项艰巨任务。

综上所述，缅甸独立以后，经过国民党残军、坤沙和罗星汉领导的自卫队武装以及缅共的种毒、制毒、贩毒活动，缅北地区罂粟的种植范围、种植面积都大为扩大，贩毒活动也越来越猖獗，尤其是缅共的"经营"，使萨尔温江东岸靠近中国边境的地区逐渐成为当今金三角罂粟种植的核心区域。

三、1948—1989 年间缅甸政府的主要禁毒措施和成效

1948 年至 1989 年，面对日趋严重的毒品问题，缅甸历届政府都采取了措施打击毒品犯罪。

（一）颁布和完善禁毒法规

缅甸独立之初，缅甸政府曾计划在 5 年内消灭吸毒现象，但国民党残军窜入缅甸境内和缅甸国内反政府武装活动的兴起使该计划流产。奈温上台后，积极参与国际禁毒活动，同意联合国关于毒品生产、销售和使用只限于医疗和科研方面的规定，并参加了 1971 年联合国在维也纳签署的《1971 年麻醉品协定》的签字仪式。

1974 年 2 月 20 日，缅甸政府首次颁布了《麻醉品管理法》。该法规定：对保存毒品者处以 10 年有期徒刑，对吸毒者处 5 年有期徒刑，对贩毒者处无期徒刑或死刑，并没收其所有财产。这是东南亚国家中最先颁布的一部对毒品罪行可以判处有期徒刑乃至死刑的法律，但在该法律中，也同时规定允许掸邦的 16 个乡镇"暂时种植少量的罂粟"①。

1976 年，缅甸政府颁布了新的《毒品、麻醉品法》，明文规定禁止在缅甸私自种植、生产、加工、储藏、运输和销售鸦片及其加工品。依据此法，缅甸开展了大规模的禁毒和肃毒活动。

1981 年 6 月，缅甸政府又颁布法令，规定可以提取被缴获毒品价值的 20% 作为检举揭发、提供情报信息者的奖金，10% 作为办案人员的奖金。这个法规极大地刺激了缉毒部门的工作积极性，毒品破案率上升，查获的毒品也有所增加。

（二）建立专门的禁毒机构

1975 年 10 月，在第一次人民议会第四次会议上，缅甸通过了在全国范围内开展禁毒运动的决议，并成立了以内政部长为首的"中

---

①郭健初、王浩：《探营金三角》，金城出版社，1998 年版，第 63 页。

央禁毒委员会"，负责领导缅甸全国的禁毒工作。1976 年 2 月 3 日，缅甸政府成立了预防毒品危害中央委员会，该委员会下设七个专门委员会：农作物改植委员会、养殖委员会、医疗委员会、重建委员会、学生与青年毒品危害教育委员会、劳动人民知识传授委员会、摧毁毒品委员会，并在各省邦和镇区相应成立了预防毒品危害委员会。此外，缅甸政府在仰光、曼德勒、东枝、景栋和腊戌等地也成立了特别禁毒机构。1978 年，政府制定了一项为期 5 年的"改植计划"，拟在掸邦号召当地山民们种花生、咖啡等经济作物。1979 年 3 月 1 日，缅甸政府宣布禁止在全国范围内种植毒品。

（三）派遣军队参与禁毒

由于缅甸的毒品生产和走私与反政府武装密切相关，故缅甸政府缉毒人员很难有效地铲除罂粟和缉拿贩毒分子。从 1975 年开始，缅甸政府决定派军队参与禁毒、肃毒活动，并规定了军队在禁毒方面的四项任务：一是帮助当地群众在罂粟种植季节大面积改种其他农作物；二是开展一年一度的"额耶班"和"当羊辛"禁毒战役，从空中和地面捣毁罂粟田；三是集中兵力打击武装走私分子；四是开展一年一度的"摩亨"军事行动，捣毁边境地区的毒品加工厂。从 1976 年至 1989 年 3 月，缅军共捣毁罂粟田 16 万多英亩，缴获各类毒品 8 万多公斤，按 1988 年美国市场价格计算，合计价值 165 亿美元；缅军在这一期间的禁毒活动中共击毙武装贩毒分子 127 名，缅军本身伤亡 644 人，损失飞机一架。

（四）重视禁毒宣传和对吸毒人员的康复治疗

奈温政府高度重视禁毒宣传，公开宣称"鸦片是亡国灭种的危险毒物"，号召"全民族团结起来，彻底铲除烟毒"。缅甸政府还在各城镇举办有关毒品的展览，请专家讲解毒品对人体的危害，请毒品受害者现身说法。为防止吸毒现象在青少年中的蔓延，缅甸政府 1984 年在 239 个镇区的中学里，利用图画、图片和广告等形式举办禁毒展览。

为了使吸毒者戒断毒品，缅甸政府于 1984 年在 167 个镇区正式成立了登记与医疗监督委员会，规定各镇区医院以及毒品重灾区的人民医院必须接纳吸毒者，并给予治疗。

为了使吸毒者彻底戒断毒品，缅甸政府还重视对吸毒者的康复治疗，主要方式是为经过了一段时间治疗的吸毒者举办各种谋生训练班，使其掌握了一定的技艺后能在社会上自食其力。

（五）努力争取国际社会的援助

美国是缅甸毒品的主要市场，为了断绝毒品来源，美国应缅甸政府的要求，向缅甸提供了部分禁毒经费和用于禁毒的直升机。美国在这一期间向缅甸提供的援助中，也有一部分是间接用于禁毒的。

第二节　缅甸毒品问题的现状

1989 年，缅共解体以后，缅甸的毒品问题发生了许多变化，主要表现在以下几个方面。

一、禁毒取得了一定成效，但毒品形势仍然非常严峻

缅甸目前的罂粟种植主要集中在掸邦、克钦邦和克耶邦，其中以掸邦为甚，掸邦的彬龙、贵街、登尼、果敢、霍班、滚弄、滚亨、当阳、南山、老街、莫尼、孟班、孟休、莱朗、木姐、南坎、大其力、孟帕、孟萨、孟东、孟宾等镇区是罂粟种植的重灾区。

20 世纪 90 年代，由于缅共解体后缅甸北部出现了更多的少数民族武装，缅甸的罂粟种植面积不断增加。根据缅甸毒品监察委员会的统计，1998 年缅甸的罂粟种植面积为 61 189 公顷，比 80 年代末增长了一倍；1999 年缅甸的罂粟种植面积下降了 38%，为 37 937 公顷，其中掸邦北部就有 17 625 公顷。虽然罂粟种植面积有所下降，但缅甸其他种类毒品的产量却急剧上升，而且毒品贩卖和吸食不断蔓延。据缅甸政府的统计，全国吸毒人数在 1999 年底就达到了865 000 人。另据联合国禁毒署驻缅甸办事处于 2001 年初发表的《缅甸毒品状况》报告，缅甸的吸毒者已达到 30 万人，15 岁以上人

群的吸毒率高达2.4%。毒品在缅甸的泛滥引发了严重的社会问题，尤其是导致了艾滋病的蔓延和刑事案件的增多。

在1999年以前，缅甸是全球最大的鸦片和海洛因生产国。根据美国国务院1998年3月发表的统计数据，缅甸当时种植罂粟15万多公顷，年产鸦片2 365吨，可提炼海洛因197吨。由于阿富汗的"异军突起"，缅甸1999年和2000年的鸦片和海洛因产量均次于阿富汗，居世界第二。根据联合国禁毒署的统计，2001年缅甸的罂粟种植面积为8.14万公顷，鸦片产量为1 097吨，重登世界第一的宝座。据有关部门统计，到2004年，缅北地区的罂粟种植面积还在89 333公顷左右，其中缅甸政府控制的木姐、南坎、九谷和勐古的纵深地带种植有14 667公顷左右。据估计，2009年，缅甸罂粟种植面积仍然有31 700公顷，比2008年的28 500公顷上升了11%，掸邦仍然是缅甸罂粟种植的重灾区，它的种植面积占缅甸罂粟种植总面积的95%。南掸邦和东掸邦的罂粟种植面积分别占全国罂粟种植面积的52%和38%。北掸邦罂粟种植面积虽然总量仍然保持在一个较低的水平，仅占全国罂粟种植总面积的5%，但是其增长速度非常快，与2008年相比，增速达到100%。同时，克钦邦和克耶邦的罂粟种植面积仍然保持在一个较低的水平，占全国罂粟种植面积的5%。[①] 在鸦片和海洛因等原有毒品产量继续居高不下的同时，以冰毒和摇头丸为主的兴奋类毒品又异军突起，并且发展极快。

二、传统毒品种植一度北移，目前又开始回迁

缅共解体以后，从缅共人民军中分裂出来的果敢同盟军、佤邦联合军、掸邦东部同盟军和克钦新民主军等四股少数民族武装的制贩毒活动规模不断扩大，金三角的产毒中心曾经逐渐向缅甸北部与我国接壤的边境地区移动。由于缅北地区各支武装控制区的资源状

---

①UNODC（2009），*Opium Poppy Cultivation in Southeast Asia*, *Lao PDR*, *Myanmar*, p. 57.

况不同，军队实力有差别，政治目标不尽相同，与缅甸政府的关系也有疏有近，加上国际社会的压力和中国政府的疏导，从 20 世纪 90 年代中期开始，克钦新民主军已基本上不再贩毒；掸邦东部同盟军由于替代种植较有成效，在经济上对毒品的依赖程度降低，贩毒活动也不如以往猖獗；克钦独立军的制毒、贩毒活动也被有效遏制。而佤联军、果敢同盟军和 1995 年底从果敢同盟军中分裂出来的勐古保卫军则一直没有放弃制贩毒。此外，占据了缅泰边境地区的坤沙集团、1991 年从克钦独立军中分裂出来的克钦保卫军以及崩龙族武装也从事制贩毒活动。为了逃避检查和打击，从 20 世纪 90 年代中期开始，缅北地区的罂粟种植由城镇周边、公路沿线向位置偏僻、交通不便的山区和林区转移。

在坤沙集团瓦解以前，以佤联军为主的缅共分裂武装的制贩毒活动已与坤沙集团并驾齐驱。1996 年 1 月坤沙投降后，佤联军辖区一度成为缅甸毒品种植和生产的中心。据泰国毒品控制委员会的《年度报告》和其他资料显示，1998 年，佤联军辖区内罂粟种植面积达 80 ~ 85 万亩，占金三角地区的 60% ~ 65%；鸦片产量 1 400 ~ 1 500 吨，占整个金三角产量的 60% ~ 65%；海洛因产量 120 ~ 130 吨，占 50% ~ 60%。同在缅北萨尔温江东岸的果敢同盟军、勐古保卫军和掸邦东部同盟军控制区的毒品生产也呈现出"繁荣景象"，罂粟种植面积 30 ~ 35 万亩，占金三角地区的 15% ~ 20%；鸦片产量 400 ~ 500 吨，占 10% ~ 20%；海洛因产量 30 ~ 35 吨，占 10% ~ 20%。在"后坤沙时代"的毒品市场争夺中，佤联军凭借其强大的军事实力和严明的纪律，曾经成为控制缅—泰边境主要毒品贩运通道和市场的最大武装贩毒集团。此外，由于辖区内木材、宝石等资源开发殆尽，特区政府财政困难，原本禁毒较有成效的克钦新民主军和克钦独立军辖区内从 1998 年开始出现罂粟复种现象，到 2004 年达到了 1 333 公顷左右。从 2005 年开始，一度北移的缅甸罂粟种植又开始具有了向南回迁的迹象。如图 2 - 1 所示：

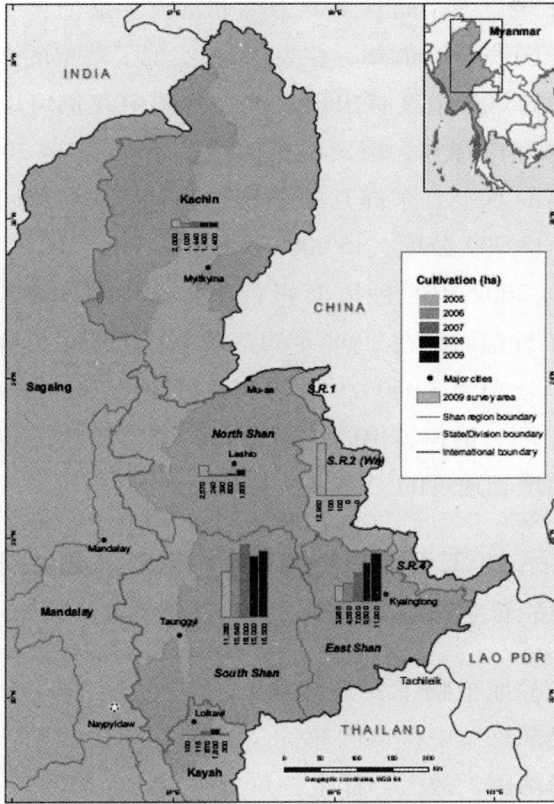

图 2 - 1 缅甸克钦邦、克耶邦和掸邦罂粟种植面积年度分布图

(2005 年至 2009 年）（ha = 公顷）

资料来源：UNODC（2009），*Opium Poppy Cultivation in Southeast Asia*，*Lao PDR*，*Myanmar*，p62.

从图中我们可以看出，曾经北移的缅甸罂粟种植目前已开始回迁。克钦邦的罂粟种植面积从 2005 年至 2009 年，一直处于一个较低的水平，分别为 2 000 公顷、1 020 公顷、1 440 公顷，2008 年和 2009 年保持在同样的水平——1 400 公顷。北掸邦的罂粟种植面积也同样处于一个较低的水平，从 2005 年至 2009 年分别为 2 570 公顷、240 公顷、390 公顷、800 公顷、1 600 公顷。但是，值得注意的是，北掸邦的罂粟种植面积在 2006 年达到一个历史最低水平之后，从

2007年开始出现反弹，而且反弹力度非常大。最值得一提的是，曾经的"毒品王国"——佤邦，在2007年实现了罂粟的全面禁种，而且在2008年和2009年没有出现反弹。从图中我们可以发现，处于南部的东掸邦和南掸邦，罂粟种植面积从2005年至2009年一直处于一个非常高的水平。东掸邦的罂粟种植面积分别为11 280公顷、15 640公顷、18 000公顷、15 000公顷、16 500公顷，尽管2008年的种植面积与2007年的种植面积相比，减少了3 000公顷，但是2009年的罂粟种植面积在2008年的基础上又出现了反弹。南掸邦的罂粟种植面积分别为3 960公顷、4 550公顷、7 000公顷、9 500公顷和11 900公顷，值得警惕的是南掸邦的罂粟种植面积一直处于高种植面积和高增长速度的"双高"局面。

三、毒品加工精制化和高科技化，毒品种类增多，"软"毒品逐渐主导市场

缅甸的毒品原植物主要是罂粟，在20世纪50～70年代，缅甸的毒品主要是从罂粟中提取的鸦片，80～90年代初期，缅甸生产的毒品主要是海洛因，故人们称金三角为"海洛因帝国"。就原植物而论，鸦片和海洛因都是罂粟的制成品。因此，在过去将近半个世纪的时期内，缅甸的毒品是较为单一的。

缅共解体后，缅甸毒品加工精制化和高科技化的趋势越来越明显。如从罂粟中提炼出来的精制毒品四号海洛因所占的比重越来越大。1991年，海洛因占云南省缴获毒品总数的43%，但到1995年已上升到78%，目前也在60%以上。与此同时，缅甸制毒技术的改进使毒品提炼的流程减少，制毒工具日趋简单便利，从而使制毒更具有流动性、隐蔽性。

为了满足毒品消费市场不同品种毒品吸食者的需求，缅北地区毒品种类日益多元化，在全球数以百计的毒品中，除古柯与可卡因外，目前缅北地区都有产销，连以前被人忽略，但在缅北普遍种植的大麻也已被毒枭作为走私牟利的财源。尤其是从1994年开始，缅

甸几支少数民族武装生产以冰毒（学名安非他明或盐酸麻黄素，英文名称为 Amphtermine）为主的兴奋类毒品，而且发展势头凶猛。冰毒加工厂很快从 1995 年的 5 个增加到 2001 年底的约 20 个，而且许多海洛因加工厂同时生产冰毒。这些冰毒工厂规模大，技术水平高，生产的冰毒有红、黄、蓝、白等多个品种，并正在积极到其他国家（包括中国）招聘专业技术人员，进口先进设备，千方百计扩展冰毒产销。缅甸的冰毒生产已经采用了现代科技，用两种不同的方法进行制作。其一是从麻黄素中提取。麻黄是一种草本植物，可从中提取盐酸麻黄碱、伪麻黄碱和甲基麻黄碱等多种生物碱。将几种生物碱混合后就可制成冰毒。另一种方法是采用现代科技化学合成，这种化学合成的冰毒有去氧麻黄碱和氢化去氧麻黄碱等。由化学药品合成的毒品俗称"软"毒品，目前我国媒体经常提到的摇头丸就是由冰毒和酶斯卡林混合而成的软毒品。目前，以冰毒为主的软毒品已成为缅甸的主要毒源之一，其发展速度大大超过其他毒品，并且形成了 W、WY、W – 99、A – 99 等品牌，对泰国和中国等周边国家构成了严重的危害。1996 年至 1997 年间，缅甸政府全年所破获的 4 860 起毒品案中仅有 72 起是软毒品案，缴获的兴奋剂也只有 109 万片。到 1998 年，缅甸政府全年共查获安非他明 165 万片、安非他明药粉 2 683 公斤；1999 年，缅甸政府缴获的兴奋类毒品增加到 768 万片，麻黄素 425 公斤；2000 年查获的兴奋剂进一步增加到 2 660 万片，缴获麻黄素 2 657 公斤；2002 年的查获量则高达 3 240 万片。2003 年仅云南省就缴获冰毒 737 公斤。据估计，2003 年前后，缅甸每年生产的冰毒、摇头丸等甲基苯丙胺（Methamphetamine）类兴奋剂毒品 6 ~ 9 亿片，约合 100 吨，与海洛因的产量相当。据联合国毒品与犯罪办公室 2009 年的世界毒品报告，目前在东亚和东南亚国家出现的片状甲基苯丙胺生产于缅甸，工厂主要被佤邦联军、南掸邦军和果敢势力控制[1]。因此，有学者认为以缅北地区为主的金三角已

---

① UNODC, *World Drug Report*（2009），pp. 120 ~ 121.

经完成了从"海洛因王国"到"冰毒王国"的转变[①]。

为了解决易制毒化学药品不足的问题,缅北地区的毒枭们一方面从国内偷运管制范围之外的化学药品到境外,再制成制毒需要的化学药品;另一方面,这些贩毒集团花高价从国外(包括中国)网罗制造化学制剂的高手到其辖区内生产易制毒化学药品。据统计,2001 年,缅北地区的乙醚、盐酸、丙酮、醋酸酐等易制毒化学药品加工厂达到了 12 个,比 2000 年翻了一番。

总之,目前缅北地区已形成了一个多种毒品共同发展、海洛因和甲基苯丙胺兴奋类毒品各占半壁江山的毒品帝国。

四、缅北地区制毒、贩毒活动组织化、合作化和武装化

自 20 世纪 80 年代末以来,少数民族武装加强了对种毒、制毒、贩毒活动的组织控制,主要表现在以下几个方面。

(一) 加强对毒品经营的缜密管理

在 20 世纪 90 年代中期以前,内外压力不大的情况下,缅北少数民族武装对毒品经营的管理还不是很严密,也不太注意保密。如在 1992 年,果敢同盟军、掸邦东部同盟军、克钦新民主军和佤联军还敢以特区政府的名义分别下令在各自辖区内种植罂粟 3 667 公顷、1 600 公顷、270 公顷和 37 333 公顷。有的武装还征收毒品税,使毒品生产合法化。如 1993 年,佤联军要求所辖八县区上缴 1 435.5 千克鸦片的财政实物税,制毒者必须上缴 20% 的土产税和 25% 的出口税才能视为合法。但近年来各武装为了不背种毒、制毒、贩毒的罪名,纷纷秘密成立了毒品经营管理机构,规定凡涉及毒品种植、收购、生产、贩运等事情均由该机构具体组织实施,基本上做到了"五个统一",即:统一筹措资金、统一定价收购、统一集中保管、统一建厂加工和统一组织贩运。为了笼络人心、稳定内部和便于保密,各武装大都采取各级军政官员按级别入股分红的经营方式。为

---

①董胜:《金三角真相》,时代文艺出版社,2003 年版,第 109 页。

了减少风险，缅北少数民族武装近年来将毒品加工分散转移到缅老、缅泰、缅印边境以及萨尔温江、湄公河沿岸的山区农家，小规模、多作坊和多批量生产。

有必要指出的是，在缅北少数民族武装辖区内，还出现了许多与特区政府没有明确隶属关系的毒枭。这样，缅北地区的毒品加工形成了同时向集约化、大型化和流动式作坊化、分散化的两极方向发展的特点。

（二）加强产毒合作

毒品加工贩卖从分散经营走向两股以上少数民族武装联合经营是近年来的缅北毒品问题发展的新现象。仅在 1998 年，中缅边境一线的 40 多个毒品加工厂中两股以上武装联营的就有 20 多个。如克钦新民主军、克钦独立军和克钦保卫军三支武装联合，在拱卡、勐威和曼楠开设了 3 个海洛因和麻黄碱加工厂，勐古保卫军与克钦新民主军联合开设了两个毒品加工厂，与崩龙民族武装联合开设了 1 个毒品加工厂。此外，为了在制毒、贩毒问题上掩人耳目，果敢同盟军将部分海洛因加工厂迁至佤联军辖区，就地收购原料炼制毒品。佤联军则对每个外来毒品加工厂收税 60 万缅币，出产的海洛因每件（约 700 克）收税 1 800 元人民币。佤联军和掸邦东部同盟军在制订了毒品不准北上的政策后，在毒品加工、贩运和销售方面加大了与其他少数民族武装的合作力度，共同开辟通往印度、孟加拉和泰国等地的毒品走私路线。在新鸦片大量上市时，佤联军为生产更多的海洛因，除了自己精制毒品外，也将部分鸦片运到果敢地区，由当地海洛因加工厂帮助加工成精制毒品。

（三）武装走私毒品，力保销售渠道畅通

从 1989 年以来，缅北少数民族武装大宗毒品贩卖活动基本上都是武装押运，仅在 1998 年，缅甸政府在掸邦北部的禁毒行动就缴获押运毒品的各式枪支 300 多。如佤联军向泰缅边境贩毒，一般由驻守在泰缅边境大其力以西的南部军区和独立团派兵押运。此外，从缅北向中国境内贩毒的不法分子，绝大多数都携带有手枪等武器，导致我国缉毒干警经常遇险，伤亡事故时有发生。

（四）毒品走私手段多样化，日趋隐秘

目前毒品的走私运输已是海陆空并用，其中陆地运输主要有武装押运、改装车辆夹带和与一般货物夹藏等，海路运输主要是利用货轮、客轮和渔船贩运，空中走私主要是采用夹藏方式。其中利用玉石、椰子和水果罐头夹藏毒品，普通目视和 X 光透视均无法发现。需要指出的是，境内外贩毒团伙为逃避打击，近年来多采取化整为零的做法，大量利用人体藏毒等小宗贩毒形式，试图绕开我国边境一线的堵截防线，将毒品运往内地，极大地提高了贩毒活动的隐蔽性。人体内每次携带的毒品虽然有限，但积少成多，其危害不可低估。据统计，云南省 2002 年仅从破获的人体藏毒案中就缴获海洛因459.4 公斤。此外，就缅北地区的毒品贩运这个环节而言，个人行为的毒品走私活动日趋减少，有组织的集体贩毒活动增多，连人体内藏毒案件也多是有组织行为，毒犯之间的分工合作越来越细密，大宗毒品走私与小量走私紧密结合。

为了掩护其贩毒行为，缅北从事贩毒的少数民族武装和其他毒枭大都设立了商业办事处或销售公司，如佤联军就在缅泰边境的大其力和中缅边境的木姐开设了多个办事处和贸易公司，作为其贩运毒品的据点和中转站。

为了逃避打击，贩毒集团往往采取钱货分离、单线联系、同时使用多个手机卡等方式，并配备高级越野车乃至全球定位仪和卫星电话。

通过以上方式，缅北少数民族武装和大毒枭基本完成了对当地毒品种植、生产、加工、运输和销售的操纵垄断，使以民间自发分散的毒品生产变成了有计划、有组织的产、供、销体系。

五、缅北地区贩毒网络的发展

缅北从事贩毒的少数民族武装和其他毒枭都建立有比较固定的毒品销售网络。在 20 世纪 80 年代中期以前，缅北地区毒品的国际贩销渠道有三条，一是从缅北至缅西南的仰光和毛淡棉等地出海；二是从缅东北经泰国转销到南洋和欧美国家；三是从缅东北往西，经印度销往南亚和欧洲地区。

从 20 世纪 80 年代中期开始，国际缉毒组织和新、马、泰等国政府加强了缉毒行动。在这种情况下，缅北贩毒集团一方面采取更为狡猾的贩毒方法，继续从上述渠道转销毒品；另一方面，趁我国开放国门之机，逐步开辟和扩大了毒品北流的渠道。从此到 90 年代中期，缅北地区的毒品销售呈"向四周辐射状"，即：向南，经缅泰边境进入泰国或渗入缅甸腹地，再销往欧美地区；向东，经老挝到越南的岘港、胡志明市，再往海外转销；向北，经中缅边境进入中国内地或转往港、澳；向西，直接向印度、孟加拉国甚至尼泊尔渗透。1996 年 1 月，坤沙集团瓦解之后，缅北地区毒品的流向呈现出混乱和无序状态，毒品时而大批集中于缅泰边境，流向泰国和马来西亚，时而又北上回流中国境内，或迂回经掸邦东部同盟军辖区和老挝、越南再渗入中国境内。

从目前情况看，缅甸毒品主要流向泰国和中国，其中大其力和妙瓦底是毒品流向泰国的主要中转地和集散地，但经安达曼海进入泰国南部的贩毒路线近年来也有所发展，少数民族武装控制的果敢以及缅甸政府控制的木姐、勐古是缅甸毒品进入中国的主要通道。从 20 世纪 90 年代中期开始，中国逐渐从毒品的过境国演变为毒品过境与消费并重，而进入 21 世纪之后，中国已取代美国成为缅甸海洛因的最主要市场。2002 年，缅甸毒枭在南下贩毒通道受阻的情况下，他们将大量毒品北运中国，云南省 2002 年缴获的 6.38 吨海洛因基本来自该地区，缴获来自缅北的冰毒也较往年有所增加。目前，金三角每年生产加工的 70～80 吨海洛因的 80% 通过中缅边境陆路进入中国。从我国破获的贩毒案情况看，缴获的海洛因 90% 以上来自缅北。缅甸毒品对我国的走私呈现出"多头入境，全线渗透"的态势，缅甸木姐经云南瑞丽市到昆明、缅甸果敢经云南镇康县到昆明、缅甸佤邦经云南孟连县到昆明的三条陆路通道是缅甸毒品中转和进入中国最重要的通道。

缅甸毒品进入云南后主要分南、北两个方向扩散，南边通过广西、贵州、湖南等陆路通道运往广东东莞、珠海、深圳等地，除部分被走私出境外，其余则进入了当地毒品消费市场或中转至湖南、江西、福建及北方各省消费市场。

六、缅北少数民族武装大规模制贩毒的原因

从缅共分裂出来的几股少数民族武装大规模制贩毒是缅甸毒品形势不断恶化的根本原因，这些武装之所以变本加厉地从事制贩毒活动，主要有以下几个方面的原因。

首先，虽然缅甸政府每年都给这些武装提供经费和给养，但这对拥有数千乃至上万兵力的少数民族武装来说，只是杯水车薪，根本不能满足他们的军事和行政开支。以佤联军为例，佤联军与缅甸政府 1989 年和解以后，缅甸政府每月给佤联军提供 42 万缅币（约合 1 万人民币），这对于号称拥有逾 3 万武装和行政人员的佤联军来说，是远远不够的。因此，征收罂粟的种植税和毒品的加工经营税，以及组织大规模的贩毒就成了佤联军等少数民族武装赖以生存的基本手段。

其次，缅甸是当今世界上最不发达国家之一，而缅北地区又是这个穷国中最贫穷、最落后的地区，以佤邦为例，整个佤邦的平地坝子仅占土地面积总和的 1%，80% 以上的可耕地种粮食颗粒无收，只能种植号称"懒庄稼"的罂粟。其次，缅北是一个极其封闭的地区，在这一地区内几乎没有最基本的公路交通，不要说几国间的贸易和人员往来，就是本国人员和军队要进入这个地区都十分困难。经济的落后和极度封闭使居住在该区域内的各个少数民族通过与外界正常的贸易以满足生存需求成为不可能。由于老百姓种植的旱稻、芋头、瓜豆只能维持半年的生计，生活在这一区域的少数民族武装和老百姓都必须另找途径，以满足最基本的生存寻求。

再次，走私毒品能带来一般商品无法相比的高额利润。在缅北

地区，贩毒集团强迫当地少数民族出售鸦片的价格，每公斤不过 66～75 美元，提炼为海洛因后，每公斤也不过 1 200 美元。但在泰国曼谷的黑市上，每公斤海洛因的价格就猛增为 6 000～10 000 美元，往美国批发就可涨到 9 000～2.5 万美元。这些海洛因走私到美国后，如果在街头零售，每公斤售价可高达 94 万～140 万美元。

最后，走私毒品不仅有超强的利润驱动力，而且毒品需求有永不衰竭的拉动力。毒品需求规律不同于时装、化妆品等奢侈品，也不同于一般的日用品，甚至也有别于人们一日三餐必吃的粮食，因为它几乎没有价格需求弹性。也就是说，毒品需求似钢打铁铸，它对价格的波动完全没有反应。一个人只要吸毒上瘾，吸毒就成为他生活的第一需要。有钱要吸，没有钱想办法搞钱也要吸，真正是一种"挡不住的诱惑"。任何商品受周期的影响，受价格的影响，受市场流行的影响，都会有滞销的时候，唯独毒品不会。缉毒打击可能会暂时减少毒品供给，但却使毒品黑市价格暴涨，暴涨的价格又刺激了毒品的生产和贩运，毒犯会在更大暴利的驱动下加紧走私活动。

七、1989 年至今缅甸政府的禁毒措施和行动

缅甸现政府把"防止毒品和精神药物的危害，改善边境地区和少数民族的生活，逐步消除鸦片种植"作为缅甸的禁毒战略，并采取了相应的禁毒措施。

（一）进一步完善了组织机构和禁毒法规

为了加强对禁毒工作的领导，缅甸成立了中央禁毒委员会（CCDAC），具体负责领导全国的禁毒工作，其成员主要来自警察部门、海关、军事情报部门和军队其他部门。经过多次调整，该委员会成员已由原来的 22 人增加到目前的 34 人，直属指挥机构也由原来的 5 个增加到 8 个，特别是对教育宣传、对外联络、科技研究等禁毒机构进行了较大幅度的调整和扩编。此外，各省（邦）、县、镇区级禁毒委员会也分别由原来的 9 人、6 人和 4 人扩编为 15 人、11

人和 7 人①。

根据禁毒斗争的需要，缅甸政府于 1993 年 1 月 27 日颁布了 1993 年第一号法律《毒品与精神药品管理法》。根据该法的有关条款，缅甸卫生部确定了禁止种植、生产和加工的毒品植物 3 种、毒品 126 种、精神药品 41 种。随着冰毒等软毒品的出现和泛滥，缅甸卫生部于 2000 年 10 月 19 日重新规定了毒品和精神药品的种类，共 125 种。2002 年 6 月 5 日，缅甸卫生部颁布新的命令，将 25 种化学品规定为控制品。同年 6 月 17 日，缅甸政府颁布了《非法所得货币与财务管制法》（即《反洗钱法》），规定对生产、运输、贩卖毒品所得钱物和人员要依法追究。2003 年 3 月 7 日，缅甸卫生部颁布了《毒品及兴奋剂管制令》。

（二）继续严厉打击毒品犯罪

1994 年至 1999 年，缅军警共实施了 12 次"旌旗"禁毒行动；从 2000 年 3 月开始，缅甸警方开展了"神勇致胜"禁毒行动。仅在 2002 年，缅军就抽调了 30 多个作战营的兵力配合当地政府和警察铲除罂粟田两万多英亩。

为了有效打击毒品走私，缅甸警方着重加强了对重要毒品通道和产毒区的控制。从 1985 年至 2000 年，缅甸警察部队先后在仰光、曼德勒、腊戌、景栋、东枝、密支那、大其力、木姐、滚弄等 20 个位于毒品运输和交易路线上的地区组建了 20 支特别缉毒队，其中部分为流动缉毒分队。2000 年 5 月，缅甸警方又在腊戌、孟友、木姐增设了 3 个毒品检查站。目前缅甸的缉毒队已增至 25 支，每队编制也由原来的 25～33 人增加到 33～44 人。

对于长期贩毒的反政府武装，缅甸政府加大了军事打击力度，并迫使当时全球最大的贩毒武装——坤沙领导的蒙泰军于 1996 年 1 月向缅甸政府投降。面对国际社会强烈要求缅甸加大禁毒力度，以

①梁晋云：《缅甸禁毒现状研究与思考》，载《东南亚纵横》2004 年第 8 期，第 50 页。

及美国宣布佤联军为"毒品恐怖主义"组织和全球通缉佤联军的主要领导人等问题，缅甸军政府多次召集少数民族武装领导人开会训诫，要求他们切实禁毒，否则后果自负。

从 2002 年 5 月开始，缅甸军政府在罂粟种植比较集中的缅北地区实施了"地狱之花"禁毒计划，即鼓励农户自愿用罂粟种子向政府有关部门换取同等数量的水稻、小麦、玉米、棉花、甘蔗等替代农作物种子，以达到减少罂粟种植的目的。缅甸军政府为此向种植罂粟的农民提供了 5 250 万缅元的贷款，促使他们改种其他作物。

（三）加大禁毒宣传力度

缅甸现政府注重通过广播电台、电视台和报刊等媒体，采用小说、诗歌、歌曲、卡通、招贴画和体育比赛等民众喜闻乐见的形式加强宣传和教育工作，号召国民珍惜生命，远离毒品，目前缅甸已在全国设立了 54 个禁毒教育宣传站。

为了帮助吸毒者戒毒，恢复健康，缅甸政府已在仰光、曼德勒、密支那、东枝和景栋等地设立了 5 个毒品科研所，在各边境地区、中心城市设立了 22 个集医疗、劳动为一体的戒毒中心。此外，缅甸还在全国设立了 8 个康复中心。

为了展示缅甸的禁毒成果，并使人民了解毒品的危害，远离毒品，缅甸于 1997 年 4 月，在掸邦东部第四特区建立了一个国家禁毒纪念馆，2000 年 12 月，在掸邦北部第一特区建立了果敢禁毒纪念馆。2001 年 6 月 26 日，耗资 8.2 亿缅元（约合 120 万美元）、被称为缅甸禁毒史上里程碑的"缅甸国家禁毒纪念馆"在仰光落成，成为军政府对外宣传其禁毒成就的主要窗口。

（四）制定并实施"边境开发计划"和 15 年禁毒规划

缅甸现政府上台后，对毒品问题实行标本兼治，既打击毒品种植，又考虑到毒品种植区群众生活水平的提高和经济的可持续发展。1993 年初，缅甸政府制定了《边境与少数民族地区发展总体计划》，该计划分三个阶段实施，为期 11 年，政府预计拨专款 127 亿缅元用于边境与少数民族地区的发展。缅甸政府为此专门设立了国家边境地区发展基金。1993 年 8 月，缅甸政府颁布了《边境与少数民族地区繁荣发展法》，将边境与少数民族地区的开发纳入法制轨道。从 1989 年到 1997 年底，缅甸政府总共投入 85.4192 亿缅币，在 74 905 平方英里的 64 个镇区、519 万少数民族的聚居区实施开发计划①。通过这一计划的实施，从 1988 年到 1998 年，缅甸政府已将 12 593 公顷罂粟田改造为种植西瓜、咖啡、甘蔗、茶、水稻及果树等经济作物用地。

为了彻底杜绝毒品种植和生产，缅甸政府在 1998 年 10 月制定了一项将耗资缅币 335.88 亿缅元和 1.5 亿美元的禁毒计划，该计划涵盖缅甸北部和东北部 4 个邦的 51 个镇区。该计划为期 15 年，分三个五年计划分步实施。第一个五年计划是从 1999 年至 2004 年，目标是使掸邦北部的 15 个镇区、掸邦南部的 6 个镇区和掸邦东部的 1 个镇区根除毒品，计划投入资金 50 亿缅币；第二个五年计划是从 2004 年至 2009 年，目标是使掸邦东部的 7 个镇区、掸邦北部的 6 个镇区和掸邦南部的 3 个镇区、克钦邦的 4 个镇区根绝毒品；第三个五年计划是从 2009 年至 2014 年，目标是使掸邦南部的 5 个镇区、克耶邦的两个镇区和克钦邦的两个镇区彻底根绝毒品。为了实现这一计划所规定的目标，缅甸政府规定军队、警察和海关等部门有权对所查获的毒品案件进行调查和严惩毒品犯罪。

1999 年下半年，为铲除缅北地区（以佤邦、果敢地区为重点）的毒品源头，缅甸政府酝酿向南移民，计划在三年内从掸邦北部邻近中国的毒品产区向南部迁移 5 万人。1999 年 11 月至 2000 年 3 月间，佤联军组织了第一次南迁行动，共移民 35 000 人，其中向南部地区移民 32 000 人，向孟片开发区迁移 3 000 人。

2003 年 2 月，缅甸军政府又开始执行一项根除毒品的计划，主要内容包括惩治制造、吸食和贩卖毒品者，加强国际禁毒合作以及

---

① 《缅甸联邦 1997/98 财政年度财政、经济和社会情况报告》（缅文），仰光，1998 年，第 256 页，第 2 页。

加快实施 15 年禁毒计划。

（五）继续加强国际禁毒合作

为了更为有效地打击毒品种植、加工和走私，缅甸政府注重加强在禁毒领域的国际、地区及双边合作。迄今为止，缅甸已与中国、柬埔寨、老挝、泰国和越南等国签署了地区禁毒行动计划备忘录，并先后与印度、孟加拉国、越南、俄罗斯、老挝和菲律宾等国签署了禁毒合作协定。1994 年至 1997 年，世界卫生组织向缅甸提供了 9 600 万美元的禁毒援助，联合国禁毒署 1996 年恢复了对缅甸的禁毒援助。美国、日本及欧盟国家虽未与缅甸签署正式的禁毒合作协议，但都直接或间接地提供了一定的资金和技术援助，而且缅甸政府同意上述国家每年实地测量缅甸的罂粟种植面积，并给予了必要的支持和配合。从 1993 年至今，缅甸已同美国禁毒中心对缅甸掸邦的罂粟种植进行了 12 次联合实地考察。2001 年 5 月，缅甸在仰光成功举办了"亚太区域合作与控制毒品谅解备忘录"签字国禁毒高级官员委员会会议、部长级会议和对话国高官会议，共同签署了《控制毒品行动计划》。其中缅甸与中国的禁毒合作比较深入，两国在情报交流、联合行动和替代种植等方面进行了卓有成效的合作。2001 年和 2003 年两国两次合作捣毁了一批毒品加工厂，缅方 2001 年协助中方抓获了大毒枭谭晓林和尚朝美。2001 年两国还签署了《联合禁毒谅解备忘录》；从 2002 年上半年开始，中国在昆明分批为缅甸培训禁毒官员。

八、缅甸现政府的禁毒成果

缅甸现政府的禁毒、肃毒活动取得了比较明显的成效。

根据缅甸中央禁毒委员会公布的统计数字，从 1988 年至 2003 年，在军队、警察和海关的通力合作下，缅甸共查获各类毒品案件 70 000 多起，抓获约 95 000 名毒品犯罪嫌疑人（其中被判处死刑的 42 人，终身监禁的 48 人，判处 10 年以上有期徒刑的 12 256 人，判处 10 年以下有期徒刑的 76 767 人），缴获鸦片 34.45 吨、海洛因 4 955 千克、冰毒等兴奋剂1.2415亿片。

从1988年至1999年，缅甸还捣毁了海洛因加工厂110家，公开销毁各类毒品达32次。其中在仰光销毁毒品13次，边境地区19次，共计销毁毒品32.7吨，其中包括海洛因3 679千克、鸦片23.6吨，此外，还销毁兴奋剂2 426万片。截止到2005年初，缅甸军政府宣布其销毁的毒品价值145亿美元。

1997年4月22日，掸邦东部第四特区宣布成为无毒区；2003年3月，掸邦北部第一特区（果敢）宣布提前实现了辖区内根绝罂粟种植的目标；掸邦第二特区（佤族地区）也许诺从2005年开始停止种植罂粟。根据缅甸中央禁毒委员会公布的统计数字，1999年，缅甸罂粟种植面积为8.95万公顷，比1998年下降了31%；鸦片产量1 090万吨，比1998年下降38%。"地狱之花"计划从2002年5月开始实施到同年10月底，政府已在缅北地区换取了164.5吨罂粟籽，这些种子能播种罂粟的面积达4.08万公顷，可产鸦片443.7吨。曾长期占据鸦片和海洛因产量全球第一"宝座"的缅甸虽在20世纪90年代末一度屈居阿富汗之后，但随着塔利班政权的垮台，缅甸在2001又夺回了全球"冠军"。从2003年开始，缅甸的鸦片产量又居于阿富汗之下。

不过缅甸的禁毒行动得到了联合国毒品与犯罪事务办公室的认可，该办公室统计的缅甸罂粟种植面积及鸦片产量均有了明显的下降（如图2-2、图2-3所示）。根据该办公室提交的报告，1996年至2009年，缅甸的罂粟种植面积已经从163 000公顷减少到31 700公顷，10多年间，减少了近81%。随着罂粟种植面积的减少，缅甸鸦片产量也大大减少。

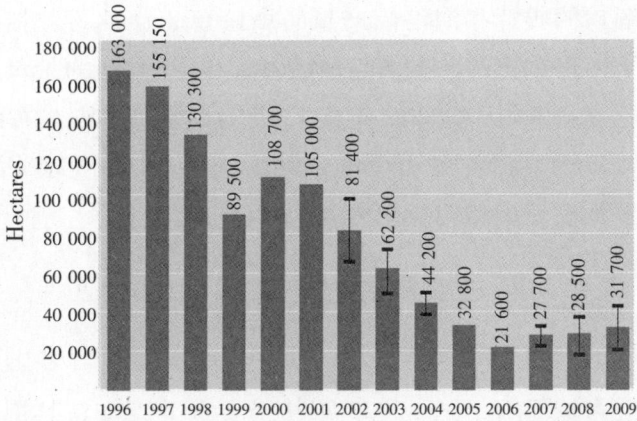

Best estimate：from 1996 to 2001：USG source and from 2002 to 2009：GoUM-UNODC

Upper and lower limit

图 2 - 2　缅甸罂粟种植面积变化图（1996—2009）　（单位：公顷）

资料来源：UNODC（2009），*Opium Poppy Cultivation in Southeast Asia*，*Lao PDR*，*Myanmar*，p. 58.

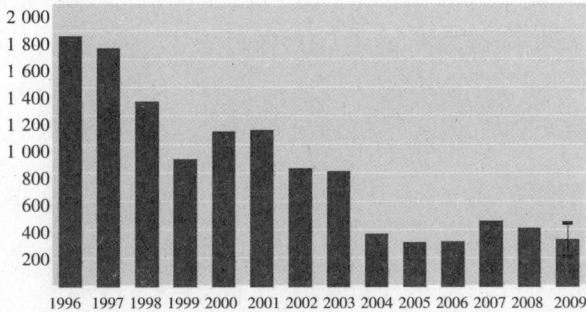

Best estimate：from 1996 to 2001：USG source and from 2002 to 2009：GoUM-UNODC

Upper and lower limit

图 2 - 3　缅甸鸦片产量变化图（1996—2009）　（单位：吨）

资料来源：UNODC（2009），*Opium Poppy Cultivation in Southeast Asia*，*Lao PDR*，*Myanmar*，p. 59.

尽管缅甸的鸦片和海洛因产量有所降低，但冰毒、摇头丸等甲基苯丙胺类兴奋剂毒品产量却急剧上升，因此缅甸的禁毒成效被大打折扣。此外根据中国 2005 年前后每年缴获 10 吨左右的海洛因（其中 2004 年缴获海洛因 10.8 吨，同比上升 13.6%）来估算，缅甸当时的罂粟种植面积和鸦片产量应是被低估了。

九、毒品问题与缅甸的对外关系

缅甸的毒品禁而不绝并且愈演愈烈，引起了世界各国的强烈不满，其中受害较深的泰国[①] 2002 年甚至要求美国支持其用武力越界攻打缅甸的贩毒武装，并向 2002 年 4 月来访的缅甸军政府二号人物貌埃上将正式提出了这一问题。

长期敌视缅甸军政府的西方国家在禁毒问题上也拒绝与缅甸合作。在 20 世纪 90 年代末之前，缅甸的海洛因主要输往美国，占到了美国海洛因市场的 65% ~ 90%。1999 年，以美国为首的 100 多个国家拒绝出席在仰光举行的世界反海洛因大会，完全关闭了与缅甸禁毒合作的大门。2002 年 3 月 18 日，泰国的《曼谷邮报》（英文版）披露，美国国务院负责毒品及执法事务的助理国务卿兰德·比尔和反恐怖主义无任所大使弗朗西斯·泰勒 3 月 13 日在美国参议院听证会上发言，指责佤联军是"一个众所周知的与全世界毒品贸易有密切联系的恐怖主义组织"，这是美国首次将武装贩毒组织定义为恐怖主义组织。同年 3 月上旬，泰国新泰国党副主席布萨·楚蒂库撰文说，在针对世界上最大的贩毒武装之一的行动中，美国在泰缅边境一线将不排除采用军事手段，对佤联军进行外科手术式的空中打击。这一消息立即引起了缅甸诸多少数民族武装的不安。同年 5 月，由于军政府解除了对昂山素季的软禁，美国邀请缅甸高级禁毒官员访美，似乎对缅开启了禁毒合作之门。但好景不长，2003 年 9

---

①据泰国卫生局估计，泰国全国人口的 5%（300 万人）吸食甲基苯丙胺，参见《联合早报》2003 年 2 月 27 日。

月，美国总统布什在向国会提交的毒品问题年度报告中，再次指责缅甸禁毒不力，并继续把缅甸列入 23 个毒品生产和转运国名单中。

2005 年 1 月 25 日，美国纽约法庭宣布起诉佤联军的魏学刚、魏学隆、魏学贤、鲍有祥、鲍有义、鲍有良、鲍有华、鲍华祥等八名毒枭，联合国驻佤邦人员随即要求撤到中国云南境内，缅北地区风传在印度洋从事海啸救灾的美国军队将攻打佤联军。

第三节　缅甸毒品问题的发展趋势

一、缅北地区的传统毒品仍将面临严峻的形势

缅甸的毒品生产和走私主要被与中国云南省接壤的缅北少数民族武装所控制。20 世纪 90 年代以来，这些武装迫于我国和国际社会的压力，采取了一定的禁毒措施，其中积极大力推广罂粟替代种植的禁毒措施在打击传统毒品犯罪方面取得了一定的效果。

1989 年 3 月以来，缅甸中央政府先后与缅北数支主要少数民族武装达成停火协议，缅北局势趋于稳定。缅甸中央政府为改善国际形象，缓和国内十分紧张的政治压力，不得不接受国际社会帮助，在其境内开展罂粟替代种植。刚刚经历了重大转型的少数民族特区政府则把和平建设、发展经济作为首要任务，开展罂粟替代种植可以获得外界的资金、物资援助和道义上的支持，对特区政府的生存具有重要意义，因此，缅北少数民族特区政府在 20 世纪 90 年代纷纷宣布要在各自的辖区内开展禁毒、禁种活动。

1990 年，掸邦第二特区的佤联军制定了经济建设 10 年规划，随后公布了将在 2005 年根除毒品生产、建成无毒特区的禁毒计划；1991 年 4 月，克钦独立军总部宣布实行全面禁毒；1992 年，掸邦东部第四特区公布了 “6 年禁毒计划”，要在辖区内实行 “禁种、禁制、禁贩、禁运、禁吸”，并承诺将在 1997 年根除辖区内的毒品生产；1993 年 3 月，克钦新民主军宣布在所辖区内开始全面禁毒；

1997 年，掸邦第一特区的果敢同盟军发布"禁毒计划"，允诺到 2000 年全面禁种罂粟。

除了在国内颁布罂粟替代种植计划外，缅甸特区政府还积极接受来自国际社会的帮助，大力推行罂粟替代种植，其中，深受缅甸毒品之害的中国给予缅甸的罂粟替代种植计划巨大的帮助，也取得了积极的效果。

在中国国家禁毒委的统一领导下，云南省委、省政府因势利导，顺势而为，鼓励西双版纳、普洱、临沧、保山、德宏、怒江 6 个边境地州，按照"平等有偿、互利互惠、互通有无"的原则，发挥技术、资金和区位的优势，采取"政府支持倡导、企业出面经营、双方平等协商"的办法，帮助缅北的毒源地开展替代种植，一批边境地区的私营企业和个体户跨出国门，在缅甸的崇山峻岭之间迈开了艰难的开拓历程，播撒着希望的种子，涌现出许多感人的故事。

西双版纳州勐海县和景洪市的企业赴缅甸掸邦东部第四特区开展替代种植，1992—1997 年，共向第四特区提供杂交稻种 42 000 千克，橡胶苗 14 万株，甘蔗种 500 多吨，在原罂粟产区种植橡胶 867 公顷，甘蔗 334 公顷，茶叶 13.3 公顷，砂仁 86.7 公顷，西瓜 267 公顷，蓖麻 267 公顷。

临沧市镇康县的南伞糖厂帮助掸邦第一特区（果敢）开展替代种植，到 1998 年已经在果敢老街种植甘蔗 1 725 公顷，带动当地烟农种植甘蔗 271 公顷。

保山地区、德宏州、怒江州的企业则在克钦邦第一、第二特区开展替代种植，帮助当地修路、架桥，开放边境口岸，发展边境贸易，至 1999 年，腾冲的企业在克钦邦种植水稻近万亩，杂交包谷 1 000 亩，马铃薯 1 000 亩，牧场两万余亩，经济林果数千亩。

中国的境外替代种植取得了很好的实效，不仅使当地烟农增加了收入，巩固了禁种罂粟的决心，而且带动了 20 世纪 90 年代云南边境贸易的迅猛发展。最令人称道的是，西双版纳州勐海县在掸邦东部第四特区实施的罂粟替代种植因成效显著而受到国际社会的高度评价，由我国边境地方政府和企业提供种子和技术，以粮食和其他经济作物代替罂粟种植，所实施的"绿色禁毒工程"创造了有版纳特色的跨国禁毒合作模式，被誉为"勐腊—勐拉模式"，对整个90年代的境外罂粟替代种植工作带来了广泛的影响。

1991年，勐海县率先在掸邦东部第四特区开展罂粟替代种植，以推广杂交水稻、解决烟农吃饭问题为切入点，中方无偿提供优质杂交稻种，开展技术培训，用6年时间在原罂粟产区推广杂交水稻1.1万亩，平均亩产350公斤，使得第四特区烟农的年人均占有粮食达325公斤，不仅实现了粮食自给有余，而且还有余粮出售，为罂粟禁种奠定了坚实的基础。在中方的帮助下，1995年实施了"百亩茶叶、千亩甘蔗、万亩水稻"示范项目，烟农通过种植茶叶、花生、黄豆、甘蔗等经济作物获得了较好的效益，进一步巩固了第四特区禁毒的决心。勐海县在开展替代种植的过程中，还注重开展经济技术合作，兴修水利，发展交通，新建电站、糖厂、橡胶加工厂，开展边境旅游和贸易，使得"景洪—打洛—小勐拉"中缅边境一日游成为当时的黄金热线，吸引了海内外的广大游客，至1998年，跨境旅游人数达300多万人次，每年仅旅游门票收入就达2 000多万元。联合国禁毒署也给第四特区提供了750万美元的禁毒经费。1998年1月，缅甸政府宣布掸邦东部勐拉地区已完全铲除罂粟，清除了毒品，特区政府主席林明贤禁毒有功，被授予国家一级贡献勋章。

至2005年，云南从事境外替代发展的企业已达73家，投入替代种植资金5亿多元，无偿提供各类粮食和经济作物子种100余吨，各类经济苗木20多万株，派出3 000多人次的专家、技术人员，培训缅甸、老挝技术人员20 000多人次，培训医务人员135人。

通过努力，缅甸北部的罂粟种植面积持续下降，从90年代高峰时期的153 333多公顷下降至2005—2006年的28 993多公顷，金三角地区罂粟种植面积占世界总量的份额从1998年的66%下降到2006年的12%。缅甸北部克钦新民主军、克钦独立军、掸邦东部同盟军、果敢同盟军辖区内基本实现了罂粟禁种。掸邦第二特区的替代种植也有明显进展，2005 年 6 月，佤联军宣布在其辖区内全面禁种罂粟，原罂粟种植区烟农的生产、生活条件开始有了一些改善。

2006 年 4 月，中国政府颁布的国函 22 号文件鼓励中国企业到缅甸、老挝北部从事替代种植，以期在 15～20 年内彻底铲除缅北、老北的鸦片、海洛因等毒品。有了国家和云南省的一系列优惠政策，我国企业在缅北的替代种植发展迅猛，有效减少了缅北地区的罂粟种植面积。截至 2009 年 9 月，云南省有昆明、西双版纳、普洱、临沧、德宏、保山、怒江 8 个州市 119 家企业在缅甸北部从事替代种植，其中在与我边境接壤的掸邦第一、二、四特区和克钦邦第一、二特区有 89 家企业，另有 30 家企业在缅甸中央政府控制区。企业现已对外投资约 5.87 亿元，形成资产近 12 亿元。其中，缅甸掸邦一特区有替代企业 8 家，投资 0.72 亿元；掸邦第二特区有替代企业 50 家，投资 2.64 亿元；掸邦第四特区有替代企业 18 家，投资 0.57 亿元。克钦邦及缅中央政府控制区替代企业有 49 家，投资 1.94 亿元（见表 2－1）。

表 2－1　2006—2009 年缅北主要区域内替代种植企业数量和投资额

地　　区	投资企业数目（个）	投资额（亿元人民币）
掸邦第一特区	8	0.72
掸邦第二特区	50	2.64
掸邦第四特区	18	0.57
克钦邦及缅中央政府控制区	49	1.94
合　　计	125	5.87

资料来源：根据云南省商务厅相关资料整理。

其中，2009 年，云南省有 68 家企业在缅北五个特区和中央政府控制区新增替代种植面积 33.4 万亩，其中 6 家企业在掸邦第一特区替代种植面积 2.05 万亩，30 家企业在掸邦第二特区替代种植面积 17.67 万亩，12 家企业在掸邦第四特区替代种植面积 3.55 万亩，6

家企业在克钦邦第一特区替代种植面积 0.66 万亩、5 家企业在克钦邦第二特区替代种植面积 2.2 万亩，9 家企业在缅甸中央政府控制区替代种植面积 7.27 万亩（如表 2 - 2 所示），主要农作物种类如表 2 - 3 所示。

表 2 - 2　2009 年缅北替代种植企业数量和新增种植面积

地　区	企业数目（个）	新增种植面积（万亩）
掸邦第一特区	6	2.05
掸邦第二特区	30	17.67
掸邦第四特区	12	3.55
克钦邦第一特区	6	0.66
克钦邦第二特区	5	2.2
缅中央政府控制区	9	7.27
合　计	68	33.4

资料来源：根据云南省商务厅相关资料整理。

表 2 - 3　2006—2009 年缅甸北部替代种植品种及种植面积统计

品　种	种植面积（亩）
芝麻	24 256
玉米	58 021.56
小油桐	49 600
橡胶	1 110 299.05
香茅草	3 100
香蕉	91 359
西南桦、松树、台杉、青松	14 003.1
西瓜	10 000
甜橙	1 203
水冬瓜	4 395.9
水稻	26 473
薯蓣	1 100
杉木	780
砂仁	2 500
青枣	1 200

续 表

品 种	种植面积（亩）
泡核桃	1 500
木薯	126 704.4
蜜柑	1 201
芒果	1 400
麻竹	5 159
麻风果	300
绿豆	600
芦谷	3 000
龙眼	85 500
苦良姜	3 500
咖啡	5 280
橘子	8 575
坚果	200
花椒	1 000
核桃	22 705
旱谷	4 852
甘蔗	176 449.5
豆类	12 920
稻谷	2 320
大米	1 000
除虫菊	5 000
茶园	637
茶叶	40 621.7
草果	33 301.6
蓖麻	10 593
白术	400
澳洲坚果	5 940
桉树	5 933.95
总 计	1 964 883.76

资料来源：根据云南省商务厅相关资料整理。

通过 3 年多的艰苦努力，缅北罂粟种植面积总体而言是明显减少，并且维持在一个相对比较低的区间，但是缅北的传统毒品问题仍然面临着比较严峻的形势，缅甸目前仍然是世界上第二大鸦片生产国，位列阿富汗之后。据估计，2007 年和 2008 年，缅甸的罂粟种植面积分别占世界罂粟种植面积的 12% 和 14%[①]。此外，如上文所述，缅北地区的罂粟种植面积近几年出现了反弹，种植面积从 2006 年至 2009 年间一直处于不断增长的态势。2006 年，缅北地区的罂粟种植面积达到历史最低——21 600 公顷，到 2009 年却增长到 31 700 公顷，增长率达 46.8%，其中北掸邦地区 2009 年的罂粟种植面积比 2008 年增长了 100%。

此外，由于缅北局势持续紧张，2010 年，缅北特区辖区内的罂粟种植还有可能继续大规模反弹。缅北的罂粟种植之所以难以彻底根绝，甚至出现复种势头，主要有以下几个方面的原因。

一是缅北种植罂粟已有 100 多年甚至 200 年以上的历史，罂粟种植已经固化为烟农的生产、生活方式，烟农不仅习惯于通过种植罂粟和鸦片生产获取所需要的生活物资，鸦片也是烟农平时最重要的药物之一。罂粟种植已经成为烟农最主要的经济来源，因此，在放弃种植罂粟后，一些山区的农民失去了 60% ~ 70% 的经济来源而不得不复种罂粟[②]。因此，改变烟农的生产生活方式是一项长期的、艰巨的社会系统工程，很难在短时间内实现。

二是由于国际毒品供求关系发生新变化，使全球毒品价格持续飙升，种植及加工的高额利润使罂粟复种有了内在动力。缅北的鸦片平均价格由 2007 年的 261 美元/公斤上涨至 2008 年的 301 美元/公斤，涨幅达 15.3%，2009 年上涨至 317 美元/公斤，同比上涨了 5%。鸦片价格上涨可以为贩毒分子提供资金，同时也刺激了毒犯和

①UNODC, Opium Poppy Cultivation in South East Asia Lao PDR, Myanmar, *Thailand*, *December* 2008, p. 4.

②Ekaterina Stepanova, Addressing drugs in Myanmar: who will support alternative development? SIPRI Policy Brief, June 2009, p. 5.

烟农"铤而走险"。

三是缅甸中央政府的态度不坚决,管理措施不到位。虽然缅北特区已宣布基本禁种罂粟,但缅中央政府控制区要 2014 年才禁种。此外,缅甸克钦邦的大面积罂粟种植主要位于缅甸政府与克钦邦第一、第二特区交界的"三不管"地带,缅甸政府与两特区的管控力度弱,不能对毒品犯罪进行联合打击,而且即便中国禁毒部门提供了克钦邦准确的罂粟种植信息,缅甸政府有关部门也不是很重视,并不认真核查和铲除,相反部分执法人员趁机捞取钱财,导致克钦邦铲毒效果不佳。2009 年初,缅掸邦根据我方通报的 900 余个坐标点,多次组织开展铲毒行动,铲除罂粟 2 727 公顷,但克钦邦第一、二特区受缅甸政府辖区大面积罂粟种植的负面影响,铲毒不积极,采取拖延、应付政策,只进行了象征性铲除。

四是替代种植的覆盖面还有限。中国帮助开展的替代种植项目较单一且未向缅北边远山区推进。这些地区由于交通不便等因素,不适合大规模种植开发,替代发展工作目前尚不能覆盖到这一地区,各村寨老百姓以生活艰难,无法维持生计为由,强行种植罂粟。此外,我国替代企业大规模开展替代项目的时间还比较短,农业种植项目普遍存在周期长、见效慢的特点,对当地政府和烟农收入的增加贡献有限。尤其是我国部分替代企业在缅北采取"公司加农户"的合作模式,前 3~4 年烟农还可以在橡胶地、咖啡地、坚果地套种旱谷,勉强维持生存,但从第 5 年到橡胶开割,橡胶地不能再套种旱谷,而我方企业可以不负责参与橡胶项目的烟农生活,这样烟农就没有了任何收益,只能把复种罂粟作为增收捷径。

五是中国采取封关、禁赌等措施后,缅北特区的经济走入了困境,导致特区部分高层领导的内心失衡,认为中国政府是在配合缅甸政府对其进行政治施压、军事围堵、经济封锁,产生了与中国政府保持一定距离的意向,部分特区对辖区内的罂粟种植持包庇、纵容的态度。果敢事件爆发后,缅北各特区政府出于生存需要,禁种除源的决心有所动摇,之所以继续高调禁毒,主要是防止缅甸政府借禁毒之名，行整编之实。

二、民族问题、经济问题和国际环境决定缅甸毒品问题将长期存在

缅甸的毒品问题并不是单纯的毒品问题，而是与缅甸的政治、经济密切相关的复杂问题。缅北地区盛产毒品，缅甸是首当其冲的受害者。但美国政府的《1995 年世界毒品形势报告》在叙述缅甸国内的毒品问题时称，缅甸政府从未认真对待过毒品问题，在他们的认识中，只有因民族矛盾而引起的反政府武装问题，对毒品是视而不见的。且不论美国政府报告的可靠程度，我们非常清楚的是，毒品问题是缅甸国内民族矛盾冲突与经济欠发达的伴生物，在缅甸政府看来，确实没有比维护国家统一和民族团结更为重要的事了，毒品问题只是缅甸政府手中的一张"牌"而已。联合国毒品和犯罪问题驻缅甸办事处主任科斯塔认为，2004 年缅甸有 26 万农户从事罂粟种植，实际数目可能数倍于此。因此，当缅北地区的民族矛盾激化时，缅甸政府的工作便围绕着巩固国家的统一这一焦点展开，最重要的便是缅北民族武装或组织的领导人在与政府、民族和解方面是否采取了积极合作的态度，是否拥护及承认政府的领导，罂粟种植与毒品问题自然而然地退居次要地位。即使是在双方对立的情形下，政府军以"禁毒"名义进行围剿，其根本目的也是想用禁毒这张"牌"解决复杂的民族冲突问题。缅甸军政府下决心消灭坤沙领导的"蒙泰军"，不是因为该武装制贩毒，而是该武装宣布成立"掸邦共和国"，开创了少数民族武装公开分裂国家的先河，这是缅甸军政府所不能容忍的。因此，可以说缅甸政府长期以来是以对毒品问题的一种漠视换取政权的巩固与稳定。这从缅甸政府对缅共分裂武装和坤沙集团的政策中就可以明显看出。坤沙本人也曾指出，缅甸的禁

毒工作大都是做给外界看的①。

1989 年，从缅共人民军中分裂出来的四支少数民族武装之所以和缅甸政府和谈成功，重要原因之一就是他们答应不与其他任何反政府武装接触的前提下，缅甸政府承认他们原来所从事的一切经济活动都属合法，可以继续经营。这也就是说，缅甸政府允许他们贩卖毒品。1993 年，缅甸政府代表和上述四支少数民族武装领导人在曼德勒召开了有关毒品的会议。鉴于当时缅甸国内的经济发展状况以及特区的实际情况，缅甸政府和四支民族武装签署了允许 3 年内运用"适当的方式"解决经济来源问题的协议。这种"适当的方式"实际上是对制毒、贩毒的一种默许。

由于坤沙集团在国际上因贩毒而声名狼藉，缅甸政府也一度将坤沙集团视为贩毒武装，宣布不与其和谈，但当坤沙主动向政府投降，使缅甸政府在国际上戴上了"禁毒"斗争胜利的花环之后，缅甸政府便不再提毒品问题，更不提坤沙向政府投降，取而代之的是，称赞坤沙响应政府的民族和解政策，以大局为重，对民族团结起到了不可低估的促进作用，并称吴坤沙（"吴"表示年长和有地位）为民族领导人。1996 年 2 月上旬，缅甸政府外交部长借销毁毒品之机，正式拒绝了美国政府出资 200 万美元的引渡坤沙的要求，将坤沙视为本国的公民。同年 3 月上旬，缅甸政府在坤沙原总部——贺孟成立了"掸邦第七特区"，允许其保留 1 000 人的武装自卫队，并给予非常优惠的经贸政策。坤沙虽暗地里仍在贩毒，但他自由了，1996 年底，他还陪同缅甸政府官员到缅东北部边境地区视察。缅甸政府对坤沙的态度之所以发生根本性的改变，主要原因就是坤沙的投降使缅甸最大的一支少数民族反政府武装问题得到了解决，去掉了缅甸政府的一块"心病"。

2009 年 4 月，缅甸政府借口 20 年过渡期已到以及实施新宪法的

---

① Bertil Lintner, *Burma in Revolt*: *Opium and Insurgency Since* 1948, Boulder: Westview Press, 1994, pp. 305 ~ 306.

有关规定为由，逼迫缅北各特区武装改编为缅国防军统一指挥下的边防军（BGF），并于2009年8月8日挑起了果敢事件。果敢战事中的炮火及缅方人员的互相抢夺也造成了中国到缅北的罂粟替代种植企业不同程度的固定资产和种植农产品的损失，导致中国替代企业在缅北各特区的替代种植步伐明显放慢。为了避免在新的战事中出现人员伤亡，中国替代企业技术人员及工人不得不从缅北大量撤出，对在缅北已种植作物疏于看护和管理，企业运营成本增高，预期收益风险增大。尤其是我国替代企业在缅北的项目合同基本上是与特区政府或者特区企业签署的，并没有得到缅中央政府的批准，一旦缅中央政府控制了缅北各特区，如何使缅甸政府认可这些项目和合同，就是一个非常棘手的紧迫问题。如果缅北再度发生战事，给替代工作带来的打击将是毁灭性的，罂粟复种不可避免。受缅北政局动荡的影响，目前我国替代企业继续在缅北开展替代种植的信心严重受挫，对未来预期十分担忧。因此，从以上分析可以看出，缅北的传统毒品问题与缅甸的民族问题密切相关。民族问题得不到最终的解决，缅甸北部的毒品问题将会一直存在。

从国际对比来看，新中国成立后和泰国在20世纪60～70年代的禁毒工作之所以成效明显，最关键的一点是国家完成了统一，中央政府的命令真正能够得到贯彻执行，而目前缅甸仍处于少数民族武装割据状态，在这种条件下，缅甸中央政府也确实难以在少数民族地区根绝毒品。

由于缅甸的毒品问题与民族问题和国内政治问题纠缠在一起，使得目前国际社会与缅甸的禁毒合作也陷入了困境。与缅甸中央政府合作禁毒，不仅有被缅北少数民族组织视为民族歧视的可能，而且很难保证资金能最大限度地用于禁毒；若与少数民族组织合作禁毒，则可能被缅甸军政府视为干涉内政和支持少数民族武装与政府对抗。这种"两难"困境使中国、泰国等国家与缅甸的禁毒合作难以持续深入。

就种毒、制毒地区的资源状况和目前的经济发展水平而言，作为民族矛盾尖锐化的产物——少数民族武装在相当长一段时期内，仍然会依靠制售毒品来解决其生存问题，以增强其与政府对抗的实力。1995 年，从果敢同盟军中分裂出来的勐古保卫军 2000 年底被缅甸政府军剿灭后，对缅北各少数民族武装震动极大，充分意识到缅甸中央政府不可能让他们长期"占地自管和拥军自立"，因此纷纷通过发展毒品经济来壮大自己的军事实力。果敢同盟军领导人彭家声 2001 年在与有关部门会谈时，就一再强调替代种植失败、群众收益得不到保障的"惨痛教训"，对禁毒的消极态度溢于言表。

罂粟种植对缅北地区老百姓生存的重要性以及与民族问题的关系，正如军政府领导人丹瑞在 1989 年 11 月，接见将赴维也纳参加由国际麻醉品组织主持的第 11 届特别会议代表团时所说的那样，"在缅甸山区，罂粟不仅是一种容易种植的作物，而且历来被当做传统药材种植。另一方面，鸦片运输方便，能卖好价钱，生产周期短。因此除罂粟外，少数民族不愿意种植其他作物，所以强行摧毁罂粟田会引起少数民族的憎恨，影响民族之间的团结，这样做等于把他们推向反政府武装一边。因此，帮助他们搞替代种植，建立新的生活秩序，扎扎实实提高他们的生活水平，比摧毁罂粟田更为重要。"而目前缅甸政府不可能拿出巨额资金搞种植替代。所以，在没有实现全面的替代种植和改变缅北地区广大少数民族的观念之前，当地老百姓为了生计，是不会放弃罂粟种植的。因为当地农民不认为鸦片是毒品，在他们头脑里，没有鸦片，就没有饭碗。政府一旦宣布禁种罂粟，他们便跑到一些深山里种植。

从实际情况来看，缅甸的毒品替代种植遇到了严重困难，联合国和其他国家在缅北地区实施的发展项目大都以失败告终。究其原因，一是种植粮食和其他经济作物要劳动，要投资，要技术，缅北地区的农民一样都不具备。二是替代种植作物产品（如甘蔗）受市场的波动，老百姓要承担卖不出去或者卖不到好价钱的风险，而鸦片无论收成好坏，最终都能卖出去。而国际社会选择的发展项目几乎没有成功的范例，也严重挫伤了当地民众替代种植的热情。三是辖区内用于替代毒品财政的矿藏、森林等资源迅速减少，少数民族特区财政难以为继。四是服务业、博彩业、边境贸易和旅游业不景气，尤其是我国政府多次打击境外的博彩业，少数民族武装的收入锐减。五是部分烟农不愿意搞替代种植，就从实施替代种植的少数民族武装辖区内迁走，导致这些地区人口减少。六是长期居住在海拔 1 000 米左右山区的老百姓搬迁到坝子之后，出现了严重的水土不服现象，生病的人比比皆是，加之这些民众不善农耕，也不愿意从事如此辛苦的劳作，实际生活水平下降，因而纷纷搬回山上继续种植罂粟。

即使缅北地区的经济开发和文化教育事业取得了巨大的进步，由于世界上巨大毒品消费市场的存在和贩毒高额利润的诱惑，仍会有人（包括当地老百姓和来自其他国家和地区的人）在缅北地区种毒、制毒和贩毒。从这个角度来说，缅北少数民族武装的存在并不是缅北地区毒品问题存在和发展的根本原因，消灭这些武装对解决该地区的毒品问题来说，只是治标而不是治本。

此外，缅甸的毒品问题并不是孤立存在的。首先是炼制海洛因的化学配剂、生产冰毒的原料麻黄素乃至制毒机械等都来自国外，消费市场也主要在国外，缅甸的毒品问题也不是缅甸一个国家就能解决的。其次是金三角地区还包括老挝、泰国以及越南的部分地区，这些国家的产毒地区也存在比较严重的民族问题。因此，金三角地区的相关国家从各自的国家利益出发，在联合禁毒问题上也是说得多，做得少。第三，毒品虽然产于缅甸，但危害了全人类，国际社会应给予大量的经济援助，而以美国为首的西方国家自 1988 年以来并没有这样做。不过缅甸军政府一直强调"没有国外的化学制剂走私到缅甸，就不会有毒品生产"的观点，并希图用此来推卸禁毒不力的责任的做法也是不可取的。

三、新型毒品形势将会恶化

如上文所述，自 20 世纪 90 年代以来，金三角地区就开始从传统毒品产区向新型毒品产区转变。这主要是由以下两方面原因造成的：第一，随着各国政府罂粟禁种政策出台后，很多烟农为了维持生计，不得不开始生产新型毒品；第二，新型毒品与鸦片和海洛因相比，具有易于携带等优点，成为世界毒品市场的"新宠"。而且，新型毒品的生产不受时间、气候等自然条件的限制，因此金三角地区的新型毒品禁绝问题将会面临日趋严峻的趋势。缅甸作为金三角毒品最主要的生产国，在罂粟禁种方面取得佳绩的同时，新型毒品的产量也越来越大。1998 年以来，随着罂粟种植面积的减少，随之而来的是甲基苯丙胺产量和出口量在缅甸的激增。很多资料显示，一些与政府军签署了停火协议的少数民族地方武装，如果敢同盟军和佤联军在实施罂粟禁种、鸦片和海洛因禁产政策后，开始转向了甲基苯丙胺的生产。[1] 2006 年，缅甸、泰国、中国一共查获甲基苯丙胺片 4 000 万片，其中一半出自缅甸。从发展趋势看，在国际社会压力之下，缅甸的罂粟种植面积将再也不会回到历史的高位水平，加之新型毒品良好的市场前景，新型毒品将在缅甸的毒品生产格局中占有越来越大的分量，禁毒形势将会日趋严峻。

第四节　佤邦的毒品问题

目前，佤邦是缅甸毒品问题最严重的地区，因而本书选择佤邦作为一个重要的个案加以介绍。

一、佤邦毒品问题的形成、演变与现状

佤邦地区的毒品问题始于英国殖民统治时期。1885 年，第三次英缅战争中，英国殖民统治者占领上缅甸后，即向该地输入和推广罂粟种植、加工技术并组织收购，鸦片生产和贩运从此迅速繁荣起

---

①Tom Kramer, Martin Jelsma, Tom Blickman, *Withdrawal symptoms in the golden triangle*, *A Drugs Market in Disarray*, Transnational Institute, January 2009, P. 62.

来，罂粟种植成为缅北少数民族的主要生活来源。20 世纪 50 年代，盘踞在缅北地区的国民党残部在该地进行了大量的毒品走私活动，他们从山民手中低价收购鸦片，然后武装组织贩运，大大刺激了缅北山民的鸦片种植。60～70 年代，罗星汉（又名罗兴汉）打着"果敢（缅甸掸邦第一特区）自卫队"的幌子，在掸邦进行了大量的毒品产销活动。他们一边胁迫、诱惑山民种植罂粟并组织挨村收购，一边建立毒品加工提炼厂，制造海洛因，致使该地区的毒品种类、数量大幅上升，也增强了威胁。1973 年左右，罗星汉集团在缅甸军队的追捕下瓦解，坤沙集团成为缅甸最大的武装贩毒集团，控制了金三角 70% 以上的毒品生产和大部分贩运业务，遭到国际社会的严厉谴责。1989 年，成立不久的佤联军与缅甸政府军联手，发起了对坤沙控制区的攻击，1996 年 1 月 11 日，坤沙向缅甸政府投降，佤联军占据了坤沙的地盘，也同时打通了毒品运销的南向通道，成为缅甸新的毒品生产中心①。在国际反毒、禁毒的强大压力下，2002 年，鲍有祥向世界宣布：要在 2005 年实现佤邦全面禁种罂粟的目标。多项调查结果和数据情况表明：佤邦的罂粟种植面积大大减少了，但佤邦的毒品有增无减，除海洛因之外出现了大麻、冰毒等新型毒品，佤邦的毒品问题依然非常严峻。

本节将首先介绍佤邦毒品问题的由来，而后分三个阶段讨论毒品问题的发展演变并分析其特点，接着重点说明毒品问题的现状，最后论述佤邦地区毒品长期存在的原因。另外，本文以下对毒品问题的探讨涉及文化内涵和行为主体的时候用"佤族"或"佤邦地区山民"，而涉及地域范围、行政权力机构的时候用"佤邦"，视具体探讨对象和实际情况使用，二者不矛盾。

（一）佤邦毒品问题的形成（1885 年至 1947 年）

佤邦的主要毒品作物是罂粟，最早发现于地中海东岸，于公元

---

①马树洪主编：《云南境外毒源研究》，云南民族出版社，2001 年版，第 76 页。

6～7世纪传入缅甸①，之后的 1 000 多年中，罂粟作为一种治病药物在缅甸有少量种植。1886 年，占领上缅甸的英国殖民统治者强行该地山民大量种植罂粟，并向他们传授罂粟良种和先进种植加工技术，鼓励和推广鸦片生产。

缅甸北部山区位于高寒地带，山多水乏，丛林繁多，植被茂密。该地区传统粮食作物旱谷、水稻、包谷等产量不高，粮食缺乏，农副业很少，农民很难维持生计。但是这里的气候都非常适宜罂粟生长及蒴果浆汁的聚结，生长出的鸦片品质优良，销路很好，种植罂粟的收益远远高于传统农作物。"一般年份，种植罂粟的产值是种植其他作物的 5 倍多，鸦片涨价的年月还要高于此数"②。英国是当时世界鸦片贸易的垄断者，为了牟取暴利，它们利用殖民统治地位，在缅甸北部山区不断扩大罂粟种植，并积极组织收购和贩销，刺激山民从事鸦片种植和加工的积极性，山民们种植的罂粟收割成鸦片，可以放在家里等人来上门收购，也可以拿到集市上出售，在市场作用下，鸦片甚至能当做硬通货直接换取别的商品。

"这种得天独厚的自然条件，再加上鸦片的高额商品价值和出售的方便条件以及英国殖民主义者在世界各地不断扩大毒品市场，促使缅甸的罂粟种植和鸦片生产扶摇直上"③。英国殖民统治期间，缅北的鸦片产量大幅上升，佤族等少数民族聚居的北佤区则是当时重要的罂粟种植基地和鸦片基地。

罂粟种植在整个缅北地区扩散的同时，也改变了包括佤族人在内的各山地民族的产业结构。很多山民不种或减少原来的粮食作物种植面积，改种罂粟，再转而利用鸦片换来的钱去买粮食。鸦片生产、鸦片贸易逐渐繁荣起来。可以说，英国殖民者在佤邦撒下罂粟

---

①马树洪：《当代金三角——东南亚毒品问题》，云南省社科院东南亚研究所编印，1995 年，第 21 页。

②马树洪：《当代金三角——东南亚毒品问题》，云南省社科院东南亚研究所编印，1995 年，第 23 页。

③马树洪：《当代金三角——东南亚毒品问题》，云南省社科院东南亚研究所编印，1995 年，第 22 页。

种子，培植了种毒、贩毒、经营毒品的根。罂粟在佤邦普遍种植，鸦片贸易竞相繁荣并成为当地居民生活的主要来源，为后来毒品问题的发展演变作了经济、社会文化和历史传统方面的准备，标志着佤邦地区毒品问题开始形成。

（二）佤邦毒品问题的发展演变（1947 年至 1996 年）

1947 年，英国殖民统治结束，缅甸独立。但是佤邦地区的毒品问题并没有随之消逝，反倒因为特殊的政治经济和历史条件得到超常速发展、愈演愈烈，终于成为世界一大公害，成为全人类最关注的问题之一。回顾缅甸独立后佤邦整个地区毒品问题的发展，大致可以分为国民党残军统治（1950～1969 年）、缅共统治时期（1970～1989 年）及佤联军控制（1989～1996 年）三个阶段：

第一阶段：（1959～1969 年）国民党残军的横征暴敛加剧了佤族地区的鸦片产销活动，开辟了大规模武装力量贩毒的先河。

1950 年，被中国人民解放军击溃的中国国民党第 8 军、第 26 军残部及原抗日远征军留在云南南部车、佛、南地区的 93 师部分人员 1 500 余人，从云南边境逃往缅甸北部地区，建立起了反革命基地。7 月，台湾国民党派第 8 军军长李弥从台湾来到缅北地区，收编从云南边境外逃的地主、恶霸、土匪、反动武装和部分反动头人、土司武装，组成"云南反共抗俄救国军"，直属台湾国民党当局国防部指挥①。这股势力得到了美国的大力支持，谋求反攻大陆，但他们的梦想一再破灭了。经历了几次中国人民解放军的清剿和改编，大部分力量撤回台湾，但仍有段希文率领的几千人留了下来。1964 年，这支部队归顺了泰国，改编为"泰北山区民众自卫队"。在 20 世纪 50 年代到 60 年代期间，这支部队缺乏外部援助，为了生存，他们在中缅边境地区大量征购鸦片，护烟走私，在佤邦强行派款派粮，拉夫征兵，强征大烟税，客观上大大刺激、推动了佤邦的罂粟种植。"缅

①陈英、王双栋：《"金三角"之星》，缅甸佤邦民族教育出版社，2003 年版，第 9 页。

甸鸦片产量在 1948 年前是每年 30 吨, 10 年后增长到 600 吨"①。根据佤邦鸦片占缅甸比重来看, 期间增长幅度也在百倍以上。

除了刺激山民的罂粟种植, 扩大缅北的种植面积之外, 国民党残军对佤邦地区毒品问题发展的真正影响还在于其开辟了武装贩运毒品的先例。佤邦地区山高路窄, 交通十分不便, 运送鸦片很不容易。在国民党残军之前, 收购鸦片的毒品贩子虽然大多拥有私人武装, 但规模并不大, 战斗能力较低, 也无法与政府军抗衡②。国民党残余部队使得该地区的毒品武装押运发生了质的变化, 毒品与大型的武装力量结合了起来, 贩毒力量得到了巨大的跃升。在国民党这支残余部队的影响下, 佤邦的罂粟种植面积大幅度增加, 贩毒骡马商队不断增多, 成群的马帮在武装力量的护卫下源源不断地将鸦片运往泰国, 泰北地区由此变成鸦片集散地和运往外国的通道③。

第二阶段: 缅共时期 (1970～1989 年) 佤邦地区毒品问题先抑后扬, 毒品经济粗具雏形。

1968 年, 缅甸共产党由于作战需要在缅甸北部和东北部建立根据地, 创建了四大军区, 中部军区即今天佤邦的范围。这些军区所在地基本属于传统罂粟种植区。20 世纪 70 年代初, 缅共对于毒品问题有严格的控制, 禁止鸦片贸易, 严厉禁止军队官兵参与其中。70 年代中期以后, 为解决经费上的困难, "缅共"介入了毒品活动。尽管开始只是少数人的活动, 但后来一发不可收拾, 参与毒品产销的官兵数量越来越多, 级别也越来越高。这导致缅共出现严重分化蜕变, 最后于 1989 年瓦解成不同的民族武装。

这段时期佤邦的毒品活动特征出现变化: 一是罂粟已不是最初以农民为主体进行的简单种植和交易, 而是出现了有武装参与的专

---

① 林锡星: 《缅甸"金三角"的人文地理与毒品贸易》, 载《东南亚研究》2001 年第 4 期, 第 17 页。

② 董胜: 《金三角毒源地零距离接触坤沙投降十周年》, 载《华夏地理》2006 年第 7 期, 第 130 页。

③ 董胜: 《金三角毒源地零距离接触坤沙投降十周年》, 载《华夏地理》2006 年第 7 期, 第 130 页。

门化、系统化的毒品贩销活动；二是毒品种类增加了，毒品成瘾性上升；三是毒品的销售对象更广泛和影响范围更大。佤邦毒品问题初步升级。

值得指出的是，在此期间，掸邦地区在缅甸国内局势混乱之际涌现出规模庞大、组织严密的专门化贩毒武装。这些贩毒武装贩运、控制的鸦片占据缅甸毒品的绝大部分，对佤邦地区的毒品问题的发展起着推波助澜的作用。最开始打着自卫队旗号、专门贩毒的武装是罗星汉领导的"果敢自卫队"。20世纪60年代，罗星汉利用缅甸政府打击缅共的空子为其武装争取到了合法身份，并借着消灭缅共武装的形势，进行大规模的毒品生产、贩运、加工、销售一条龙的毒品犯罪活动。他们在大其力建立毒品仓库、马帮驿站等经营基地，兴建有组织的、有系统的毒品贩运网络，成为当时的"鸦片王国"。罗星汉时期，他们的武装在大其力还有海洛因作坊，将毒品从鸦片升级到了海洛因。

进一步促进佤邦毒品问题升级，将当地毒品从鸦片时代带入海洛因时代的是另一股贩毒势力坤沙集团。坤沙采取了类似的手法，带领一支"合法武装"，在缅甸东北部地区从事贩毒活动。1973年，罗星汉集团瓦解后，坤沙成为缅甸最大的武装贩毒团伙，他把泰、缅边境（即人们后来所指的南佤地区）作为大本营，在毒品生产和交易中逐步取代国民党残军护毒、贩毒的统治地位，建立了臭名昭著的"金三角毒品王国"，主宰着金三角80%的海洛因交易，成为世界头号毒品大王。不仅如此，他还号称要建立"掸邦共和国"，把金三角地区的毒品问题发展到登峰造极的地步，引起国际社会广泛关注。

至此，佤邦罂粟种植面积进一步扩大，烟民吸食现象严重，毒品多元化、加工精制化、生产规模化，形成产、购、销一体化的庞大网络，佤邦地区毒品问题也发展到令人瞠目的地步。

第三阶段：（1989～1996年）佤联军控制时期毒品问题影响扩大，其实质发生了变化。

坤沙将毒品贩销活动发展到登峰造极的地步之后，受到国际社会的强烈谴责，在内外攻击的情况下，坤沙集团瓦解，佤邦毒品贩运转而易手，为佤联军所掌控。佤联军是从缅共脱离出来的一支佤族民族地方武装。1989 年 4 月，原缅共中部军区副司令鲍有祥与缅共中央候补委员赵尼来发动兵变，宣布脱离缅共，成立佤邦联合党和佤邦联合军。新成立的佤邦自治区政府同样面临着严重的经费困难。为了自身的生存和发展，佤联军采取以毒品作为经济支撑、以军队保护毒品产销的方针，使缅北的毒品产销迅猛扩展，并与坤沙集团有了利益上的争夺，坤沙发动了对佤联军的袭击。为了打开泰缅边境的毒品销路，也为了自身生存和发展的需要，佤邦制定了"901 飞行计划"，对坤沙控制区发动攻击。在缅甸政府和掸邦其他民族武装的大力配合下，经过 6 年的战斗，佤联军终于战胜坤沙蒙泰军，致使坤沙于 1996 年 1 月 11 日向缅甸政府投降。坤沙虽然战败了，"海洛因王国"却并未从此消失。佤联军在占领坤沙领地不久，决定让北部山民大量南迁，1999 年 11 月 16 日，正式启动了 10 万多人的大规模移民。移民一方面带动了南方地区的农业生产和经济发展，另一方面形成了事实上的占地为王。佤联军因此打通了毒品南销的通道，取代坤沙经营毒品产业。但是另一方面，佤邦北部居民的大量南迁也为佤邦在 2005 年宣布禁种罂粟奠定了基础。

佤联军是佤邦的重要军事力量，在争取民族权利、进行民族斗争的同时，他们还参与毒品武装生产和贩运活动。作为缅甸实力最强的一支武装，佤联军的以毒养军，以军护毒的行为已经上升到巩固性阶段的借靠毒资发展武力与中央分庭抗礼的层次。佤邦特区政府成立以后，制定了"以经济建设为中心，以军事实力为后盾"的策略路线，这些年来，其对辖区的领导地位比较稳定，也加强了对毒品活动的控制。

1996 年初，佤邦对毒品作出规定，除佤邦中央外任何个人不得收购毒品，毒品销售均由佤邦中央统一负责，佤邦的毒品问题上升到实质性的政府行为。佤邦的毒品生产、销售活动已不单单是坤沙、罗星汉之类的逐利行为，而是把毒品作为一种资源和手段，维持自身生存，如此一来，佤邦毒品问题到了更加复杂和难以控制的阶段，国际毒品市场的情况直接影响到佤邦地区的毒品产制销活动，其毒品生产加工活动更加隐秘化、组织化、制度化，毒品类型和数量也在不断扩大，毒品的危害面进一步扩大。

（三）佤邦毒品的现状（1996 年至今）

1996 年坤沙投降，佤联军对坤沙地盘形成事实上的占领之后，佤邦成为东南亚最大的鸦片、吗啡和海洛因产销区，也是最大的"冰毒"产销区。其毒品问题非常复杂，主要表现在：一是毒品数量大；二是毒品种类繁多，出现了大量人工化学合成的新型毒品；三是制毒和运毒组织严密、隐蔽。

第一，从毒品数量来看，佤邦是东南亚地区最大的毒品产销地。据统计，1996～1999 年，佤邦地区的罂粟种植面积 54 667～60 000 公顷，可产鸦片 1 200～1 400 吨，这些鸦片的 70%～80% 被加工成海洛因，海洛因年产量在 100 吨左右[1]。佤联军控制的海洛因加工厂"最多时达到 48 座（1994 年），较为分散，规模也较小，1998 年发现的固定而规模较大的有 4 座，流动规模较小的有 16 座，1999 年发现的海洛因加工厂共 25 座，比 1998 年增加了 5 座，海洛因的产量也随加工厂的增加而增长"[2]。

此外，佤联军辖区还是东南亚最大的冰毒产销地。已发现的规模较大的冰毒加工厂分别为：1994 年 4 座，1996 年 6 座，1997 年 9 座，1998 年 11 座，1999 年 12 座（不含在果敢地区建立的冰毒加工厂）。泰国媒体报道称，佤邦生产的橘红色 WY 商标冰毒年产量可达 240 吨，占东南亚冰毒产量的 60%[3]。根据近年来中国境内缴获的毒品情况来看，专家估计，2005～2007 年间，佤邦和果敢地区生产的冰毒占东南亚冰毒生产总量的 80% 以上。

因此，佤邦虽然实现了罂粟禁种，但依然是东南亚地区最大的

①马树洪主编：《云南境外毒源研究》，云南民族出版社，2001 年版，第 66 页。
②马树洪主编：《云南境外毒源研究》，云南民族出版社，2001 年版，第 66 页。
③马树洪主编：《云南境外毒源研究》，云南民族出版社，2001 年版，第 82 页。

毒品产销地。

第二，毒品种类多样化，生产手段多元化。1995年，佤邦提出要在未来15～20年间使佤邦成为无毒源区。之后，围绕禁毒工作开展了一系列的工作，并制定了相关规定。应该说，这些禁毒措施发挥了相当大的作用，使得佤邦罂粟种植面积大大减少，鸦片产量也大为减少。据统计，2002年，佤邦罂粟种植地约17 600公顷；2003年，罂粟种植约21 300公顷；2004年，罂粟种植16 750公顷；2005年，罂粟种植约12 960公顷①。为了进一步抑制罂粟的种植，1999年，佤邦让北部山区居民南迁，这个强有力的举措使得佤邦罂粟种植面积再次大幅减少。另外，在境内外发展替代种植的强大声势和中国政府的大力帮助下，2006年，整个佤邦基本实现了全面禁种罂粟，基本实现了"无毒源区"的目标。然而，"无毒源区"和"无毒区"的概念是不同的，后者指的是一个地区无毒品原植物种植、无毒品加工制造、无毒品贩卖营销。佤邦所宣布的"无毒源区"真正意义上只是指无罂粟种植。

无毒源区并不等于无毒区。事实上，毒品在佤邦依然泛滥。为什么佤邦基本实现了无毒源区的目标，但是其毒品数量并没有减少？这主要由于毒品的种类多样化了。

目前，佤邦生产的毒品可以分成三大类：一是传统的罂粟及由它加工而得的鸦片、吗啡、可待因和海洛因等毒品；二是从麻黄草加工用用化学合成的"冰毒"（安非他明，即甲基苯丙胺），制成丸剂或片剂后称大力丸、摇头丸等，属强烈兴奋性毒品；三是大麻及其精制毒品，属致幻类毒品，也有兴奋作用②。虽然佤邦实现了无毒源区的目标，但是毒品生产却可以摆脱对罂粟的依赖，转而以其他方式存在。例如，以前被人们忽略的沙芹（大麻）等作物在缅北、老北地区普遍种植，以它为原料制成的大麻酸、大麻酚、大麻酚酸、

---

①数据来源：UNODC 2002、2003、2004、2005、2006、2007年度《世界毒品报告》（英文）。

②马树洪主编：《云南境外毒源研究》，云南民族出版社，2001年版，第95页。

大麻环酸和大麻二酚等毒品在美英等西方国家备受推崇，因此佤邦也生产并转销这些毒品。同时，后来出现的可通过人工化学合成的第三类毒品（如冰毒），让毒品生产进一步摆脱了对罂粟种植的依赖。冰毒可以经由麻黄草加工提取而成，也可用现有成品药麻黄素分解提取，更先进的，人们还能用高科技手段通过化合而成。无论以何种方法，冰毒的制作原料都不在违禁药品行列，都是很普通的市场上流通的商品。在禁毒力度加大、难以获取毒品显性制作原料的情况下，冰毒很快风靡毒品市场。据调查分析，目前佤邦加工合成冰毒片所用纯冰毒与咖啡因等原料使用的比例一般有 1∶5、1∶8 和 1∶10 三种，由此形成冰毒片剂种类的多样性，价格也不等。一般"纯冰毒"含量为 17% ~20%，价格为 5 ~12 元/粒。高科技的化合手段让毒品生产脱离毒品原植物的种植。这些新的毒品种类的出现，丰富了毒品生产的形式，使得佤邦在实现了无毒源区的目标后，依然存在大量毒品。

另外，佤邦多年种毒、产毒的积累使得他们有相当一部分积存货，可以继续在禁种罂粟之后进行鸦片、吗啡、罂粟碱、可待因、蒂巴因和海洛因等罂粟系列产品加工，而且由于果敢和周边地区还存在罂粟种植现象，所以，佤邦虽然不再种植罂粟，但却不能代表其不再收购、不加工、不贩运毒品。

总的来讲，佤邦虽然基本实现无毒源区的目标，但是他们"不是以正常的经济活动来替代罂粟种植，而是根据国际毒品市场需求的变化以人工合成毒生产替代鸦片和海洛因生产"[①]。或者说佤邦以罂粟种植为主的毒品基本得到遏制，但是毒品却以其他形式继续存在，并且呈现出种类多样化、制作方式多元化的特征。

第三，佤邦毒品产销活动具有高度的组织性和隐蔽性。目前很难直接获取关于佤邦毒品生产的具体数据，但是从东南亚地区毒品交易的情况看，佤邦依然是毒品产销中心。这也从反面说明了佤邦

---

①林锡星：《"金三角"牵动四方》，载《南方周末》2004 - 04 - 01。

毒品的高度组织性和隐蔽性。据零星的资料介绍，为了避免授人话柄，在全面禁种罂粟的同时，佤邦政府成立了专门的毒品经营管理机构——"531公司"。"531公司"是负责佤联军毒品产销活动的主要机构，佤邦领导人在这一公司都有股份①。该公司统一筹集资金、定价收购、集中保管、建厂加工和组织贩运。另外，他们为了减小风险，还将毒品加工厂转移到一些山区农家，进行小规模的作坊式生产。随着国际禁毒力度的不断加大，佤邦的冰毒加工出现流动作坊式、先预定后按需加工的特点。通过这样集中管理，分散生产的模式，佤邦加强了对毒品产销的管理，使得毒品活动具备了极强的组织性和隐蔽性。

此外，佤邦还加强了对毒品税收的管理。如1997年7月佤邦制定冰毒税收，规定毒品的营销由佤邦中央负责，个人生产冰毒其原料上缴一半，冰毒厂生产冰毒要收取高额管理费。而对外来的毒品加工厂，规定每个收取60万缅币税收，对于出产的海洛因则每件（毒品单位，约700克）收取1 800元人民币税收②。

与有组织的生产活动相适应，佤邦的毒品销售网络也非常发达，遍及东南亚及澳大利亚、尼日利亚、加纳、埃塞俄比亚、德国、荷兰、加拿大、美国及中东③，毒品在中国的渗透也十分严重。

由此可见，佤邦军政组织对毒品产销实行高度集中管理政策和严密控制措施，虽然佤联军目前拥有的毒品加工装备、武器、毒品情报系统和销售网络与坤沙集团相比相差甚远，但因其强大的武装实力和产毒规模，使得佤邦地区毒品问题更加严重而复杂。

（四）佤邦毒品问题长期存在的原因

佤邦的毒品像是一个毒瘤，当地人民无法摆脱。作为一个高度集权统治的区域，佤邦禁种罂粟应该不难，杜绝毒品也不是办不到的事情，何况有军队的强制。可是自英国殖民统治者在此推行毒品

---

① 马树洪主编：《云南境外毒源研究》，云南民族出版社，2001年版，第66页。
② 马树洪主编：《云南境外毒源研究》，云南民族出版社，2001年版，第20页。
③ 刘稚：《中国—东南亚跨界民族发展研究》，民族出版社，2007年版，第238页。

种植以后，毒品便深深侵入佤邦的土地，甚至一度成为佤邦的代名词。原因何在？

首先，罂粟种植与当地的自然条件有很大的关系，其次佤邦落后的社会经济状态助长了罂粟种植，扩大了毒品存在的范围，加深了影响程度。而在经济利益的驱使和政治图谋的介入下，毒品种类增多了，毒品本身的作用已远远超越其一般的商品价值，形成了佤邦久而未决的毒品问题。

佤邦地区自然条件恶劣，山多水乏，粮食作物产量低，粮食极其短缺。联合国毒品和犯罪问题办公室发布的《2005 年缅甸鸦片调查报告》中提到，佤邦地区粮食严重短缺，89.5% 的村寨面临粮食不足的问题①。另据联合国毒品和犯罪问题办公室的调查统计，佤邦55% 接受调查的家庭有 3 个月的粮食缺口，粮食缺口在 3～12 个月的家庭占 45%②。但是这片土地却非常适合罂粟的生长，一般年份，种植罂粟的产值是种植其他作物的 5 倍多，鸦片涨价的年月还要高于此数。不仅如此，同一方土地耕种粮食后要休耕 3～5 年，而鸦片可以连续种植 10 年，收成好的时候，一年还可以种 3 次。

佤族人长期处于落后的生存状态。为了在与大自然的斗争中生存下来，佤族人在头人的带领下建立山寨，过着穷苦、闭塞的生活。由于山高路陡，交通不便，他们少于对外交流。与外界的交流往往限于换取生活的必需品，如衣物和盐巴等。由于英国殖民统治期间的大力推广，当地鸦片贸易形式多样，相对于其他物品，鸦片的生产交易相当便利。例如，种植罂粟有鸦片商贩事先给定金、给良种，而收获鸦片后有马帮到村寨来收购。同时，在不便利的交通条件下，鸦片所具备的轻便、易于携带的特点，使其很受佤族人的欢迎。鸦片不易腐坏，能充当硬通货，方便当地的物品交易。长期落后的生存状态，禁锢、约束了他们的选择能力，在无法判断鸦片的社会含

①UNODC：*Myanmar Opium Survey* 2005，November 2005，P. 29.

②UNODC Myanmar Country Office：*Life in the Wa Hills*：*Reducing the Demand for Drugs.*

义的情况下，他们认为鸦片是补充粮食的重要物品，还给他们带去非常多的方便。因此，罂粟种植非常普遍。直到 2002 年佤邦政府下达全面禁种罂粟的命令时，74% 的村庄靠罂粟种植为生①。联合国对种植罂粟的原因作了调查（如表 2-4 所示），从表中可看到，当地人种植罂粟的主要原因在于补充粮食，维持生计。

表 2-4　种植罂粟原因情况调查表（2005）

种植罂粟原因	所占比例
换粮食、钱和其他物品	82%
自己用（吸食、药用）	12%
其他（交税）	6%
孩子教育	1%

资料来源：联合国毒品和犯罪问题办公室：《2005 年缅甸鸦片调查报告》（英文），第 31 页。

山民们种植毒品只是为了糊口，没有正确意识到毒品给人类带来灾难。落后的社会和经济发展形态、低下的认知能力，决定了他们只会简单地利用大自然提供的原始生存条件，服从社会为他们选定的生存模式②。因此，佤邦的罂粟种植，是特定形态下特定环境中特定人群作出的自然选择。

从经济因素的角度来看，普通种植者的罂粟种植活动只是一种朴素的、低层次的经济行为，而英国殖民统治者、国民党残部和罗星汉、坤沙等毒枭的毒品走私活动则是以追逐暴利为目的的。因为毒品成本低廉，利润丰厚，从制作成本的角度来讲，生产毒品的成本非常低。在毒源区，毒犯以极低的价格从罂粟种植者手中换取鸦片。据调查，10 公斤鸦片在佤邦平均售价约为 1 310～2 340 美元

①UNODC Myanmar Country Office：*Life in the Wa Hills*：*Reducing the Demand for Drugs*.

②马树洪主编：《云南境外毒源研究》，云南民族出版社，2001 年版，第 137 页。

（见表 2 - 5），但毒品的销售价格却极其昂贵。10 公斤鸦片可提炼 1 公斤海洛因。1 公斤 4 号海洛因走私到泰国是 7 820.7 ~ 10 427.5 美元，在香港售价是 23 225.8 ~ 48 000 美元；在美国是 40 000 ~ 90 000 美元，而到了澳大利亚和新西兰则攀升为 62 063.6 ~ 124 127.2 美元[①]。有了这样的经济利益，毒品走私者甘冒一切风险进行毒品生产和贩运。而正因为他们收购活动的存在，佤邦人的罂粟种植才得以延续。可以说，毒品走私活动是致使佤邦社会贫苦的一个助推器，走私者创造了条件使得当地人长期种植罂粟，使得毒品问题在佤邦长期存在并且变得纷繁复杂。正如一位记者所说，"人们总是认为世界上的毒品之所以屡禁不绝，毒品在很多国家泛滥，是因为有人在种植。但这仅仅是问题的表象而已，而不是其根源……因为大都市的吸食者和销售者的强烈需求，形成了一种庞大的市场，而这种市场需求通过各种非法手段和特别通道传给这些处于蒙昧状态的金三角山民，于是他们为了生存便大量地种植罂粟"[②]。经济的链条在某些环节上变了性，才产生了它背后更深刻的含义。

表 2 - 5　勐波交易市场鸦片年平均价格（1999 ~ 2005）　　单位：美元/公斤

年　份	价　格
1999 年	137
2000 年	208
2001 年	188
2002 年	131
2003 年	140
2004 年	203
2005 年	234

数据来源：联合国毒品和犯罪问题办公室：《2005 年缅甸鸦片调查报告》（英文），第 24 页。

[①]UNODC: *World Drug Report* 2007，P226 ~ 227.
[②]韩云峰：《鸦片的肖像》（纪实文学），中国青年出版社，2004 年版，第 74 页。

这位记者也曾提到，人类在高度发达的现代社会中总会有空虚与扭曲的灵魂，而不管吸食者出于何种原因染上毒瘾便难以脱离。吸毒人员对毒品强烈的依赖，使得他们不会因为毒品价格上升而停止吸食毒品。人类在保护自身的要求下打击毒品犯罪，可对于毒品交易来说，这种打击反而增加了供给的紧张，最后拉动价格上涨，成为一个恶性循环。

与一般的毒品问题有区别的是，佤邦的毒品问题与其所处的政治环境密切相关。如果说在早期毒品对于佤邦而言，只是生存方式的无奈选择和对经济利益的极端追求，那么到现今，毒品活动在佤邦顽固存在并发展成一个武装"政府"管理下的行为就应该更多的是与缅甸政局变化紧密相关的民族问题和政治问题。

世界上任何民族都有自己的民族感，它驱动着本民族实现自我价值，反映在政治上，就是谋求对自己地域、内部事务和对外交往的统辖权。缅甸长期存在的民族矛盾，逐渐刺激和强化了少数民族的政治诉求。他们与中央政府对抗，并将毒品作为其军事力量的基础。毒品问题的政治化增加了毒品问题解决的难度。一方面，少数民族通过毒品这一稳定的经济收入来源，不断武装自己，争取政治诉求的实现；另外一方面中央政府把重点放在解除民族武装，维护国家统一上，他们没有能力也没有意愿把治理毒品放在第一位并提供必要的经济支持。

缅甸自第一个统一的封建王朝——蒲甘王朝建立起，各少数民族和中央政府就一直存在着矛盾斗争。少数民族与封建王朝的关系主要是朝贡或交纳赋税的关系。少数民族地区有着较大的经济和行政自主权。各少数民族与中央政府的行政制度不同，相互之间也存在着较大的文化和宗教等方面的差异。随着英帝国主义的到来，殖民主义者采取的"分而治之"政策使得缅甸的民族矛盾更加错综复杂，民族关系更为疏远，民族冲突更多，进一步削弱了民族间的联合和凝聚力，给独立后的缅甸留下无穷后患。缅甸独立前夕所颁布的 1947 年宪法在民族政策上的严重缺陷，导致了民族矛盾的激化。

20 世纪 60 年代，以奈温为首的军人政权强调中央集权，削弱民族自治，这导致了国内民族矛盾的深化，同时伴随着少数民族反政府武装的兴起，民族矛盾激化为武装斗争，成为缅甸最严重的国内问题之一。少数民族武装大量出现后，其存在和发展离不开经济基础的支撑。在经济发展水平本来就很低下的情况下，为维持军事力量，供养军队，保障经费来源就成为严峻的考验。毒品具有特殊的价格属性，巨大的经济利益，是一本万利的买卖，再加上本地区百年来种植毒品的传统，而且毒品产销的收益是个十分稳定的收入来源，民族武装以毒养军、以军护毒、以军产毒、以军运毒是必然选择。这就导致了毒品问题与民族矛盾纠结起来，变得错综复杂。1988 年，苏貌军政府上台后，在主张民族和解的钦纽将军的努力下，缅甸政府与包括佤邦在内的大部分少数民族武装达成和解，民族矛盾有所缓解。但是长期存在的分歧和武装斗争强化了彼此间的不信任，少数民族武装为维持自身斗争力量，严重依赖毒品供养军队，在他们将制售毒品当做自身存在的经济基础后，毒品问题的解决就变得举步维艰。

佤邦在民族自治方面与中央政府存在根本分歧，双方虽然达成了和平协议，但非常脆弱，随时都有破裂的危险。双方的分歧主要在于自治区的划分及自治区的权利。佤联军提出单独建立与其他省、邦平行的"掸邦第二特区"的要求，政府坚决反对。在自治区应享有的权利问题上，佤联军要求自治区应拥有政治自主权、武装合法化、自行制定自治宪法及资源开发权、独立寻求外援权等，缅甸政府则强调自治区所享有的权利必须在"军政统一"及"宪政统一"的前提下来考虑，并坚持该问题必须待新宪法出台后，根据宪法所规定的有关原则和程序由拟议中的议会讨论解决[①]。在这种僵持和互不信任中，毒品作为一种重要的资源被佤联军加以利用，成为维持军队、抗衡中央的重要基础和手段。

---

① 马树洪主编：《云南境外毒源研究》，云南民族出版社，2001 年版，第 176 页。

佤联军首领鲍有祥深知毒品的危害，他知道长期靠毒品生存最后将面临灭族、灭种的威胁，而且作为一支有政治意愿、有斗争纲领的政党或武装来说，牟取暴利显然不是他的最终目的，也不是在辖区经营毒品的出发点，而是为了伸张自身政治意愿、争取民族权利所借助的一种手段。但是在政治意愿没有得到可靠、合理的满足之前，他们不太可能从心理上放弃对政府的戒备状态，一心一意发展生产力，目前扭曲的政权、经济活动规律也不可能得到全面理顺和彻底扭转。因此可以说，佤联军是不肯放弃毒品，真正全面禁毒的。

从缅甸政府的角度来说，他们对待毒品的态度也是含糊的、谨慎的。可以说，缅甸政府禁毒工作的出发点和落脚点始终在于防止出现少数民族分离倾向，维护国家统一。由于佤邦是在"不交一支枪，不放弃一寸土地"的前提下与政府和解的，缅甸政府担心，佤邦在政治、经济、军事上仍保持着相当大的独立性，一旦出现不测，很可能将危及全国的稳定。因为这种担心和不信任，缅甸政府重点也不在禁毒上，而在于对付佤邦的政党和民族武装。

因此，毒品变成了缅甸政府、民族地方武装、国际社会和当地农民等利益群体之间盘根错节斗争的载体，成为各方政治斗争和民族矛盾纠结的一个凝集点。各方普遍持有同样的担心，认为如果轻易放弃毒品这个凝结点就可能影响到自身的安全和诉求。毫无疑问，佤邦的毒品已不仅仅是一维二维，而是多维、多重缠绕的严峻的国家和地区性乃至国际性问题。

二、毒品问题对佤邦现代化进程的影响

佤邦地区种植毒品有 100 多年的历史，在这一个多世纪当中，国际社会经历了沧桑巨变。最明显的变化之一就是越来越多的国家、民族都有意识或无意识地投入到世界现代化大潮当中。代表着先进生产力的发达工业国家引领着潮流，而通过民族主义获得独立的广大发展中国家紧跟现代化大潮，并在这股浪潮的冲击下纷纷调整战

略，在维护国家主权的前提下，积极接触、消化吸收先进的民主法治观念。他们或主动或被动地适应现代民主政治制度、调整经济结构和产业体系，并建立现代文明教育体系。他们不断加快自身发展速度，以一种积极的姿态融入现代化浪潮，从而"经历着文化价值观念的不断修订、权力和利益分配体制的不断调整、社会组织的不断转型等触及社会深层结构的剧烈变革"①。在这些根本性制度与观念的剧烈变革过程中，每个多民族国家内部的各个民族由于各自发展基础、发展条件的不均衡，肯定会出现各种利益上的矛盾与冲突。这就使得今天处在现代化进程中各国的民族关系，与以往任何一个地区在时空上与其他地区相对隔绝的那些历史时期的民族关系相比，性质和内容都很不一样。②

如果说缅甸在独立之初即主动开启了现代化的进程，像缅甸问题专家李晨阳教授所分析的，"缅甸于1948年初独立后，与多数东南亚国家几乎同时主动启动了自己国家的现代化进程"③。那么从目前的资料来看，佤邦却依然停留在工业近乎为零的阶段，没有融入缅甸的整体发展当中（尽管缅甸整体发展也很慢，但毕竟还是有发展）。毋庸置疑，毒品在这期间发挥了非常重要的作用。那么毒品对于佤邦现代化到底发挥了何种影响？这种影响又如何作用于缅甸的民族矛盾？

本部分首先论述毒品如何影响佤邦经济现代化转型；接下来分析毒品对佤族民众生活方式和佤邦社会结构的影响；然后分析毒品对佤邦文化的影响；最后分析毒品在佤族民族认同和国家认同二者关系中发挥的作用并阐述毒品问题与佤邦现代化关系的实质和根源。

---

①马戎：《民族社会学—社会学的族群关系研究》，北京大学出版社，2004年版，第538页。

②马戎：《民族社会学—社会学的族群关系研究》，北京大学出版社，2004年版，第539页。

③李晨阳：《军人政权与缅甸现代化进程研究》（1962—2006），香港社会科学出版社有限公司，2009年9月版，绪论部分第2页。

（一）毒品对佤邦经济现代转型的影响

从经济上来说，现代化指的是从以农业为主导的社会转变为以工业为主导的社会。在从农业为主导向工业为主导社会转变的过程中，技术进步、社会分工是建立市场、商品经济和现代市场经济的前提条件，而以高效生产和发达的商品经济为基础才可能实现工业化。从世界现代化的历史来看，"工业化是现代化的必由之路"①。因此，结束农业社会自然经济的生产方式是朝向经济现代化迈进的重要一步。

佤邦地区居民靠农业为生，进行简单的手工生产，基本属于自给自足的自然经济形态。直到 18 世纪早期，除了盐巴他们需要用山上的木材和茶叶与山下或海拔较低的农民进行交换获取之外，其余生产和生活用品几乎全部自我生产与供应。鸦片贸易在佤邦繁荣以后，形成了极其微弱的商业元素，改变了他们的自然经济状态，也改变了他们的产业结构，我们可以从下列描述中作出基本的判断。

自从英殖民者占领缅甸并大力推行和鼓励种植罂粟后，佤族及其他民族的产业结构逐步发生了变化，他们开始从商人那里购进了罂粟良种，接受了大量收购鸦片的定金，每年生产的鸦片，既可以拿到集市上去交易，也可以放在家里等待商人们登门收购，还可以以货易货，直接用鸦片与外来商人交换所需的商品，于是鸦片成了山民们获取金钱、日用百货和其他生活必需品的主要商品，生产鸦片就成了山民们谋生的主要手段。②

值得肯定的是，由鸦片贸易带来的商业经济活动扩大了佤族与外界的沟通。鸦片贸易带动了其他物品的贸易，红米、荞麦、白薯、芭蕉等开始进入市场变为商品③。马帮还带来了西方大机器生产的商

---

①周穗明：《现代化：历史、理论与反思——兼论西方左翼的现代化批判》，中国广播电视出版社，2002 年版，第 175 页。

②马树洪：《当代金三角——东南亚毒品问题》，云南省社科院东南亚研究所编印，1995 年，第 22 页。

③秦和平：《西南民族地区的毒品危害及其对策》，四川民族出版社，2005 年版，第 81 页。

品和武器。在商品交换活动中，鸦片逐渐作为硬通货，能够换取（或者购买）外来的商品，也让他们发展了简单的货币经济。佤邦山民因而接触到了外界的商品和文化，促进了交流，这是积极的方面。

从另一方面来说，鸦片和其他毒品又束缚了他们的第二次社会大分工，迟滞了向现代化生产的转型，给当地的经济的现代化转型带来的负面影响是巨大的。

首先，罂粟种植惰化了佤邦人民，阻碍他们改进生产技术，发展生产。

技术进步是实现现代化的重要一步。种植罂粟天然地延续了佤族人千百年来低下的生产方式。历史上佤族从中国迁移到曼德勒，途中但凡有水草便停留居住，进行刀耕火种式的经营，待资源耗尽后再行搬迁。现在他们在一个地方种植罂粟，待土壤天然肥力消失后再换个地方烧把火，继续播种，收获鸦片。罂粟种植、加工技术含量低，耕作方式粗放，生产能力低下，决定了他们对自然资源的消耗和依赖，严重制约其改进生产、扩大经济效益的步伐。

罂粟是劳动密集型的作物，生产率很低，尤其是罂粟收割的过程。浆果成熟时，农户需要用一种特制的刀具在每个浆果上划上6~8道痕，流出浆汁，待浆汁氧化凝固成为鸦片后一点点刮下来，最后集到一起用叶子包裹。这个过程很需要技术，刀具割深了里面的烟子会出来，割浅了浆汁流出少，影响产量；每颗浆果能割2~3次。这样细致而又费时的工作，很耗劳动力。"过去，佤区每个劳动力最多能耕种4~7亩土地，年劳动时间为108~180天。每户农户种植罂粟二三亩，整地、播种、除草、收浆和收取烟子等农活约消耗劳动日15~20个。按每个佤族成年人的劳动日计算，仅种植罂粟一项，占劳动量的8%~20%。倘若将种植面积扩大，势必需要投入更多劳动。"[①] 这种生产方式将农民更多地固着在土地上，形成对自然

---

①秦和平：《西南民族地区的毒品危害及其对策》，四川民族出版社，2005年版，第76页。

力的长期依赖。其社会生产力更多体现在人与自然的关系当中，确切地说，体现为自然的生长力。

其次，罂粟种植改变了佤邦的产业结构，加强了当地对外界生活资料的依赖，而这种依赖是以罂粟为媒介的畸形交换为基础的。

佤邦地区粮食产量低，山民们保证不了自身的温饱。罂粟种植普遍推广之后，佤邦地区的种植结构发生了很大改变。他们将种植粮食的土地用来种罂粟，有的甚至全部换成罂粟种植。罂粟收割、简单加工成鸦片之后，外来的毒犯们用马帮进到山寨进行收购。而有了鸦片的收入，佤邦地区的山民们"只生产半年左右的粮食，另外半年的粮食则由鸦片收入来补足"①。这种产业结构的调整加强了他们对罂粟种植的依附性，也增强了他们对外界生活资料的依赖。但佤邦用以交换的不是正常商品经济的交换基础，而是特殊利益集团利用人类的弱点进行逐利的毒品。因此，这是种建立在畸形经济上的生产力。

第三，对外界商品的依赖，使得佤邦的经济形态被破坏，阻碍了他们的社会化分工，推迟了向商品经济的转型进程。

"分工生产而且是社会内部的分工与生产机构内部的分工相结合的分工生产，是现代化生产方式的基本特征。"② 如果说一个社会在发展演进、或内源性、或外部传导性地实现现代化的进程中，日益细化的社会分工是充分调动资源、实现比较优势生产、进行交换进而提高整个社会生产力、创造效率的必要条件的话，那么建立在社会生产基础上的商品经济则是不可或缺的桥梁。鸦片商贩们用马帮运来机器和工业化生产方式制造出来的商品，包括生产工具、衣物、布料、日用品等，这些相对来说更价廉物美的外来商品的流入使得

---

①The Joint Kokang – Wa Humanitarian Needs Assessment Team: *Replacing Opium in Kokang and Wa Special Regions*, *Shan State*, *Myanmar*, UNODC Myanmar Country Office, March 2003.

②胡承槐：《现代化：过程、特征与回应》，浙江人民出版社，2000 年版，第 190 页。

佤邦山民不再进行简单的生产和手工活动，而是用鸦片或鸦片所得与商贩们进行交换，从而渐渐取代了他们原有的手工作坊。对外界商品的单方面依赖，阻碍了佤邦地区的自我开拓与发展，佤邦地区的经济运转绝大部分依赖着毒品走私者和吸毒人员提供的无价格弹性的市场，与正常的经济交往活动相比，佤邦的生产活动不存在竞争机制与技术改进，100多年后，当其他地区的商品经济竞相繁荣的时候，佤邦依然停留在简单的商品交换阶段，而佤邦用以交换的商品，只有单一的毒品。对整个地区来说，长期陷入这样的畸形经济将是灾难性的，也是毁灭性的。

第四，鸦片种植和毒品加工带来了环境和生态问题，影响了当地可持续发展的潜力。

由于佤邦地区山民们刀耕火种的传统一直得以保留，围绕罂粟种植的地理选择进一步成为他们生产的重要组成部分。由于土地贫瘠，佤邦地区的山民需要轮作，平均每7.7年就要轮作一次[1]，能够永久耕作的土地非常少，作物产量也很低。罂粟的吸肥力很强，能吸收土壤中大多数有机肥，种植后土地容易硬化、板结，影响后来的作物。通常一片地上生产几年，土壤肥力消失后就要换一处种植，山民们再找一块地，烧上一把火进行播种，年复一年，罂粟种植区的森林植被大量消失，给佤邦地区的自然环境造成了巨大破坏。联合国毒品和犯罪问题办公室佤邦项目的一份报告显示，1973～1999年间，联合国对勐波以东地区的卫星图像表明，该地区森林覆盖率降低了39%[2]。森林植被减少还引起河流水量流失，造成汛情。另外，毒品加工厂把有毒化学物质和加工提炼的残留物随意排放，对周边河流、水源造成极大污染。

第五，当地染上毒瘾人数众多，严重影响劳动生产力，威胁到

---

①UNODC：*Myanmar Opium Survey* 2005，November 2005，P30.

②The Joint Kokang－Wa Humanitarian Needs Assessment Team：*Replacing opium in Kokang and Wa Special Regions，Shan State，Myanmar*，UNODC Myanmar Country Office，March，2003.

家庭的温饱。

佤邦是继东掸邦之后瘾君子数量最多的地区。这样的家庭通常由于消费毒品的时间多于劳作时间，生产力极为低下。种植罂粟的农户比不种鸦片的农户要贫穷，不仅因为他们经济更加单一、技术含量不高，还因为他们极易染上毒瘾。罂粟是劳动密集型的作物，由于他们对罂粟种植的依赖性，劳动力减少便不能够参与其他的经济活动，收入自然减少，带来粮食短缺问题。每年3～10月粮食丰收是鸦片贸易比较集中的时期，山民用鸦片收入购买或用鸦片直接换取粮食，但家庭毒品吸食者的存在将消耗鸦片，进一步造成粮食短缺。

联合国《2004年缅甸鸦片调查报告》数据显示，佤邦的家庭收入来源中鸦片收入占89.4%，远高于掸邦的平均水平62.3%，但其收入水平却低于鸦片收入占家庭收入总比例较少的掸邦其他地区的家庭收入（见表2-6），说明鸦片种植与贫穷直接相关。从种植罂粟家庭和不种罂粟家庭的平均收入水平来看，联合国毒品和犯罪问题办公室2003年6月公布的《缅甸鸦片调查报告》显示，"在他们调查的350 000个种植罂粟的缅甸家庭中，那些单靠鸦片销售的家庭年收入平均在175美元左右，而一些搞多种经营，但又以鸦片销售为收入第一来源的家庭，他们的年收入平均是230美元。"[1] 2005年的调查数据同样显示，鸦片和他们的低收入水平直接相关（见表2-7）。

表2-6　掸邦各区鸦片种植家庭平均收入情况对照表　　单位：缅元

收入来源	北掸邦	南掸邦	东掸邦	佤邦	掸邦总数	美元
鸦片	8 300	127 400	26 440	169 290	128 960	133
牲畜禽类	15 900	23 790	179 800	8 790	40 570	42

---

[1]蔡爱国：《罂粟的佤邦：最后一年》，载《观察与思考》2004年第15期，第37页。

续　表

收入来源	北掸邦	南掸邦	东掸邦	佤邦	掸邦总数	美元
谷类	79 000	13 100	20 250		10 250	11
农业外务工	14 400	35 320	4 900	4 200	9 040	9
豆类	25 500	5 900	2 300		2 800	3
林业	5 900	560	8 400		1 900	2
蔬菜	80	5 600	2 320	30	1 160	1
水果	2 600	1 770	530	880	1 040	1
其他	6 100	47 160	5 140	6 100	11 280	12
小　计	157 780	255 000	250 080	189 290	207 000	214
鸦片占收入比例	5.3%	50%	10.6%	89.4%	62.3%	

资料来源：联合国毒品和犯罪问题办公室：《2004 年缅甸鸦片调查报告》（英文），第 23 页。

表 2 - 7　掸邦种植罂粟与非罂粟种植村寨收入对照表　　单位：美元

收入来源	平均家庭①收入	
	非罂粟种植村寨	罂粟种植村寨
工资	53	34
大米	77	35
汇款	37	5
其他农产品	54	24
家畜禽	56	28
鸦片	0	152
手工贸易	9	1
林产品	11	0
其他	67	14
总　计	364	293

资料来源：联合国毒品和犯罪问题办公室：《2005 年缅甸鸦片调查报告》（英文），第 25 页。

---

①一个家庭通常指 5 口之家。

因此，罂粟种植直接造成佤邦地区生产力的低下，经济上的贫穷。实际上，罂粟带给他们的是个死循环：种植鸦片—生产力低下—贫穷（不能治病）—吸食鸦片—生产力低下—种植鸦片—贫穷。

值得一提的是，除了客观上经济转型受到的制约，毒品更大的危害在于它进一步禁锢了当地人的头脑。毒品是利润丰厚的商品，但获利的不是罂粟种植者。他们仅只在最低生存线上徘徊，没有切实利用毒品所带来的利益进行有效的社会扩大再生产，自我改善与进步。所以佤邦地区的民众种植鸦片虽有 100 多年，但他们的生存状况一直没有得到有效的改善，这是不难理解的。

现代化社会在经济领域的特征表现为竞争、效率、创新与合作，这种取向的具体表现形式是以高效生产力为前提的商品经济和市场，而高效生产力建立在社会精密分工和技术进步的基础上，从而能够整合配置在不同时空位置上的劳动过程和劳动者，成为一系列有机的整体和流动过程，形成现代意义上完整的增长型经济和大规模生产，带来巨大的物质财富。而毒品严重阻碍了佤邦的技术进步、社会分工，使得佤邦没有建立市场、商品经济和现代市场经济的前提条件，最终迟滞了以工业化生产和发达的商品经济为基础的现代化。

（二）毒品对佤邦社会结构的影响

毒品问题对佤族人的生活方式和社会结构产生了深远的影响。我们所指的"生活方式"是指"在一定的生产方式或全部客观条件的制约下，人们生活活动的典型和总体特征"①。因此，"民族生活方式就是以民族为主体的生活方式，它涵盖了民族的经济生活、社会生活、饮食生活、礼仪生活、宗教生活、娱乐生活等各个方面"②。它是一个民族相对固定的、有共同心理文化特征的约定俗成的活动模式。影响民族生活方式的因素有很多，如自然条件的影响、文化

①徐杰舜、杨清媚：《民族生活方式论》，载《广西大学学报》（哲学社会科学版）2005 年 6 月第 3 期，第 81 页。
②徐杰舜、杨清媚：《民族生活方式论》，载《广西大学学报》（哲学社会科学版）2005 年 6 月第 3 期，第 82 页。

方面的改造和社会关系的塑造。

佤族是个骁勇善战的民族，他们在与自然的斗争中生存下来并发展了自己独有的文化，形成了本民族的生活方式。历史上他们毁林开荒，辅以养殖、种植、酿酒、编织、狩猎、采集等；他们实行头人领导的部落或村寨制，土地属于全寨所有。根据英国人的记载，"除了山寨以外，没有更高一级的政府机构管辖"①。一年生产劳作之余，很大一部分时间用于祭祀活动。佤族人信奉原始宗教，认为万物有灵，尤其崇拜山神。

自从鸦片成为佤族人生产活动的中心之后，他们的生活发生了很大变化。他们不再生产和制造生活用品，而是等待用鸦片与外界交换。有些人在这个过程中染上了毒瘾，抽大烟成为他们生活中的一部分。历史上，作为一种治疗疟疾、痢疾、止咳、止痛的药物，鸦片只是作为药品在山区种植，年轻人使用鸦片的很少，染上毒瘾的是极个别的情况。根据联合国毒品和犯罪问题办公室缅甸办事处的材料，山民开始吸食鸦片是自 1824～1826 年第一次英缅战争后英国占据 Rakhine（若开邦）之后才开始的②。根据联合国对佤邦头人的调查访问结果，佤邦地区的吸毒人数占全区人口的 0.8%，保守估计实际比例可能在 4.2%③，这还不包括儿童和青少年。据统计，佤邦每年只有约 20.4% 的家庭将鸦片全部出售，而 26% 的农民承认，留存鸦片是为了家里的"瘾君子"④。

由于家庭主要劳动力染上毒瘾，很多家庭关系开始发生变化。妇女和儿童不得不承担大量的劳作以维持家庭生计，一夫多妻的现

---

①何平：《中国西南边疆的变迁与中缅佤族跨国格局的形成》，载《世界民族》2001 年第 5 期，第 50 页。

②The Joint Kokang – Wa Humanitarian Needs Assessment Team：*Replacing Opium in Kokang and Wa Special Regions*，*Shan State*，*Myanmar*，UNODC Myanmar Country Office，March 2003.

③数据来源：联合国毒品和犯罪问题办公室《2004 年世界毒品报告——缅甸部分》（英文）。

④UNODC：*Myanmar Opium Survey* 2005，November 2005，P32.

象也开始出现，妇女成为罂粟种植的主要劳动力，这种特有的社会分工模式和自然条件强化了罂粟种植。吸毒还同时带来了家庭暴力和儿童辍学的问题以及艾滋病和健康、卫生等一系列问题。

1994 年 6 月 5 日，一位白发苍苍的母亲用她布满伤痕的双手托着十多本"算术练习本"让我翻看，那是几年来她每天给儿子提供现金用来买毒品的账本，少的有二三十元，多的有数百元，如果不给儿子钱，她那个吸毒的儿子就用剪刀往母亲或他自己身上戳![1]

另外，鸦片贸易和鸦片税等收入差异使得社会阶层发生了变化。原始部落共有制渐渐退化，鸦片带来了货币经济。因鸦片交易关系而形成了利息形态的经济现象，有了高利贷，头人、部落首领在这个过程中富裕起来，这些人利用鸦片交易中获得的利润用于自己建加工作坊、加工厂，以致不可收拾，大大加剧了佤邦地区的社会贫富分化。

此外，由于武器枪支等商品的输入，使得各地区拥有了大量的武器，加剧了族人和部落间的争斗。而这种争斗反过来进一步促使他们抱团，在一定的组织庇护之下生存繁衍。也因为毒品成为当地发展的桎梏，使得其社会进步缓慢，原始部落形式的社会结构一直延续到 20 世纪 70 年代。

最后，由于罂粟种植阻碍了佤邦地区的社会化大分工，致使其现代化意义上的社会结构迟迟未能形成。现代化大生产将社会分化为两极，同时将各个个人生产力进行细致化的分工，这种以分工为基础的劳动协作和交换越紧密和丰富，现代化的程度越高[2]。佤邦始终停留在传统社会封闭的一家一户的小生产方式，这种建立在以个人生产力简单相加的社会生长力基础之上的社会关系也就停留在传统阶段，而迟迟不能形成现代化意义上的建立在分工和机器体系生

---

①董胜：《金三角毒源地零距离接触坤沙投降十周年》，载《华夏地理》2006年第 7 期，第 151 页。

②胡承槐：《现代化：过程、特征与回应》，浙江人民出版社，2000 年版，第190 页。

产力基础上的社会结构。

总而言之，毒品从实质上改变了佤邦地区人们的生活方式，但没有结束其相对现代意义上的传统生存状态。毒品将佤邦的社会生产力固着在对自然力的依赖上，使其迟迟不能实现社会化分工，不能分化为现代社会的两极结构，也摆脱不了以血缘关系为基础的群体主义，割断不了个体与群体相连的传统纽带。因此，现代化社会中要求以契约利益为纽带、以城市生存状态为特征的社会架构过程在佤邦被严重滞后。

（三）毒品对佤邦文化发展的影响

很长一段历史时期里，佤邦地区的主体居民佤族都信仰他们的原始宗教——梅礼教。梅礼教对佤族的社会生活和文化生活起着决定性作用，深刻地影响着佤族的社会存在和社会意识活动。这种出于对万物有灵、对山神的崇拜，让佤族人民认为他们已经掌握了控制鬼神和自己命运的法则，具有平和心态应对自己所处的恶劣的生存条件。同时，宗教活动还是凝聚佤族公共生活、提供社会生活纪律、进行伦理价值约束的重要载体。这对维护佤族社会安定、限制人的不良行为起到了一定协调作用，并逐步形成了佤族独具特色的风俗习惯和传统。但是，梅礼教对鬼神的崇拜和生产生活中无所不在的禁忌，禁锢和约束了佤族人的思想和行为。频繁的宗教活动，一方面浪费了大量的社会资源，一方面又加剧了村寨、部落间的械斗。猎头祭谷的习俗加深了民族隔阂，严重影响了佤族与佤族之间、佤族与其他民族之间的联系和交往。据粗略统计，一年中，佤族从事生产仅为 200 天左右，其他时间均被原始宗教活动所占用[1]。这是佤族群众长期以来贫困落后的一个重要原因。

19 世纪初，英国殖民统治者来到这片土地上，除了教他们如何种植罂粟、收割罂粟之外，还带来了新的宗教文化。在缓慢的发展

---

[1]周家瑜：《论佤族原始宗教的历史作用》，载《文山师范高等专科学校学报》2007 年第 1 期，第 54 页。

过程中，佤族人开始接受新的宗教和思想。围绕罂粟所发生的经济活动改变了人们的观念，也逐渐消除了原始的共有制习俗，经济因素进入他们的思想，虽然这种变化相对缓慢。这是开放的一面。但另一方面，虽然罂粟的到来从形式上打破了山区的封闭和自足，却从更大程度上禁锢了他们，形成更深层意义上的封闭与落后。

禁锢的影响在于，罂粟种植延续了他们传统的作物生产方式，使得刀耕火种保留至今。围绕罂粟种植的地理选择成为他们生产生活的重要组成部分，鸦片贸易活动对他们的观念带来了冲击。当大量的商贩、马帮进驻到他们的山寨并带来各种各样的商品用以交换、收购他们的鸦片并在历史上一再重复时，他们深信鸦片是武器、生活必需品的来源，从而加深了对鸦片的依赖，形成了一种朴素的鸦片认同。这种认同使得当全世界都在谴责毒品对人类的危害、纷纷采取措施治理毒品问题的时候，佤邦地区的人们还在把鸦片和罂粟当做自己的命脉，丝毫没有意识到伦理和道义上的责任。

毒品的禁锢还在于，它给佤族人打开了一扇窗的同时，又关上了一扇门。如果说原始的鬼神崇拜是佤邦地区人们发展进步的藩篱，那么毒品的到来即意味着捆住他们手脚的藤蔓开始生长，并在他们的家园长得枝繁叶茂。

如上文提及的，在现代化大潮的冲击当中，各民族都自觉不自觉地不断加快自身发展速度，建立现代文明教育体系，以一种积极的姿态融入现代化浪潮。佤邦在对外开放的过程中，却是被动地拉开了自己的敞口，一方面供给庞大的黑色毒品市场，一方面被迫接受现代文明的糟粕和危害。

一方面，毒品见不得阳光的属性将佤邦与现代文明隔离开来。正常的对外交往活动是促进文明进步的重要组成部分，因为不同文化之间的交流、碰撞和融合才会促进相互间的吸收和进步。佤邦却因为毒品的到来而故步自封，形成了相对孤立、封闭、不健康的生产和社会生活，也阻碍了他们积极接受并吸收先进文明的成果。

另一方面，毒品交易虽然增加了佤邦与外界的接触，但带来的更多的是与毒品联系紧密的暴力、色情等现代文明的糟粕。邦康的街道上已经有按摩院、歌舞厅等公开的性服务场所了，据悉，佤邦政府管理部门要求这些性工作者定期检查身体，有健康证的"持证上岗"，说明色情活动是合法的。在自身文化贫瘠落后、缺乏鉴别、抵御外来文化糟粕的现实情况下，佤邦地区的人们只能被动地接受现代文明的冲击，其原有的文化宗教信仰受到严重破坏，而置身现代化大潮当中，他们显得手足无措。

就现状而言，佤邦的文化教育是相当落后的。在文字宣传和出版方面，佤邦只有一个佤邦教育出版社，零星出过几本书；也只有一份报刊——《佤邦教育》，2004 年 9 月才创刊，这些书刊还都要拿到中国排版和印刷。教育方面，虽然近年来佤邦政府加大了教育投入，国际社会的援助中对当地的教育捐助也大幅上升，据 2003 年统计，在佤邦学校共有 289 所，大部分是小学，在校学生 2.0754 万人[1]，相比起全邦 6.5 万名适龄儿童[2]、60 多万的人口，这个比例相对偏低。

综上所述，毒品阻隔了佤邦地区人们与外界文化的交融，使现代文明的传导性被绝缘。对毒品的依赖，使当地人长期处于消极、狭隘、闭塞和落后的生活形态，阻碍了他们接受外界传播、转变观念、培养主体意识的过程，从而影响了佤邦社会文化中现代性的生成，羁绊了他们走向现代化的步伐。

（四）毒品对佤族民族认同和国家（国族）认同的影响

民族认同和国家认同统一共存于公民意识是现代化国家的重要标志。民族认同是一个民族赖以生存和发展的核心动力之一，其基本构成为该族成员间的一种基于共同文化心理特征上的共同政治、经济生活以及该民族与其他民族在族裔内核上的区别。佤族的民族

---

[1] 数字来源：陈英、王双栋著：《"金三角"之星》，缅甸佤邦民族教育出版社，2003 年版，第 44 页。

[2] 数字来源：《佤邦的救赎：金三角禁种罂粟之后》，新京报www. thebeijingnews. com／，2007 年 2 月 4 日。

认同除了通过精英来体现，更多的是靠生活习惯、习俗、血统以及居住区域等天生、原始的识别方式。通过强调共同的祖先、历史和文化而形成凝聚力很强的群体，这既是群体中每个人最重要的、基本的社会身份，也是区别和维持民族边界的重要因素①。作为一种集体认同，著名学者安东尼·史密斯认为，民族认同在现存所有形式的集体认同中"或许最为根本和最具包容性"②。

由于佤邦辖区内部以佤族为主，并且由于我们探讨该地区人们民族认同与国家（国族）认同的关系，所以我们用一般意义上的佤族民族认同代表整个佤邦地区人们的归属感。作为生活在缅甸境内的特定群体，佤民族在长期的历史迁移过程中，形成最强烈心理依赖感和归宿感的是佤族的民族认同，而不是宪政基础上建构起来的缅甸国家（国族）认同。民族认同以文化认同为前提，任何民族都不能离开文化而存在，而对共同的历史认知是民族文化的重要组成部分，是民族认同的先决条件。这种基于传统和历史记忆的认同感随着在与外族发生战争的过程中进一步得以深化。

历史上，佤族人与缅甸主体民族——缅族及其他民族没有很好地整合过。从缅甸有史记载的骠国开始，缅甸以缅族生活区为中心建立过几个封建王朝，但专家分析，蒲甘王朝、东吁王朝乃至最后的贡榜王朝时期，缅甸的疆土并未覆盖到今天的佤邦。佤邦是独立于下缅甸的"王国"，不受缅甸管辖，除了山寨以外，没有更高一级的政府机构管辖③。在继下缅甸成为英国殖民统治划入印度的一个省之后，在第三次英缅战争中，英国殖民者吞并上缅甸，将山地民族一并拓展到了自己的统治范围。这些山地民族与缅族是"在政治上

①张敬忠：《试论地方志与族群认同的关系》，载《中国地方志》2007年第6期，第16页。

②Anthony D. Smith, National Identity, University of Nevada Press, 1991, P141.

③何平：《中国西南边疆的变迁与中缅佤族跨国格局的形成》，载《世界民族》2001年第5期，第45～49页。

未曾隶属、经济上缺乏互补、文化上没有交融、缺乏亲和愿望"①的。为了维护殖民统治，英国人采取了"分而治之"的民族分化政策，将缅族与少数民族间刚刚开始增强的沟通和理解瞬间化解，并造成他们相互间的隔阂甚至成见。如在缅族聚居区引入近代产业，发展经济，而在少数民族地区则引入罂粟种植和加工技术，让他们保留低水平的劳作方式，虽然传播罂粟种子更多是为了牟取鸦片贸易巨额利润的需要，但这种政策毫无疑问地加剧了相互间的经济差距，也消减了他们对彼此的认同。

自此以后，罂粟深植于佤邦的土壤，并一直生长在佤族人的记忆中，浸渍他们的生活和文化，迟滞它的发展与转型，阻断了其与外界的真正交流与融合，也成为隔离佤族与缅甸其他民族认同的重要因子。

作为与国家、政权相联系的国家（国族）认同，建立在对民族国家的归属感之上，"是民族国家及其成员借助政治与文化动员建构民族作为国际社会独立行为主体之意义的过程；它蕴含了民族成员政治和文化上的双重归属，表达的乃是一种强烈的历史宿命感。"②

在这种认同当中，不能磨灭缅甸民族英雄昂山将军摒弃民族纷争，在英国殖民统治企图留下一个分裂的缅甸之际力挽狂澜，超越狭隘的民族利益，团结各少数民族，争取并赢得民族独立，对于构建缅甸国族认同的巨大贡献。缅甸在独立之时，为了克服历史遗留下来的民族间怀疑和隔阂，当时经济力量还相当薄弱的缅甸资产阶级"无法在经济上给予少数民族统治阶级很多好处，不得不在政治上作出较多的妥协"③。也正是因为给予了民族地区的高度自治权，掸族、克耶邦在宪法生效 10 年后可以按照规定，以公民投票的形式

---

① 秦和平：《西南民族地区的毒品危害及其对策》，四川民族出版社，2005 年版，第 172 页。

② 何佩群、俞昕暄主编：《国际关系与认同政治》，时事出版社，2006 年版，第 7 页。

③ 史晋五：《缅甸少数民族地区的政治经济情况》，世界知识出版社，1960 年版，第 2 页。

决定是否留在缅甸联邦中的承诺，才使得著名的《班弄协定》得以签署，各少数民族和缅族一起加入了争取从殖民统治中赢得独立的斗争。

为以主体民族为基础、包括其他少数民族的国家利益而斗争、争取独立的过程是国家（国族）认同构建的重要部分。而民族国家成立后的长期、动态的建构和维系则是国家（国族）认同更重要、更持续的内容。缅甸独立之后，新政府未能履行宪法赋予的各少数民族的权利，甚至限制、削弱他们的权利，这样的行为毫无疑问将对国族认同再次起到摧毁作用。香港学者陈志明在对马来西亚的民族认同和国家认同的发展演变作出分析比较之后指出："族群的形成和族群的认同明显受到一国范围内族群间权力关系的性质和国家权力自身性质的影响。……在一国范围之内，从族群观念出发，争取资源的要求就会产生对族群认同更大程度的自觉以及为政治和经济的目的对此种认同加以利用的愿望。"①

毒品在佤族人民的民族认同和国家认同相互背离、二者渐行渐远中发挥了推波助澜的作用。毒品深植于佤邦人民的社会生活，经济活动，成为他们特有的标识，成为他人将其识别的身份，即便是差异性的认同，也增强了他们相互间的认同感。当缅甸政府挟着毒品问题对佤邦施压甚至直接用暴力摧毁罂粟田的时候，当缅甸主体民族掌握着国家的资源，大力发展经济，佤邦等少数民族地区生活水平与缅族聚居区差距一再拉大的时候，佤族人的民族认同在增强，而对国家的认同在减弱。毒品经济、毒品文化、毒品生活和毒品武装使得他们宁愿依着于毒品，用毒品来支持其反抗多数群体的压迫而不愿意选择融合。实际上，发展是人类共同的追求，几乎所有的族裔文化少数群体都希望融入现代社会。而要做到这一点，他们只有或者选择融合，或者选择寻求建立和维持自己的现代机构所必需

---

① 陈志明著，左毅译：《族群认同与国家认同：以马来西亚为例（上）》，载《广西民族学院学报》（哲学社会科学版）2002 年 9 月第 5 期，第 3 页。该文中的中性词"族群"相当于本文中的"民族"。

的自治权。佤邦的"少数群体"，选择的是后者。

毒品是佤族人心理归属、历史记忆的重要内容，也是他们生存的根基。由于这种根基建立在反人类和不道德、不合理的基础之上，与缅甸的主体民族生存发展的基础的性质不同，因此，佤邦人民在痛恨毒品的同时，也在排斥缅甸的主体民族，对国家认同产生疏离。毒品导致了佤邦的贫困落后，缅甸中央政府没有能力使佤邦的经济得到发展，缅甸这种经济社会发展的不平衡状态进一步推动了佤邦人民意识中民族认同与国家认同的背离。

（五）毒品与佤邦地区现代化关系的实质

纵观毒品对佤邦经济发展、社会进步、文化变革和政治诉求等现代化在社会变迁中所体现的几个方面的影响，我们认为毒品迟滞了佤邦地区现代化的进程，关键在于毒品对人的控制甚而禁锢、抑制了现代性的生成。毒品在这片土地上的"适用性"及其黑色经济价值使人们产生了对毒品的依着心理，这种心理体现和扩大到整个社会生活，使当地人长期处于一种消极、狭隘、闭塞和落后的生活形态当中，从根本上影响了佤邦社会文化中现代性的生成，羁绊了他们走向现代化的步伐。

现代性是构成现代化的主要因素，其生成、推演和铺陈构成现代化的进程。①"在西方现代化历史上，'现代性'首先意味着人的觉醒、特别是个人主体意识的觉醒。"② 个人主体意识的萌生是社会开始走向理性化的产物和标志，而理性化既是现代化的重要特征，也是最初能够推动社会从原有农业大生产力形态向工业大生产力形态巨变、迈向现代化的必要准备。

从形成以个人主义和理性主义为核心的现代性的途径来说，内

---

①周穗明：《现代化：历史、理论与反思——兼论西方左翼的现代化批判》，中国广播电视出版社，2002 年版，第 165 页。
②周穗明：《现代化：历史、理论与反思——兼论西方左翼的现代化批判》，中国广播电视出版社，2002 年版，第 174 页。

生或传导型在佤邦地区都被毒品所阻碍。

毒品阻隔了佤邦地区与外界文化的交融，使现代文明的传导性被绝缘。佤邦落后的社会文化状态决定了它必须要内生成或接受外界传导来完成向现代社会迈进的关键一步。世界现代化的历史告诉我们，第三世界的现代化过程均有传导性的因素，都是外诱型或内源—外诱混合型的。① 因此，与外界文化的正常交流、自身社会结构与文化传统的发展演进是佤邦走向现代化的必要过程。而毒品的反人类特性使毒品生产和贸易活动受到现代文明世界的禁绝，佤邦与外界的交流和碰撞因为毒品而被硬生生隔断。

由佤邦自身内生成现代性的因素也是不可能的。上文分析到，毒品将佤邦的社会生产力固着在对自然力的依赖上，使其迟迟不能实现社会化分工，不能分化为现代社会的两极结构，也就摆脱不了以血缘社区关系为基础的群体主义，割断不了个体与群体相连的血缘纽带，形成不了个人主体意识。而现代意义上的个人主义是"建立现代理性社会关系的基础"②。

这种理性精神和个人主体意识等现代性的缺失在佤邦的经济、文化和政治发展中都有体现和影响。首先，个人主体意识的缺乏从根本上造成平等竞争、追求绩效等现代市场经济运行的主要运行原则的缺失，也影响到以市场为导向和支配的现代经济的形成。思想观念的落后和经济领域的困顿进一步制约了社会关系的变革，致使佤邦迟迟不能架构起建立在分工和机器体系生产力基础上的社会结构。

---

①罗荣渠认为，在世界历史上，突破原有农业大生产力形态向工业大生产力形态引起的社会巨变的最早启动，是西欧各国进行的创新性巨变，主要是由社会自身力量产生内部创新，经历漫长社会变革导致突破，称为内源性现代化；而在国际环境的影响下，因为受到外部冲击引起内部思想和政治变革并进而推动经济变革导致的突破称为外源性现代化，是种传导型的巨变，后进国家都属于这种类型。《现代化新论：世界与中国的现代化进程》，商务印书馆，2006 年版，第 131 页。

②周穗明：《现代化：历史、理论与反思——兼论西方左翼的现代化批判》，中国广播电视出版社，2002 年版，第 173 页。

在文化领域，理性精神意味着突破宗教愚昧，在生活中打破非理性的社会禁忌，遵循生活常识和科学。佤族的原始宗教崇拜是一种非理性因素，表现为对神和自然力的畏惧与无为，而佤邦人对毒品的认同和依赖是基于表象"理性"之上的非理性，这种非理性的长期存在滋生于他们的文化中，成为他们民族认同的一部分，这可能是目前缅甸政府要建构全国范围内的国家认同时最为棘手，也最需时日的。

在政治领域，佤邦民族精英们的民族觉醒和政治诉求在贫瘠落后的社会环境中摆脱不了其社会土壤的局限性。毒品的存在禁锢了普通百姓，也禁锢了他们的民族精英。通过暴力和武装获得权利是一种途径，通过发展生产、促进和解也是一种途径，而佤邦的民众和武装选择的是依赖毒品先获取自治权。通过自下而上还是自上而下进行变革，这是个死结。但毫无疑问，佤邦民族精英认识到毒品的危害和应该承担的社会责任之后依然靠它来维系民族武装的存在说明毒品意味着他们生存的根基，由于这种根基是建立在反人类和不道德、不合理的基础之上的，与缅甸的主体民族生存发展的基础性质截然不同，因此，佤邦民族精英在痛恨毒品的同时，也在离心于缅甸的主体民族，对于包括缅甸主体民族和所有少数民族的国家认同自然产生疏离。缅甸社会经济发展的不平衡状态进一步推动了这种疏离的程度。前文已论述毒品与佤邦的贫困落后是存在着直接的联系的。

一个国家或地区实现现代化的途径无论是外源型还是内源型，其发生社会巨变的定式都是由多个因素促成的，关键取决于导致巨变的决定性因素是由社会自身力量产生的内部创新，还是在国际环境的影响下，因为受到外部冲击引起内部思想和政治的变革并进而推动经济变革。毒品禁锢了佤邦的技术进步，将其社会生产力固着在对自然力的依赖上，阻碍它的生产力变革和社会化大分工，也无法形成现代化意义上建立在分工和机器体系生产力基础上的社会结构，使它难以内生出现代性，实现内源型现代化；又阻隔了佤邦与现代文明的交融，使它形成孤立、封闭、不健康的生产和社会生活，制约了以个人主体意识和理性精神为基础的现代性的形成，使得他们不能积极接受并吸收先进文明的成果，难以通过传导的方式实现外源型的现代化，从而大大迟滞了佤邦的现代化进程。

三、佤邦毒品问题的治理

佤邦的毒品问题给世界造成了巨大的威胁，引起国际社会的广泛关注，佤联军被称为是"一个众所周知的与全世界毒品贸易有联系的恐怖主义组织"[①]。为了减少来自各方面的强大压力，缓解与其他国家的紧张关系，争取美国等西方国家的援助，佤邦和缅甸政府都表明了禁毒的态度和立场，相继采取了不少禁毒措施。在中国和周边国家及国际组织的帮助下，佤邦的毒品问题得到一定程度的治理并取得了阶段性的成果。

这部分首先讨论缅甸中央政府对佤邦毒品的治理；然后具体介绍佤邦自身治理毒品的措施和取得的成效；国际社会在治理佤邦毒品方面发挥了重要的作用，第三部分着重介绍了他们的努力；在禁毒工作中，以中国为主的国际力量协助开展的替代种植在佤邦毒品治理问题上产生了非常积极的影响，第四部分对此作了详细介绍；最后总结了佤邦禁毒工作的成绩，也指出了不足。

（一）缅甸中央政府对佤邦毒品问题的治理

从 20 世纪 70 年代开始，缅甸正式与国际合作禁毒，制定了相关计划，颁布了相关条例，并在不同时期采取了不同手段禁毒。尤其在 2002 年春，面对明显不利的国际局势，缅甸总理钦纽上将于 3 月 22 日在缅北重镇腊戌专门召开了有缅北果敢、佤邦、克钦、掸东 4 个特区代表参加的禁毒会议。钦纽在会上说："国际社会指责我国毒品泛滥，给缅甸带来了很大危机。中缅将联合对我各特区进行搜

---

①2002 年 3 月 18 日，美国国务院负责毒品及执法事务的助理国务卿兰德·比尔和反恐特使弗朗西斯·泰勒在美国参议院听证会上的发言。

查，彻底禁毒。为了民族利益、国家的安危，我们必须禁毒。这是最后一次机会了。"因此，无论是对美国和西方其他国家的虚与委蛇还是自身毒品问题的认识，缅甸政府在毒品治理上采取的行动还是不少。具体到佤邦，归纳起来，缅甸政府帮助治理佤邦毒品问题的具体做法有：

1. 采取焚毁毒品及其加工厂等强制性行动，扩大社会影响

缅甸军政府上台后，多次出动军警对毒源地进行大规模扫荡，捣毁罂粟田，销毁毒品、制毒配剂和制毒设备。1991 年 2 月 2 日，国家治建委第一秘书钦纽亲率政府有关部长，部分外国驻缅大使、武官，联合国及有关国家禁毒组织的代表对佤邦地区的鸦片种植情况进行了考察，并在南定当场焚烧了 3 000 英亩的鸦片种植田。1992 年 6 月 5 日，政府邀请外国驻缅使节前往勐冒观摩那韦毒品加工厂的焚烧仪式。在此仪式上，共烧毁价值 1.2 亿缅币的毒品和加工设备，除此之外，在政府官员和外国使节监督下，还分别于 1993 年 11 月和 1994 年 3 月焚烧了分布在甬定、南定、班散以及河东等地的毒品加工厂①。

2. 提供一定的财政支持，发展佤邦经济

从 1989 年开始，政府每年都拨出专款用于佤邦地区的经济发展，提高当地居民的文化素质。截至 1995 年 6 月 30 日，总共拨专款 4.1109 亿缅币，主要用于交通运输、教育、医疗卫生、电力、种植及养殖业、邮电通讯、贸易、建筑等。截至 1995 年 6 月 5 日，缅甸政府用于全国边境及少数民族地区开发的资金总数达 26.6358 亿缅元，用于佤邦地区的占 15% 左右②，在佤邦经济建设的各项支出当中，缅甸政府的拨款和物资约占 20%③。

①陈立、赵国栓：《缅甸佤邦地区的鸦片种植及禁毒情况》，载《东南亚南亚信息》1996 年第 12 期，第 2 页。

②陈立、赵国栓：《缅甸佤邦地区的鸦片种植及禁毒情况》，载《东南亚南亚信息》1996 年第 12 期，第 2 页。

③陈英、王双栋：《"金三角"之星》，缅甸佤邦民族教育出版社，2003 年版，第 44 页。

3. 替代种植计划

1989 年，政府制定了一个为期 10 年的替代改植计划，计划实施初期便投资 500 万缅币，在甬定进行面积为 200 英亩的柑橘和咖啡苗的种植试验。

1995 年 6 月 26 日，即国际禁毒日之际，在仰光召开了由缅甸政府官员、佤邦地区负责人以及联合国禁毒组织官员，美国、日本驻缅使节等参加的佤邦地区禁毒工作研讨会。会上认真总结了前几年佤邦地区禁毒工作的经验和存在的问题，并制定了计划。其中一项就是"今后三年内在佤邦地区的部分镇区实现无鸦片种植"。这些镇区包括班散特别行政区、南定特别行政区、孟包特别行政区的河东镇、勐冒地区、那末地区、文冈地区、孟园地区的乐山早镇以及甘底地区。上述地区将采取农作物和经济作物种植取代鸦片种植的方法。

从 1995 年底开始，首先在以下地区实施无鸦片种植计划，它们是：（1）班散特别行政区的甬定村组、班宾村组、纳劳村组。（2）南定特别行政区的南定和甬冒村组。（3）孟包地区河东镇。1997 年秋季开始，将陆续在其他地区推广实施。佤邦地区现在试种了烤烟、茶叶、橡胶和甘蔗①。

4. 同意佤邦烟民南迁，减少罂粟种植面积

1999 年，佤联军打败坤沙后要求向南佤地区移民，遭到缅甸政府拒绝。在主张改善与少数民族关系的钦纽将军的努力下，佤邦大规模移民活动才得以进行，当然，这也可以说是缅联邦政府帮助治理佤邦毒品问题的一大举措。

缅甸政府的这些措施，对佤邦的毒品活动起到了一定程度的抑制作用，但总的看来收效不大。

（二）佤邦自身对毒品问题的治理

缅甸共产党控制佤邦地区时一度采取过铲除烟苗等强硬治理措

---

①陈立、赵国栓：《缅甸佤邦地区的鸦片种植及禁毒情况》，载《东南亚南亚信息》1996 年第 12 期，第 2 页。

施，但治标不治本，成效不大。

佤邦种植罂粟有 100 多年的历史。它地处偏远，中央政府的管辖和约束力常常鞭长莫及，再加上少数民族地区与中央政府本来就存在矛盾，以及中央政府治理措施本身存在的问题，使得佤邦的毒品问题一直没有得到很好的治理。佤邦联合党和佤邦特区政府接管佤邦后，面对着区内 60 多万常年靠鸦片生活的烟民的生计问题，在禁种罂粟上也经历了很长一段时期的挣扎。不过佤邦特区政府深知毒品对本民族、他民族乃至全人类的危害，在国内外的压力下，佤邦联合党和佤邦政府采取了一系列措施禁止罂粟种植，解决毒品问题。2002 年 10 月 21 日，鲍有祥指出："我们要把问题看准、看透、看死：种植大烟、吸毒犯毒、把人都变成懒汉，严重阻碍生产力的发展，这是要杀族灭种的。禁种罂粟，完全是个决心问题。……我坚信，我们全邦党政军民痛下决心，2005 年就一定能实现无毒源区这个伟大目标"。[①]

佤邦对辖区内毒品问题的治理采取了以下几方面的步骤和措施：

第一，成立佤邦毒品管制委员会，制定关于禁毒的政策文件，对从事毒品活动的个人和非法团伙[②]加以严惩。《佤邦基本法》中的《毒品管制法》规定："自 2005 年起，在佤邦辖区内不得种植大烟，如有种植者，由当地政府组织力量立即铲除，铲除费用由种植者支付。如发生暴力反抗者，按刑事犯罪论处。当地主要负责人要负连带责任。"[③] 基本法还对毒品加工、贩运、为毒品活动提供条件、携带毒品乃至吸毒人员作出了相应的处理规定，从法律上加以约束。从 1990 年至 2007 年，佤邦"政府"制定了一系列关于禁毒方面的政策和措施，主要有：1990 年 8 月，佤邦联合党中央颁发《禁种和根除大烟的策略

---

①陈英、王双栋：《"金三角之"星》，缅甸佤邦民族教育出版社，2003 年版，第 68 页。

②用"个人和非法团伙"是考虑到佤邦禁种罂粟后依然存在毒品产销活动，军队和邦区工作人员有组织地参与毒品活动应该不在政策管辖之列。

③缅甸佤邦司法工作委员会：《佤邦基本法》（试行），云南民族印刷厂，2004 年 3 月，第 161 页。

与措施》，规定对 50 岁以上的吸食大烟者进行耐心劝说；对 50 岁以下的分情况和区域区别对待，采取强制戒毒和劳动改造的办法；1991 年 6 月，佤邦联合党中央颁发《禁毒通令》，号召对贩毒和吸毒的非法犯罪行为予以坚决打击和斗争；1994 年 7 月 24 日，作出了《关于加强佤邦地区毒品管理的若干决定》，组建了毒品管制委员会；1995 年 5 月 17 日，佤邦政府作出了《关于在佤邦的部分地区实现三年无毒区的行动计划》，强调在 15 年至 20 年间使佤邦成为无毒源区；1996 年 11 月 12 日，佤邦禁毒委员会出台《关于佤邦地区禁毒斗争的若干问题》；为落实禁种禁毒计划，1996 年 11 月 27 日，成立了团级单位的稽查大队，县、特区成立了稽查中队、小队；1996 年 12 月，佤邦联合党中央向全党全军全民作出了《公元 2005 年全佤邦实现无毒地区》的决定；1997 年 2 月，佤邦政府发布《关于在佤邦彻底根除毒品种植的规划情况》；1997 年 8 月，佤邦禁毒委员会出台《关于禁毒工作的补充规定》，"补充规定"中说：根据中缅双方思茅禁毒会议和佤邦禁毒会议精神，针对佤邦目前的实际情况，对佤邦的禁毒工作特作如下补充规定：（1）凡属外籍毒犯，现躲藏在政府区范围，且利用佤邦名义进行贩毒活动时的，可以通过有关方面协助抓捕，并通报中方，经双方协商，必要时可移交中方；（2）凡中国的毒犯（包括其他刑事犯罪分子），一律协助中方缉拿归案，并送交中方处理；（3）凡我佤邦公民，从 1997 年 3 月 1 日起仍然继续从事贩毒活动的，一律抓捕归案，并按佤邦有关禁毒法规处置①。2005 年以来，佤邦政府在禁毒问题上一直以实现"四无"（即无种植、无加工、无交易、无吸食）为目标，加强禁毒工作。

第二，大规模的移民活动大大减少了罂粟种植面积。佤联军打败坤沙之后，经过与缅联邦政府艰难谈判，自 1999 年 11 月 16 日开始，正式向原坤沙控制区迁移佤民。计划南迁 10 万人，截至 2003

---

①陈英、王双栋：《"金三角"之星》，缅甸佤邦民族教育出版社，2003 年版，第 68～69 页。

年，实际迁移人数为 5 万左右。南部地区坝区较多，适宜耕种粮食，产量基本够温饱，更重要的是，那里气候土质不适宜种植罂粟，从根源上使得移居过来的山民无法种植和收获罂粟。为了鼓励粮食生产，佤邦政府配套出台了一些措施，如规定"从 2006 年到 2008 年，三年内免收全邦烟民的公粮，其他收费要减 50%，以便使烟民渡过禁种后的生活难关"①。而对于仍然留在北部的山民，鲍有祥要求他们搬到山下较平缓地区，以 50 户为一村，这样便于通电、水和学校、通讯等设施建设，对他们的罂粟种植活动也便于管理。移民行动减少了高山上的住户，减少了罂粟种植，移居到南部的百姓在邦区政府的协助和安抚政策下基本能解决生活困难，彻底摆脱了罂粟种植。当然，在实现全面禁种之前，佤邦在一些地方先搞了试点工程，最后才实现基本全面禁种。

第三，引进外部技术和力量，大力发展替代工程。佤邦的毒品治理一直受到国际社会的广泛关注和支持，并得到中国和其他国家及非政府组织的援助。目前进行最活跃、效益最显著的援助活动是以中国为首的国际力量协助佤邦开展的毒品替代工程。替代包括农作物种植、桥梁、公路、水利等基础设施建设、教育、卫生等事业项目建设。关于替代的具体情况将在第四部分详细阐述。

第四，加强与邻国的缉毒合作。在毒品泛滥、危及周边国家的情况下，抓毒、打击贩毒是国际社会的共同事业。1997 年 1 月 23 日，佤邦政府主席鲍有祥与云南省禁毒委员会主任刘选略在云南思茅（今更名为"普洱市"）进行了会谈。会谈之后，鲍有祥在佤邦采取了一系列措施开展与中国的缉毒合作：建立一个团级单位的稽查大队，下设三个营级单位中队，中队下再设三个连级单位的分队。规定每个县（特区）设一个中队；各区（乡）设分队。此外，为了打击将毒品贩入中国的不法分子，佤邦决定由政治部副部长岩果和勐冒县副县长岩肖为佤邦联络员，保持与中国的联系，互通情报，

①林锡星：《揭开缅甸神秘的面纱》，广东人民出版社，2006 年版，第 157 页。

共同打击毒品犯罪活动，维护中缅边境稳定①。

图2-4　佤邦勐冒县中学的教室里挂着醒目的禁毒标语

图片来源：《金三角：罂粟禁种一年以后》，云南禁毒：http：//www. ynjd. gov. cn.

第五，对吸毒人员进行强制戒毒，加强毒品危害的宣传教育工作。佤邦政府注重毒品的宣传教育工作，2006年7月20～28日在佤邦联合党中央扩大会议上指出"只有让全邦人民群众充分认识到毒品的危害性和禁毒的必要性，人民群众才会自觉地投身到禁毒的热潮中。同时还要发动各企事业单位和社会团体支持、参与佤邦的禁毒工作，以期达到全社会共同禁毒的目的"②。佤邦联合党中央有专门关于禁毒宣传的规定，"中心内容是让群众认识种植大烟的危害性和禁毒的必要性"③。在佤邦的街道、公共区域等处都张贴着关于毒品危害的宣传材料。如图2-4这样的宣传在佤邦时有看到。对于吸毒人员，佤邦每个县、特区甚至乡都设有戒毒所，强制吸毒者戒毒

①陈英、王双栋：《"金三角"之星》，缅甸佤邦民族教育出版社，2003年版，第89～90页。
②《佤邦联合党中央扩大会议文件汇集》（2006年7月20日～28日），佤邦联合党政工部印制，第60页。
③陈英、王双栋：《"金三角"之星》，缅甸佤邦民族教育出版社，2003年版，第89页。

并接受劳动改造。

总的来看，佤邦的禁毒取得了一定的成效，民众的禁毒意识得到加强，2006 年，也基本实现了全面禁种罂粟的目标。替代产业粗具规模，使得佤邦人民（尤其是南佤地区）的生活相当程度上减轻了对罂粟种植的依赖，与此同时，卫生、教育、民生、基础设施建设等方面的条件也得到改善。

（三）国际社会在佤邦毒品问题上的努力

国际社会从未放弃过支持佤邦治理毒品的努力，为了帮助佤邦早日摆脱毒品、杜绝毒品，包括联合国在内的政府间国际组织、各国政府和众多非政府组织长期在佤邦开展人道主义救援和经济社会发展项目。

1997 年以前，联合国毒品和犯罪问题办公室的前身联合国禁毒署（UNDCP）在佤邦勐波设有禁毒试验点，经常与佤邦合作进行禁毒相关活动。

目前在当地影响力较大、较为系统的是联合国毒品和犯罪问题办公室的佤邦地区项目（UNODC Wa Project）。该项目自 1998 年 6 月开始，一直到 2007 年底根据禁种复查结果认为，佤邦已经基本实现全面禁种才宣告结束。联合国毒品和犯罪问题办公室佤邦地区项目重点在卫生、教育、民生、基建以及社区发展等方面，项目进行到第三阶段（2003 年）时，加强了与法国医疗救助组织（AMI）、德国解决饮水工程组织（Malteser）和世界粮食计划署（WFP）等其他国际组织的协作。其中，法国医疗救助组织和德国解决饮水工程组织协助承担了勐波地区的大量卫生工作，帮助建立各级医疗服务场所，并施行了消除疟疾计划。而联合国毒品和犯罪问题办公室佤邦项目则重点关注该地区的戒毒和后期康复工作。世界粮食计划署自 2004 年 6 月起，对勐波县进行了紧急食品援助。联合国毒品和犯罪问题办公室佤邦地区项目执行期间，日本每年提供 75 万美元的项目援助资金，从未间断；美国从 2003 年停止了对该项目的资金援助。联合国毒品和犯罪问题办公室还从 2000 年起，在佤邦开设了控制毒品需求的项目，他们在勐波（5 个，分布在 Mong Kar，Mong Pawk，Ho Tao，Mong Phen，Nam Phai）和允高（2 个，Wein Kao 和 Nam Kham Wu）设立了共 7 个戒毒中心，帮助当地人戒毒①。佤邦地区项目的实施使当地社会发展各个方面都有了改善：卫生医疗方面，他们在每个乡镇建立了医疗所，并配备了流动医疗服务。组织培训了 130 名当地的医疗卫生志愿者，使得 2005 年 5 月当地的疟疾感染率从 2004 年 1 月的 18% 降低到 2%；在教育方面，他们帮助佤邦建了 15 所学校，并提供教学设备，师资培训，使拥有学校的村庄数目翻了一番。学龄儿童入学率也提高到 44%，成年人识字率提高到 18%；农业生产和基础设施方面，在 42 个村庄建立了水源供应，种植水稻的家庭增长 21%，稻米产量增加 125%，建立了覆盖 761 公顷稻田的农业灌溉体系，并铺设了一些常年的主要道路等等。②

联合国粮农组织（FAO）也在佤邦开展了针对性的救助工作，向在校学生和缺粮的农民发放大米，一个学生每人每月 10 公斤，贫困农民开荒地、修水渠一个劳动力一天发放 3 公斤大米，发放时由专门的人员负责发放到每个人，总共发放了 4 000 吨。③

英国无国界卫生组织（HU）自 2001 年 6 月设立了缅甸佤邦卫生合作项目，"项目通过建立基本卫生服务网络，开展参与性社区健教活动，提高目标人群的防病意识，提高当地妇幼保健、儿童计划免疫、疟疾规范诊治等卫生服务的可及性，降低孕产妇和 5 岁以下儿童死亡率以及疟疾等传染病发病率。同时积极推动当地政府重视卫生工作，提高社区自我管理能力，促进可持续性发展"④，约有

---

①UNODC Myanmar Country Office：*Life in the Wa Hills*：*Reducing the Demand for Drugs*.

②根据联合国毒品和犯罪问题办公室佤邦地区项目报告（英文）整理而成。United Nations Office on Drugs and Crime Myanmar Country Office：*Achievements in Mong Pawk District* 1999 – 2005，September 2006.

③数据来源：石安达：《坚持民族和解、发展替代经济、巩固禁种成果：缅甸掸邦北部第二特区（佤族特区）近况考察报告》，云南大地跨境民族文化交流中心，2007 年 2 月，第 9 页。

④英国无国界卫生组织：http：//www.healthunlimited.org.cn/.

161 690 人从中受益。此外，世界最大的人道主义援助组织之一澳大利亚国际爱心组织（CARE）也一直在佤族地区开展人道主义救援。这些国际组织中，AMI、HU 和 Malfeser 共 40～50 名人员，每年从欧盟得到共 40 万欧元的资金，用于开展当地的援助工作[①]。

国际和平禁毒基金会（IFPEOC）在邦康设有工作点，该组织通过图片和文字，向国际社会作了大量宣传，呼吁各国政府、群众团体和人民群众捐款捐物，支持佤邦的禁毒工程。驻缅甸的各国使馆人员也曾多次到佤邦参观、访问禁毒工作，给予佤邦政府很大鼓励。

中国政府也一直在关注佤邦政府禁毒的情况并提供多方面的援助和支持。除了在禁毒官员培训、研修、替代种植示范、替代产品市场准入、关税优惠等方面的支持外，中国还及时进行人道主义救援活动，向缺粮烟民发放大米，帮助他们渡过禁种难关。2006 年 10 月，在昆明海关、云南检验检疫局等口岸联检部门的大力支持下，云南省组织云南物产进出口公司和云南省机械进出口公司，紧急实施了对缅甸北部罂粟禁种地区提供 1 万吨大米的援助项目，其中佤邦 4 000 吨[②]。在教育、交通、水利等基础设施建设方面，中国政府和企业也加大了援助力度，云南省孟连南卡江橡胶有限公司先后在佤邦勐波县投资 300 万人民币建立 6 个办学点，聘用有经验的教师，给烟农的孩子提供免费课本、教材、吃饭和住宿，学校开设 1～6 年级的全部课程，得到当地人们的称赞[③]。部分云南替代企业主动开办医务室和医院，从中国聘请有医疗资质和经验的医师，配备必要的医疗设备，为当地农户治疗疾病，对参与替代发展项目的当地群众采取先治病，等到群众从替代发展中获得收入之后再补缴医疗费的

---

①数据来源：石安达：《坚持民族和解、发展替代经济、巩固禁种成果：缅甸掸邦北部第二特区（佤族特区）近况考察报告》，云南大地跨境民族文化交流中心，2007 年 2 月，第 8～10 页。

②云南省境外罂粟替代发展工作领导小组办公室：《云南省境外罂粟替代发展工作 2006 年度报告》，第 47 页。

③云南省境外罂粟替代发展工作领导小组办公室：《云南省境外罂粟替代发展工作 2006 年度报告》，第 64 页。

办法，缓解了当地群众就医的压力。

（四）中国企业在佤邦的替代发展工作及其成效

佤邦的毒品问题对世界尤其是缅甸邻国构成了极大威胁，中国也深受其害。为了从源头上堵截毒品，中国自 20 世纪 90 年代初开始进行境外替代种植工作，亦即用其他农作物替代罂粟和其他毒品原料进行的种植活动。多年来，以云南企业（主要是云南省沿边地州）为首的中国替代企业先后投入 5 亿人民币资金，截止到 2005 年，在缅北和老北地区实现罂粟替代种植面积 62 万多亩[①]，大大减少了缅北和老北地区的罂粟种植面积，不仅遏制了毒品，还促进了当地经济社会进步。中国企业的境外替代工作一直得到中国政府的指导和支持，云南省专门组织了"122 工作组"、"境外替代种植项目管理办公室"，等对毒品工作进行部署，毗邻缅、老边境的 6 个州市也设立了"境外替代种植项目管理办公室"，并建立工作机制，制定了《云南开展境外罂粟替代种植项目管理办法》。对于替代企业产品也尽量给予政策上的优惠。原国家计委办公厅在 2000 年出台文件，给予替代种植项下 21 个返销国内的农经产品享有在核定数量内免征进口关税和进口环节增值税的优惠待遇。这些政策和措施有效调动了境内外企业、地方政府发展替代种植的积极性[②]。

经过近 20 年的努力，境外替代种植正逐步向替代产业、替代经济、替代发展的更高层次转型，替代种植拓展到养殖、农产品加工、基础设施、旅游、人力资源开发和文化教育、卫生等领域，工厂、电站、医院、学校、通讯设备、水利设施、桥梁和公路等相继建立起来，大大改善了当地的社会结构水平。毒品替代工程逐渐上升为国家行为。

佤邦的第一个跨境替代项目是云南孟连农场在佤邦开辟"替代种植"示范试验基地 272.4 公顷，试种橡胶 12.3 万株。到 2008 年，

①数据来源：云南禁毒委：www. ynjd. gov. cn
②《遏制毒品　云南帮助缅甸老挝罂粟替代种植》，第一财经日报 2005/01/26。

在佤邦共种植橡胶 7 200 公顷，近 5 000 户两万余农民参与到"替代种植"的行列①。目前佤邦的替代种植项目主要内容有茶叶种植（集中在勐冒县）、橡胶种植（集中在南邓和勐冒海拔在 600 米以上，900 米以下的坝区）、木薯、红薯、玉米、小麦、杂交水稻等替代种植。截至 2006 年底，中国企业（主要是云南省企业）在佤邦实现替代种植总面积为 7 727 公顷②。佤邦的罂粟种植替代已经成为一种全邦的普遍行为。在南方原大毒枭坤沙老巢所在地的万宏，全区 10 个自然村共 3 190 人，2001 年生产玉米、早稻等各种粮食 59 4851 公斤，人均占有 186 公斤，一年的生产仅够维持 3 个月的口粮。佤邦烟民南迁到此之后最紧要的问题就是粮食短缺。中方技术人员因此组织移民拓荒，开垦农田。2002 年推广种植杂交水稻 413.3 公顷，总产 267.9 万公斤。2003 年种植 1 233.3 公顷，总产 785.5 万公斤。有力地缓解了当地粮食紧张的局面，稳定了移民。部分移民不仅粮食自给有余，还促进了各项副业的全面发展。移民各家各户养起了猪、鸡，种植了 150 余亩蔬菜。部分农户还挖了鱼池养鱼。移民逐渐摆脱了贫困，部分摆脱了对毒品经济的依赖。③

缅甸掸邦第二特区南部司岗底股份有限公司贺那农场地处泰缅边界金三角核心区域勐萨盆地。贺那是勐萨盆地东北方向的一片丘陵地带，勐萨河的一条支流从这个丘陵的谷地缓缓流过，过去这里盛产罂粟鸦片，现在已开辟成为农场。2006 年，这个农场已经种植了 200 万株橘树，2008 年已有 100 万株进入了丰产期，年产橘子 50 万公斤。到今年，其他的 100 万株果树也进入丰产期，总产量可达

---

①谭双寿：《替代种植，多方共赢：云南孟连农场跨国"替代种植"的实践与经验》，载《中国农垦》2006 年第 3 期，第 38～39 页。

②数据来源：云南省境外罂粟替代发展工作领导小组办公室：《云南省境外罂粟替代发展工作 2006 年度报告》，第 23 页。

③李建、岩温才：《绿色替代种植：让罪恶的罂粟花不再开放》，载《生态经济》2004 年第 1 期，第 75 页。

到 100 万公斤①。

目前佤邦的替代作物共有 30 多个品种，都是经过反复试种适合当地种植条件的经济作物，它在帮助佤邦禁种罂粟的同时，也弥补了我国境内相关产品生产条件上存在的缺陷，从而达到互利共赢的目的。

中国企业的绿色替代工程富有成效，受到联合国禁毒署的高度重视和充分肯定。联合国禁毒署主任阿拉齐指出："云南的经验为特别联大制定全球禁毒新战略提供了令人信服的佐证，向国际社会表明禁毒是可以取得成功的"。替代发展前景广阔。

（五）佤邦毒品问题治理的综合评析

总的说来，佤邦地区的毒品治理工作在缅甸政府、佤邦自身的努力和国际社会的大力支持下，取得了一些阶段性的成果。在各方共同努力下，佤邦 2006 年实现罂粟全面禁种，这是毒品治理过程中具有重要意义的一步。但在肯定各方作出努力的同时，还需看到他们相互间的差异，各自对佤邦禁毒问题所持的考虑，其工作过程中存在的顾忌、不足甚至制约性因素。

首先，囿于各方对待毒品问题的立场不同，其禁毒力度和持续程度也各有千秋。缅甸政府对待佤邦地区的毒品问题有多重考量，除了国际社会的压力之外，其考虑更多的还是防止出现少数民族分离倾向，维护国家统一，这是缅甸政府禁毒工作的出发点和落脚点所在。在佤邦地区禁毒问题上，缅甸政府重点在于利用佤邦的毒品问题胁迫佤联军，通过禁毒措施，减少毒源，从而扼住佤联军的军费来源，减轻对自身的威胁。这样一方面可以争取国际同情和支持，赢得道义上的制高点，对佤邦及其他民族武装进行军事威慑和防范，另一方面可以继续获得国际社会的援助，避免予人口实，减少压力。

佤邦对待毒品的态度相当复杂。佤邦政府领导人清楚地知道毒品给当地经济发展、社会进步和民生改善带来多大的牵制和限制作

---

①信息来源：《金三角替代种植：贺那农场橘子丰收》，新华社云南分社 2007年 3 月 6 日。

用，他们也非常明白以毒品为生存的基础将面临灭族灭种的威胁。但是，受限于贫困落后的现实，为了本民族武装生存发展与斗争的需要，佤邦不得不依赖毒品经济维持基本的运转。因此，佤邦政府在治理本地区的毒品问题上采取的是双轨的战略：一方面借助国际社会和缅甸中央政府，帮助佤邦百姓摆脱对罂粟种植的依赖，逐步引导其走上正常的发展道路；另一方面通过集中管理的方式，对本地区的毒品经济活动进行控制，获得毒资以供养军队，维持本地区发展各项事业的基本运转。所以说，佤邦对于罂粟禁种的态度是坚决的，也是真诚的，但目前对于全面禁毒的目标则另有考虑。

国际社会在深受毒品危害的同时，加强了对毒源地的援助和毒品问题治理，但作为外部力量，始终存在一些顾忌，只能在外围采取政治上施压、经济上援助、文化上教育等举措，力度太大可能引起反弹，引起缅甸政府不满，或者毒源地毒品活动变本加厉；过多亲力亲为可能引起干涉内政之嫌，因此，总不免有隔靴搔痒式的无奈。

其次，佤邦地区的毒品问题中始终夹杂着缅甸政府和佤邦特区政府之间的政治斗争，加大了毒品问题的治理难度。佤邦地方政府在要求自治权、独立获得外部援助权的问题上一直与缅甸政府存在分歧，这种分歧也必然反映在禁毒活动当中。2005年6月，佤邦政府为向世人表明禁毒决心，发出大量邀请函给缅甸政府官员与媒体，表示将于国际禁毒日（6月26日）前夕举办焚毁毒品仪式。但缅甸政府6月13日回应：佤族的反毒仪式受雨季影响，必须顺延。背后原因，在于佤邦发出的邀请函上以"佤族人民政府"为署名，缅甸政府对此不满才有如上反应①。可以看出，缅甸中央政府与佤邦特区政府之间在权利争夺上针锋相对，互不退让，这种关系掺杂在禁毒工作当中，十分微妙，形成很大阻碍。

国际社会因为这二者之间的关系难以把握工作力度，对佤邦的接触与帮助始终注意控制在一定范围内，这使得很多替代项目和援

---

①林锡星：《揭开缅甸神秘的面纱》，广东人民出版社，2006年版，第122页。

助活动难以达到预定的目标和要求。

第三，在治理手段和资源运用上，缅甸政府、佤邦和国际社会也存在较大出入，缺乏协调。缅甸政府的治理措施是调动其国家资源，在一定范围内围绕打压佤联军的目标进行，因此，其强制性行为有一定的针对性，对普通民众比较注意，但其治理措施总因为当地人缺少对中央政府的认同感而不够有效。

佤邦的宣传教育活动和帮助瘾民戒毒的活动受到资金缺乏和文化落后等方面的影响，成效有限。其移民行为和罂粟禁种活动大多采取武装押运、强行捣毁的方式，这种措施虽然是本民族的行为，但当地人对于新生产和新环境需要转变观念，强行措施使得很多人转到别的地方种植罂粟。而对于其他的毒品制售活动，佤邦政府采取高度控制和管理的手段，使得毒品治理上漏洞更大。

国际社会的努力，以中国企业替代种植为例，始终是民营企业为主体的行为，其企业的性质决定了其替代行为的赢利性。这就意味着在毒品治理这一相当于公共性的系统工程中存在一定的缺口，也存在很多需要公共行为补足的地方。佤邦能够进行替代的地区大多集中于南佤区，北部的高寒山区是不适宜进行大面积替代种植的。而替代企业受当地落后的交通、水利等基础设施方面的制约也很大，从而影响了替代的推广和替代经济的形成。国际组织在当地进行的各种援助项目也都因为方方面面的原因而难以得到彻底有效的实施，从而影响计划目标的实现。

最后，长期以来缅甸局势不稳，大大影响了禁毒活动的有力统筹和安排。在制度和政策上缺乏协调性、一致性。近年来，缅甸政治、经济危机迭起，缅甸中央政府禁毒政策也摇摆不定，缺少一致性，这也在很大程度上影响了中央政府的威信，削弱了禁毒措施的执行力度和范围。而由于民族矛盾和政治因素的存在，其他的毒品治理活动行为主体受到政治气候变化的影响，治理活动难以进行统筹，表现出行动分散、零碎的特征。这决定了佤邦毒品问题治理的长期性和艰巨性。

总之，佤邦地区毒品问题的治理工作成效有限，由于资金、技术、气候等方面的原因，佤邦地区群众的生活在禁种罂粟之后十分贫困。对当地进行的各项治理和后续发展活动受到不同治理主体对待佤邦毒品问题的态度、立场、手段、性质和整体政治环境的影响也表现出相当大的不足。佤邦毒品治理是个综合性的系统工程，需要各方齐心协力，对治理活动进行有效统筹才行。而真正实现这一步的现实条件还不成熟。

四、佤邦毒品问题的发展趋势

缅甸是个多民族国家。在其民族国家的构建过程中，一直充斥着少数民族与主体民族在民族权利上的争议和斗争。在面对殖民统治的共同压迫面前，缅甸各个民族团结对外，在民族利益上作出让步和妥协，为争取国家的独立作出了巨大的努力。然而，由于历史、文化、民族政策等各方面的原因，缅甸独立之后一直未能妥善地解决好民族问题，各种少数民族地方武装与中央政府分庭抗礼，纷争不断。缅甸自身的民主化进程也是止步不前，引起西方诟病，成为外部势力干涉缅甸内政的借口。在各方利益的博弈当中，毒品成为重要的手段和资源，也成为最能体现盘根错节的利益斗争的焦点。在通过对佤邦毒品问题的发展、演变、影响以及目前的治理的分析基础之上，我认为佤邦的毒品问题未来的发展还将受到缅甸国家的民主化进程、佤邦对毒品经济的依赖程度、佤邦地区民众的观念转变以及禁毒现实困境的影响和制约。

（一）缅甸民族国家的构建和民主化进程对佤邦毒品问题发展的影响

缅甸民族组成十分复杂，少数民族占全国总人口的 1/3 以上，居住区域超过缅甸国土面积的一半[①]。如此多民族的一个国家，其民

---

①李晨阳：《军人政权与缅甸现代化进程研究》（1962—2006），香港社会科学出版社有限公司，2009 年，第 84 页。

族国家的构建过程中应该给予少数群体一些特殊的待遇，对他们的权利加以强调，否则其国家式民族国家的构建就可能是"压迫性的、不公正的"①。这种不公正性必然引发少数群体为维护本群体的文化而采取或合法或反抗的斗争。他们抵御的不是现代自由社会的现代化力量，相反，他们希望成为现代自由社会享有充分权利和平等的一员。加拿大研究民族主义问题的著名教授威尔·金里卡认为，那些在历史领土上形成了完整运作、在被并入一个大的国家之前就已经存在、以建立联邦的形式而自愿被兼并的社会群体，如果他们的权利和诉求在民族国家的构建中得不到满足，便可能希望从国家中分离出去，但即使真的这样做，他们也"不是要建立一个非自由主义的社群主义社会，而是要建立属于他们自己的现代自由民主社会"②。

缅甸1947年宪法中有关于民族邦拥有自己宪法、立法机关和分立自决权的规定，各边区民族才与缅族在国家关系上达到一致，共同赢得了缅甸国家的独立。但在随后缅甸民族国家的构建过程中，各少数民族的权利不断被限制和削弱，其要求自治的呼声长期被忽视，致使不满情绪和抵制行动不断高涨，反政府冲突也此起彼伏。1974年宪法规定的国家组织形式实际上已经是中央集权制，而不是1947年宪法所规定的联邦制③。这样的做法更加激化了民族矛盾，民族地方武装纷纷占地为王，发展军事力量与中央抗衡。在贫瘠山区，毒品成为这些地方武装招募士兵、训练军队、购买武器、抵御政府镇压的一个重要经济来源，他们依靠种制、贩运和经销毒品发展武装，并形成了以毒养军、以军护毒的局面。佤联军是缅甸最大的一支民族地方武装，其辖区内的毒品问题也是最为严重的。

---

① [加拿大] 威尔·金里卡著，邓红风译：《少数的权利：民族主义、多元文化主义和公民·导言》，上海世纪出版集团，2006年版，第3页。

② [加拿大] 威尔·金里卡著，邓红风译：《少数的权利：民族主义、多元文化主义和公民·导言》，上海世纪出版集团，2006年版，第7页。

③ 贺圣达主编：《当代缅甸》，四川人民出版社，1993年版，第59页。

　　民族国家的构建和政治一体化是实现政治民主化的重要一步，缅甸连现代意义上统一的民族国家尚未形成，其政治民主化亦将十分艰难①。实际上，1988 年奈温军人政权上台后，缅甸一直处于军人统治之下。虽然军人政府一再宣称不会永远掌权，待新的宪法出台后再行选举，还政于民。但制宪进程缓慢，国内民主进程近乎停滞，缅甸也因缺乏一个和平、安全的环境，经济发展停顿，社会缺少公平而受到各方面压力。包括来自少数民族武装的抵抗，抵抗程度越大，少数民族对毒品的依赖就越大，毒品问题就越严重。这一点在佤邦表现得也非常明显。

　　在主张民族和解的钦纽将军主管外交、民主化进程等方面事务期间，缅甸军政府与包括佤联军在内的 17 支反政府武装取得了和解，佤邦的毒品形势曾经有所好转。尤其在 2002 年佤邦宣布要在 2005 年实现全面禁种的目标之后，佤邦的禁毒工作取得了一定的进展。但是 2004 年 10 月 18 日，与佤邦关系密切的钦纽被解职之后，佤邦与缅甸中央政府的关系又变得僵硬起来。缅甸军政府实权人物之一貌埃将军认为少数民族地方武装实力下降，缅甸国防军有能力将之彻底消灭。所以缅甸政府曾于 2004 年 10 月下达最后通牒给佤联军，要他们停止生产毒品，并每年换区换岗。这使得双方关系立即紧张，"本已奄奄一息的少数民族反政府武装活动又死灰复燃"②。毒品形势又变得复杂起来。

　　目前佤邦毒品问题的核心正是由于缅甸民族国家构建过程中没有处理好的民族问题。作为一支民族主义武装，佤联军所争取的是为本民族的生存和发展争得符合他们意愿的政治权利和安排。

　　对于缅甸政府要佤联军交枪换和平、解散特区武装的要求，佤联军领导人的态度是："缅甸政府如果还是军人主政，他们（佤联军）就不会交枪换和平和解散特区武装。如果将来国家宪法通过了，

---

①贺圣达：《东南亚国家的民主化与政治发展：现状与趋势》，载《东南亚》1999 年第 3 期，第 42 页。

②林锡星：《揭开缅甸神秘的面纱》，广东人民出版社，2006 年版，第 160 页。

还政于民，选出了民选政府，军队服从于国家。那时，他们愿意把特区武装改编为地方武装警察部队，维持特区的治安。"①可见，佤联军需要的是军政府还政于民，实现自己的政治诉求，获取民族发展的权利，能更多、更好地处理本民族事务。

在自治权利方面，缅甸国民大会讨论通过的《缅甸新宪法草案》② 第二章第 12 条对佤邦的地位作了如下的安排："掸邦的霍班、孟冒、班歪、那坊、万曼和邦康等 6 个镇区组成 2 个县，这 2 个县合为佤族自治州"③。这是缅甸中央政府根据全国范围内政治势力的实力对比作出的决定。而佤邦特区政府的要求是，"如果成立佤族自治州和自治区，他们要求成为缅甸中央政府直属，而不是在掸邦之下的自治州和自治区"④。在这一点上，缅甸政府恐怕很难答应。因为作为缅甸国内最大的一支民族地方武装，佤邦具有较强的反政府倾向，加上佤族跨三国而居，在地区分布上有时与周边的同一民族连成一片，缅甸政府一直存在这样的担心，即佤邦成为政府直属自治区后会以此为基础提出更多要求，危及国家的统一⑤。

从佤邦与缅甸中央政府的分歧可看出，不论是何种原因导致缅甸国家民主化的实现都将推动民族问题的解决，及至佤邦毒品问题的根本解决。历史上，军政府在民族政策上的一举一动反映在毒品

---

①石安达：《坚持民族和解、发展替代经济、巩固禁种成果：缅甸掸邦北部第二特区（佤族特区）近况考察报告》，云南大地跨境民族文化交流中心，2007 年 2 月，第 8 页。

②《缅甸新宪法草案》于 2008 年 5 月 10 日早上 6 点 15 分（北京时间 7 时 45 分）正式进行全民公投，但受到强热带风暴的影响，受灾严重的仰光省和伊洛瓦底省 47 个镇区公决推迟到 24 日举行。国际在线专稿：http://gb.cri.cn/19224/2008/05/11/2625@2052880.htm/，2008 – 05 – 11。

③根据李晨阳等译《缅甸宪法草案》中文版。附译者注：应直译为"自治省"，但新宪法第一章已把原来的省称为"大区"或"大省"，所以即使译为"佤族自治省"，在行政级别上仍低于掸邦。由于前文已保留了"省"的名称，为了显示行政级别上的差异，按照中文的习惯表达法，把它意译为"自治州"。

④石安达：《坚持民族和解、发展替代经济、巩固禁种成果：缅甸掸邦北部第二特区（佤族特区）近况考察报告》，云南大地跨境民族文化交流中心，2007 年 2 月，第 8 页。

⑤马树洪主编：《云南境外毒源研究》，云南民族出版社，2001 年版，第 176 页。

问题上的变化，让我们务实地看到，现有的局势在军政府当权时期很难打破，因为军事对抗、武力威胁作为军政权的特征和哲学，与少数民族政治诉求的合理安排存在根本矛盾。要解决这一矛盾，缅甸的民主化进程至关重要。从目前情况看，虽然缅甸的民主化进程不可逆转，但从影响缅甸民主化进程的政治势力的对比来看，军人将继续直接执政或者主导缅甸政局相当长时间，其民主化将是一个缓慢的过程①。从而，其民族政策的转变和民族问题的根本解决将是个长期的过程，毒品作为佤邦民族武装的重要基础，其发展方向和速度也将受到缅甸民主进程的影响。

（二）佤邦的生存条件和经济发展状况对佤邦毒品问题发展的影响

佤邦拥有 60 万人口，2 万多军队，4 万多民兵。这么多的人口需要最基本的生存保证，禁种罂粟之后虽然替代发展得更快，但它还没有惠及所有佤邦人，目前的替代工程大多是境外企业在当地投资、示范带动的，山民们能在替代种植园工作、领取到微薄的薪水本身就是很大的安慰。虽然如此，佤邦还有大量山民依然靠救济和援助生活。由于佤邦自身缺乏生产的原动力，还未形成自我发展的生产能力，没有经济上的保证，文化发展又严重滞后，使得他们的发展岌岌可危，生存的现实需求很容易使他们重新回到种植罂粟的老路上。他们的公共精神在面对自身生存的威胁面前也非一朝一夕所能培养。

另一方面，佤邦的精英群体在为本民族的发展争取自治的过程中，无一例外地与毒品活动联系了起来。真正做毒品买卖的都不亲涉毒品，因为他们深知其危害。断绝毒品是自身发展的必然要求，佤邦政府禁毒的决心是真诚的。但是佤邦有着庞大的军队，以及军队之外的教育、医疗等基本建设的经费需求，要彻底摆脱对毒品经

①李晨阳、李茵：《影响缅甸民主化进程的主要政治势力》，载《当代亚太》2006 第 4 期，第 40 页。

济的依赖，目前的佤邦单靠一己之力难以做到。周边民族特区的行为也有可能会产生辐射影响，佤邦不搞毒品经济，其他民族武装可能依然在搞，势必打破现有的力量平衡，这是佤邦政府领导人不愿意看到的。

此外，在世界粮食紧缺，粮价大幅上涨的形势下，缅甸遭受强热带风暴，给国内和全球粮食供应造成重大影响，将进一步波及佤邦的粮食安全问题，影响佤邦毒品问题的进退。

2008 年 5 月 3 日，"纳尔吉斯"强热带风暴席卷缅甸，其主要稻米产区伊洛瓦底江三角洲正是受灾最严重的地区。据估计，缅甸受灾最严重 5 个省邦的稻米产量占全国总产量的 65%[1]。联合国粮农组织（FAO）经济学家卡贝尔认为，缅甸的稻谷产量可能会因为风暴灾害而大量削减，影响到缅甸的粮食出口能力，甚至变成粮食进口国，这将导致世界大米市场进一步收紧[2]。也就是说，缅甸遭受风暴袭击不仅将产生国内粮食供应问题，还将影响到国际粮食市场和供应。一旦缅甸对粮食的脆弱性和敏感性加强，那么佤邦的粮食安全问题将因国际粮价和供应紧俏的压力而变得更加严重。在国际援助上，佤邦禁种罂粟之后的粮食不足主要靠世界粮食计划署的援助加以缓解，而目前全球稻米市场收紧，对于世界粮食计划署也是困境。据统计，2007 年该组织 80% 的食品采购都在发展中国家进行[3]，现在不少发展中粮食出口国限制粮食出口使得他们的国际援助更加艰难。佤邦的粮食安全如果因此而加剧，当地民众最原始、最自然的反应可能还是在自身发展处于青黄不接的阶段回到对毒品经济的依赖上，这意味着毒品问题发展的反复甚至倒退。

（三）社会文化对佤邦毒品问题发展的影响

长达世纪之久的罂粟种植已经成为佤族百姓日常生活的重要组

---

①数据来源：《缅甸热带风暴或加剧全球粮食危机》，中国食品科技网 http：//www. tech－food. com/，2008－5－8。

②FAO Newsroom：www. fao. org/，7th May，2008.

③丛玫：《缅甸风暴令世界粮食危机雪上加霜》，第一财经 http：//www. china－cbn. com，2008－5－9。

成部分，在佤族的文化中有了深厚的积累。要将这种历史的沉淀和人们的生活进行活生生的剥离，难度相当大。毒品不仅给他们带来了生存的可能性，而且延续了他们千百年的生产方式，让他们感到亲切和认同，给他们带来了磨灭不去的历史记忆。当大量的商贩带着各种各样的商品到他们的山寨用以交换、收购他们的鸦片并在历史上一再重复时，他们深信鸦片是一切的来源，是他们生命当中很重要的一部分，他们习惯了围绕罂粟种植选择生活的位置和方式。习惯了用鸦片来治病、止痛，用罂粟籽、罂粟壳等原料调节生活，用鸦片换取粮食甚至习以为常地吸食鸦片。这种对鸦片深深的依赖，在他们的心灵和脑海中打上了深深的烙印，使得当他们要离开大山，摧毁罂粟田的时候有种撕心裂肺的痛楚，使得他们在开创新生活的时候感到深深的失落和种种的不适，使得他们对于未来的生活充满困扰与迷惑。他们期望新的生产活动也能像罂粟一样，给予他们一样的宁静与简单。

如果没有足够条件充分调动他们对生活的热情和希望，来取代毒品的历史沉淀的话，他们很可能会跑到更偏远、政府难以管辖到的地区重操就业。事实一再证明了这一点。即使客观上生活条件好转，他们对于新的环境、新的生产和生活方式仍然还有很长的适应期。

（四）现实困难对佤邦毒品问题发展的影响

佤邦的禁毒活动虽然取得了全面禁种的阶段性成果，但要实现真正意义上的全面禁毒，仍将面临严峻的挑战，撇开佤邦领导主观意愿不说，即使是巩固现阶段的成绩，都可以说困难重重。

从巩固禁种成果的层面来说，当前面临的一些问题是：

（1）作为一项重要的禁毒举措，让南迁的佤邦北部山民安居乐业是巩固禁种罂粟的重要步骤。然而，南迁的烟民们在新地方遇到了现实性、紧迫性很强的问题。由于不适应南部炎热的气候，又没有资金和生产技能，更缺乏种植庄稼的经验，他们粮食产量很低，刚开始时"人均产粮不到 200 公斤"，许多烟农无法解决基本的生存问题。饥荒加疾病，头一年竟死了上千人①。

（2）与罂粟相比，佤邦百姓接受替代作物要面临很多艰难的取舍。罂粟的经济价值高、市场稳定、抗病虫害能力强，种植罂粟所需技能要求低，加上鸦片体积小、包装和阴干要求简单，是最适合农民种植的作物。客观来说没有任何一种作物或经济活动能够代替罂粟与当地情况的适应性。替代作物往往需要一些额外的条件，如栽种粮食获取同样收入需要更多土地，需要施肥，成本更高，耕作精良，对土地也有要求。这些可能需要培养农民的耕作技术，如果国际粮食市场有大波动，对农民的影响可能就是致命的。

（3）禁毒之后教育、卫生方面的发展面临考验。1989 年之后，佤邦地区的学校数量有了大幅增长。大多数的烟农认识到教育对于孩子的重要性，因此尽量让孩子上学。对于禁种罂粟后的山民来说，交付孩子的学杂费是很难承担的一项支出。现在佤邦人口较集中的地区都建立了医疗诊所，由于失去了传统的治病药物鸦片，现在佤民们生病后要到这些诊所进行治疗，看病也需要钱。禁种罂粟之后，在没有发展新的生产之前，教育、卫生都是严重的问题。英国无国界卫生组织对当地卫生条件进行了描述：

"当地卫生资源严重匮乏，卫生服务远远不能满足群众最基本的需求，同时由于他们对自身健康缺乏认识，以致疟疾、痢疾等传染病肆虐，孕产妇和 5 岁以下儿童死亡率居高不下。大多数人连自己的出生年月都不知道，根本谈不上识字，卫生知识更是贫乏。在禁种罂粟后，当地政府和群众的收入大为减少，他们目前的生存与发展面临着更大的挑战。"②

（4）戒除山民的毒瘾非常困难。在长期种植罂粟的过程中，佤邦很多烟民已经染有严重的鸦片毒瘾，对鸦片的生理依赖使得他们对禁种罂粟之后的生活充满无奈与不适应，严重影响到社会安全与

①董胜：《金三角毒源地零距离接触坤沙投降十周年》，载《华夏地理》2006 年第 7 期，第 146 页。

②英国无国界卫生组织：http://www.healthunlimited.org.cn。

稳定。不戒掉他们身上的毒瘾，他们将很可能掏钱到别的地方买鸦片，或者跑到政策盲区重操旧业，这对巩固禁毒的阶段性成果构成十分严峻的挑战。南部军区建起了戒毒农场，分期分批将成瘾者集中起来强行戒断，在农场边戒毒边劳动，吸毒者还被带上脚链以示惩戒和防止逃跑。① 但强行戒毒成效有多大，是否有反弹作用，另外戒毒给邦区经济建设带来的额外负担会有何边际效应都是值得考虑的问题。

以上种种挑战都将考验佤邦，影响到禁毒的前进与倒退。如果不能给予佤邦百姓一条真正的发展之路，他们学习新的生产技术的可能性就很小，禁毒成功也将更加渺茫。

其次，从实现无毒区目标的层次来看，佤邦毒品问题的发展现状使得要进一步控制毒品产销活动面临两难。客观上说，现在毒源丰富，易制毒化学品流入渠道多样，难以防范和堵截。加上周边地区制贩毒的影响，国际国内巨大的毒品消费市场，佤邦本身吸毒人员也不在少数，完全禁绝毒品不太现实，亦非佤邦一己之力所能控制。而从主管意愿上来说，佤邦政府是真刀实干铲除毒品，还是虚与委蛇，禁种与产销并重不难判断。我们不怀疑鲍有祥杜绝毒品的决心，但就目前佤邦的民族主义诉求还未得到合理满足，在其"以经济建设为中心，以军事实力为后盾"的战略下完全脱离毒品经济搞建设，可能还需要相当长一段时间。

禁绝毒品活动、打击毒品犯罪是全人类的共同事业，需要多方位、多层次的多方合作才能实现。佤邦除了毒品问题之外，本身还存在着诸如与缅甸政府的斗争等复杂问题，加上毒品在这一地区的特殊的历史遗留，目前很难做到全面、有效的国内监管和国际核查，因而也必将在相当长一段时期内继续存在。

---

①董胜：《金三角毒源地零距离接触坤沙投降十周年》，载《华夏地理》2006年第7期，第146页。

五、小 结

本部分对佤邦地区的毒品问题进行了较为系统的研究，对其产生、发展、演变、原因、影响及治理情况进行了详细的说明和阐述。文章先对佤邦毒品问题的历史发展情况进行了梳理，介绍其发展演变的过程和现状，总结并揭示了佤邦毒品问题不同发展阶段的特点和实质。在此基础上结合佤邦的自然生存环境、民族文化、经济社会条件、民族主义以及外来势力的影响，系统分析了毒品何以在佤邦地区长期存在并形成问题。文章再从佤邦的经济转型、社会结构、文化发展以及佤族人民的民族认同及国家认同的角度，重点阐述了毒品对佤邦现代化进程的影响。对缅甸政府、佤邦特区政府、国际社会在治理佤邦地区毒品问题方面的努力进行了介绍和分析，并着重介绍了中国企业帮助佤邦进行毒品替代发展的情况。最后从缅甸民主化进程、佤邦对毒品经济的依赖、佤邦地区民众传统观念和文化及佤邦禁毒现实困境的角度论述了佤邦地区毒品问题的发展趋势。

通过以上分析，本部分得出以下结论：

（1）佤邦地区毒品问题是当地自然环境、落后的社会和经济条件、毒品的特殊经济利润以及缅甸民族矛盾和政治因素综合影响、长期作用的结果，当前佤邦地区毒品问题的实质和核心是缅甸民族国家构建过程中的民族矛盾。

缅甸佤族和中国云南沧源、西盟等地区的佤族是同一个民族，拥有共同的祖先、历史记忆、风俗文化。中国云南的佤族群众曾经也种植罂粟，但他们早就彻底告别了依靠罂粟维持生计的窘境。相比之下，缅甸佤族却始终摆脱不了种植毒品的命运。如果仅仅从自然条件、民族特性和文化渊源的角度来看，我们无法解释佤邦地区毒品问题长期存在的事实。确切地说，毒品在佤邦的长期存在是多个因素相互作用、相互影响的结果。它为佤邦人提供生活的补给，进而深植于当地社会的土壤之中，而后为民族主义者所接受与利用。民族和政治因素为它的长期顽固存在提供了沃土。所以，今天佤邦的毒品问题已不仅仅是经济问题，文化问题，更是个深层意义上的政治问题和民族问题。

（2）毒品大大迟滞和阻碍了佤邦的现代化进程。毒品阻隔了佤邦与现代文明的交融，使其难以通过传导获得现代性；另一方面，禁锢了佤邦的社会生产力，阻碍佤邦经济的现代转型和社会结构分化，使其难以内生出现代性。

毒品是具有巨大利润的特殊商品，拥有庞大的消费市场、无弹性的销售价格，世界各地毒品制售活动因此而猖獗。但是，自英国殖民统治时期便开始种植罂粟的佤邦作为世界重大毒源地，却还依然在基本的生存线上挣扎。佤邦地区原始居民靠农业为生，进行简单的手工生产，基本属于自给自足的自然经济形态。这种简单生产方式的一再重复和自给自足本身就是"简单的、一元结构的、功能普泛化的"封闭性的传统农业社会的典型特征，而毒品不仅加固了这种落后状态，更加削弱了其自然转型的动力，影响佤邦向"复杂的、多元结构的、功能专一化而又有高度整合性的开放社会"转变。

这是因为，鸦片和其他毒品的到来使得当地社会生产力始终停留在与自然力的关系上，致使其落后的社会生产力停滞发展，束缚了他们的社会化大分工。同时，经济领域的困顿和思想观念的落后进一步制约了社会关系的变革，致使佤邦迟迟不能架构起建立在分工和机器体系生产力基础上的社会结构。毒品阻隔了佤邦人们与现代文明世界的交融，禁锢了他们的思想，影响了以个人主体意识和理性精神为主要内容的现代性的形成，使他们不能积极接受并吸收先进文明的成果，也束缚了他们向自主自由的现代生活方式的转变。最后，因为对毒品的认同和与外界的隔离，加上缅甸民族国家构建中悬而未决的民族矛盾，使得毒品在佤邦人的民族认同和国家认同渐行渐远中发挥了推波助澜的作用，影响到缅甸的民族和解和国家的统一。本文认为，与其他地区同源民族和缅甸整体发展水平形成巨大落差的事实充分说明，毒品严重阻碍了佤邦地区的现代化进程，不仅迟滞了其经济的现代化转型、阻碍了其现代化意义上社会结构的形成、还阻隔了佤邦地区正常的对外文化交流，影响其文化发展，甚至割裂了佤邦地区民众的民族认同和国家认同，使其难以纳入国家发展的轨道，从而大大增加了问题的复杂性。

（3）毒品已成为缅甸中央政府、佤邦特区政府、国际社会和当地农民等利益群体博弈的重要手段和资源。佤邦毒品问题治理工作虽然已经取得一些成果，但还需要整合各方资源进行综合性治理。缅甸政府与佤邦特区政府之间存在着的斗争，加大了问题的解决难度。

毒品在成为当地居民主要生活来源的同时，也成为佤联军发展军事力量与中央抗衡的重要基础。缅甸中央政府在佤邦地区禁毒问题上工作的出发点和落脚点始终在于防止出现民族分离倾向，维护国家统一。其重点在于利用佤邦的毒品问题胁迫佤联军，通过禁毒措施，减少毒源，从而遏制佤联军的军费来源，减轻对自身的威胁。国际社会的努力始终存在各种顾虑和缺陷，所以如果对毒品问题不能进行各方资源的整合和综合治理，缺乏全面的统筹安排和支持，即使有缅甸中央政府的禁毒措施、佤邦自身和国际社会的努力，佤邦地区的毒品问题也很难得到根本解决。

（4）缅甸民族国家的构建和民主化进程是解决佤邦地区毒品问题的关键。

当前，佤邦毒品问题的核心是佤邦民族主义与缅甸中央政府在政治权利和安排上的矛盾。严格意义上来讲，缅甸尚未形成现代意义上统一的民族国家，政治民主化进展十分艰难而缓慢，因此，缅甸民族国家的构建和民主化进程是解决佤邦地区毒品问题的关键。

毒品是佤邦人民历史记忆的重要内容，也是他们生存的根基。由于这种根基建立在反人类和不道德、不合理的基础之上，与缅甸的主体民族生存发展的基础的性质截然不同，因此，佤邦民族精英在痛恨毒品的同时，也在离心于缅甸的主体民族，对国家认同产生疏离。毒品导致了佤邦的贫困落后，缅甸中央政府也没有能力使佤邦地区的经济得到发展，而缅甸经济社会发展的不平衡进一步推动了佤邦人民民族认同与国家认同的背离。从这个意义上来说，治理佤邦毒品问题的根本，除了缅甸民族问题的妥善解决，还有缅甸国内的经济发展、政治进步，只有当各方面条件都加以改善，当文化事业和社会、经济共同进步的时候才可能有个渐进的改观。

（5）佤邦毒品问题还将在相当长一段时期内存在。由于毒品对当地经济和社会文化根深蒂固的影响，加上缅甸国家发展中存在的诸多不稳定因素，所以缅甸在解决好民族问题后要彻底铲除佤邦的毒源可能还有一段路要走。佤邦在全面禁种罂粟上虽然取得了一些成绩，但处于极不稳定状态，要巩固这种阶段性的成绩尚需非常的努力和安排。与生理上的依赖性相比，摆脱山民对鸦片经济上、文化上的依附性可能更为艰难，尤其是毒品对他们观念和文化的浸渍，让他们放弃毒品将十分艰难，中间不排除反复的可能性。

总而言之，佤邦毒品问题是个综合性的问题，佤邦现代化的不断推进，尤其是缅甸民族国家的构建和民主化进程的不断发展，是解决佤邦地区毒品问题的关键。缅甸尚未形成现代意义上统一的民族国家，政治民主化进行得十分艰难而缓慢，所以佤邦毒品问题还将在相当长一段时期内存在。同时，由于毒品对当地经济和社会文化根深蒂固的影响，加上缅甸国家发展中存在的诸多不稳定因素，缅甸解决好国内民族问题后要彻底解决佤邦毒品问题还有一段路要走。

参考文献

中文部分

[1]马树洪：《当代金三角——东南亚毒品问题》，云南省社科院东南亚研究所编印，1995 年 8 月。

[2]缅甸佤邦司法工作委员会：《佤邦基本法》(试行)，2004 年 3 月。

[3]《佤邦联合党中央扩大会议文件汇集》(2006 年 7 月 20 日~

28 日），佤邦联合党政工部印制。

[4]赵廷光主编、刘达成副主编：《云南跨境民族研究》，云南民族出版社，1998 年版。

[5]李玫：《大湄公河次区域经济合作法律问题研究》，对外经济贸易大学出版社，2006 年版。

[6]秦和平：《西南民族地区的毒品危害及其对策》，四川民族出版社，2005 年版。

[7]林锡星：《揭开缅甸神秘的面纱》，广东人民出版社，2006 年版。

[8]贺圣达、李晨阳编著：《列国志：缅甸》，社会科学文献出版社，2005 年版。

[9]陈英、王双栋：《"金三角"之星》，缅甸佤邦民族教育出版社，2003 年版。

[10]凤凰卫视：《金三角零距离》，广东人民出版社，2005 年版。

[11]马戎：《民族社会学—社会学的族群关系研究》，北京大学出版社，2004 年版。

[12]万明钢：《多元文化视野价值观与民族认同研究》，民族出版社，2006 年版。

[13][缅]波巴信著，陈炎译：《缅甸史》，商务印书馆，1965 年版。

[14]何佩群、俞昕暄主编：《国际关系与认同政治》，时事出版社，2006 年版。

[15]史晋五：《缅甸经济基本情况》，世界知识出版社，1961 年（内部资料）。

[16]史晋五：《缅甸少数民族地区的政治经济情况》，世界知识出版社，1960 年（内部资料）。

[17]赵松乔：《缅甸地理》，科学出版社，1957 年（内部资料）。

[18]贺圣达等：《战后东南亚历史发展 1945—1994》，云南大学出版社，2006 年版。

[19]贺圣达主编:《当代缅甸》,四川人民出版社,1993年版。

[20]勐冒县志编纂委员会:《缅甸佤邦勐冒县志》,出版者不详,2002年版。

[21][美]Manuel Castells著,曹荣湘译:《认同的力量》,社会科学文献出版社,2006年版。

[22]马树洪主编:《云南境外毒源研究》,云南民族出版社,2001年版。

[23]韩云峰:《鸦片的肖像》(纪实文学),中国青年出版社,2004年版。

[24]云南大学历史研究所民族组:《拉祜族、佤族、崩龙族、傣族社会与家庭形态调查》,1975年(内部资料)。

[25][苏]瓦西里耶夫著,中山大学历史系东南亚历史研究室与外语系合译:《缅甸史纲》,商务印书馆,1975年版。

[26]朱玉坤:《走进毒品王国》,陕西人民出版社,1998年版。

[27]罗荣渠:《现代化新论:世界与中国的现代化进程》,商务印书馆,2006年版。

[28]钱乘旦、杨豫、陈晓律:《世界现代化进程》,南京大学出版社,1997年版。

[29]胡承槐:《现代化:过程、特征与回应》,浙江人民出版社,2000年版。

[30]周穗明等:《现代化:历史、理论与反思——兼论西方左翼的现代化批判》,中国广播电视出版社,2002年版。

[31]肖明亮主编:《和平发展:缅甸第二特区(佤邦)十年和平发展建设成就》,缅甸掸邦第二特区(佤邦)和平建设十周年大庆筹委会。

[32]云南省境外罂粟替代发展工作领导小组办公室:《云南省境外罂粟替代发展工作2006年度报告》。

[33]石安达:《坚持民族和解、发展替代经济、巩固禁种成果:缅甸掸邦北部第二特区(佤族特区)近况考察报告》,云南大地跨境

民族文化交流中心，2007 年。

[34]［英］埃里克·霍布斯鲍姆著，李金梅译：《民族与民族主义》，上海世纪出版集团，2006 年版。

[35]［英］安东尼·史密斯著，叶江译：《民族主义：理论、意识形态、历史》，上海世纪出版集团，2006 年版。

[36]［加拿大］威尔·金里卡著，邓红风译：《少数的权利：民族主义、多元文化主义和公民》，上海世纪出版集团，2006 年版。

[37]［美］本尼迪克特·安德森著，吴睿人译：《想象的共同体：民族主义的起源与散布》，上海世纪出版集团，2005 年版。

[38]刘稚：《中国—东南亚跨界民族发展研究》，民族出版社，2007 年版。

[39]刘稚：《中国参与湄公河次区域禁毒国际合作研究》，中国书籍出版社，2004 年版。

[40]李晨阳等译：《缅甸新宪法草案》。

硕博论文

[1]李晨阳：《军人政权与缅甸现代化进程研究（1962—2006）》（博士论文，贺圣达指导），云南大学博士论文，2006 年。

[2]高金和：《缅甸的毒品问题与反政府武装关系探析》（硕士论文，何平指导），云南大学硕士论文，2006 年。

[3]刘娜：《从民族认同到国家认同：民族发展政治理路解读》，（硕士论文，贺金瑞指导），中央民族大学硕士论文，2007 年。

期刊部分

[1]刘稚：《中国与东盟禁毒合作的现状与前景》，《当代亚太》2005 年第 3 期。

[2]梁晋云：《"金三角"地区毒品替代种植宏观管理创新要论》，《云南警官学院学报》2007 年第 3 期。

[3]临沧、德宏境外毒品对我渗透形势的调查课题组：《"金三

角"地区毒品形势系列调查报告（一）》，《云南警官学院学报》2007年第1期。

[4]周鸿：《回望金三角：缅甸佤邦南部采访纪实》，《防灾博览》2006年第5期。

[5]梁晋云：《缅甸禁毒现状研究与思考》，《东南亚纵横》2004年第8期。

[6]贺圣达：《1988年以来的缅甸：发展、稳定和开放》，《东南亚》2001年第4期。

[7]林锡星：《缅甸当前政治经济观察》，《东南亚研究》2007年第2期。

[8]杨朝：《缅甸的政治环境变迁及其对禁毒的影响研究》，《云南警官学院学报》2006年第3期。

[9]赵富荣、普忠良：《缅甸自治特区佤邦的历史及禁毒情况》，《世界民族》2006年第4期。

[10]林锡星：《缅甸"金三角"的人文地理与毒品贸易》，《东南亚研究》2001年第4期。

[11]刘稚：《"金三角"毒品形势的变化与国际禁毒合作》，《当代亚太》2001年第9期。

[12]刘稚：《云南省发展境外替代种植的前景》，《东南亚》2001年第1期。

[13]何跃：《论二战后英国对缅甸山区民族的分治政策》，《世界民族》2005年第6期。

[14]李晨阳、陈茵：《影响缅甸民主化进程的主要政治势力》，《当代亚太》2006年第4期。

[15]李晨阳：《缅甸有现代化进程吗：兼论第三世界国家现代化进程的起点》，《南洋问题研究》2006年第1期。

[16]林锡星：《制约缅甸农业发展的基本因素》，《东南亚研究》1993年第1期。

[17]贺圣达：《中国的缅甸研究：回顾与展望》，《东南亚》2002

年第 3 期。

[18]周建新：《缅甸各民族及中缅跨界民族》，《世界民族》2007年第 4 期。

[19]陈立、赵国栓：《缅甸佤邦地区的鸦片种植及禁毒情况》，《东南亚南亚信息》1996 年第 12 期。

[20]王希恩：《民族认同与民族意识》，《民族研究》1995 年第6 期。

[21]左旭东：《民族认同与民族素质》，《社会科学家》2006 年 7月刊(第四期)。

[22]蔡爱国：《罂粟的佤邦：最后一年》，《观察与思考》2004 年第 15 期。

[23]徐杰舜、杨清媚：《民族生活方式论》，《广西大学学报》(哲学社会科学版)2005 年 6 月第 3 期。

[24]张敬忠：《试论地方志与族群认同的关系》，《中国地方志》2007 年第 6 期。

[25]张永红、刘德一：《试论族群认同和国族认同》，《广西民族学院学报》(哲学社会科学版)2005 年 1 月第 1 期。

[26]陈志明著，罗左毅译：《族群认同与国家认同：以马来西亚为例(上)》，《广西民族学院学报》(哲学社会科学版)2002 年 9 月第5 期。

[27]何群：《论民族认同性与多民族国家民族政策的成功调整》，《内蒙古大学学报》(人文社会科学版)2001 年。

[28]钱雪梅：《从认同的基本特性看族群认同与国家认同的关系》，《民族研究》2006 年第 6 期。

[29]万明钢、王舟：《族群认同、族群认同的发展及测定与研究方法》，《世界民族》2007 年第 3 期。

[30]赵绍敏：《绿色禁毒的新战略》，《生态经济》2002 年第5 期。

[31]李建、岩温才：《绿色替代种植：让罪恶的罂粟花不再开

放》，《生态经济》2004 年第 1 期。

[32]《遏制毒品 云南帮助缅甸老挝罂粟替代种植》，第一财经日报（05/01/26）。

[33]张放：《境外罂粟替代种植亟待转型》，《云南政协报》2005年 12 月 14 日。

[34]谭双寿：《替代种植，多方共赢：云南孟连农场跨国"替代种植"的实践与经验》，《中国农垦》2006 年第 3 期。

[35]张海超：《微观层面上的族群认同及其现代发展》，《云南社会科学》2004 年第 3 期。

[36]何平：《中国西南边疆的变迁与中缅佤族跨国格局的形成》，《世界民族》2001 年第 5 期。

[37]水云中：《2005，穿越佤邦》（上、下），《啄木鸟》2005 年第 8、9 期。

[38]董胜：《金三角毒源地零距离接触坤沙投降十周年》，《华夏地理》2006 年第 7 期。

[39]贺圣达：《东南亚国家的民主化与政治发展：现状与趋势》，《东南亚》1999 年第 3 期。

英文文献

[1] Anthony D. Smith, *National Identity*, University of Nevada Press, 1991.

[2] Jan Nederveen Pieterse, *Ethnicities and Global Multiculture：Pants for an Octopus*, Rowman & Littlefield Publishers, Inc., 2007.

[3] The Joint Kokang – Wa Humanitarian Needs Assessment Team：*Replacing Opium in Kokang and Wa Special Regions, Shan State, Myanmar*, UNODC Myanmar Country Office, March 2003.

[4] UNODC Myanmar Country Office：*Life in the Wa Hills：Reducing the Demand for Drugs*, September 2006.

[5] UNODC Myanmar Country Office：*Life in the Wa Hills：Towards*

Sustainable Development, September 2006.

[6] UNODC: *Myanmar Opium Survey* 2005, November 2005.

[7] UNODC: *Myanmar Opium Survey* 2004, October 2004.

[8] UNODC: *Myanmar Opium Survey* 2003, June 2003.

[9] UNODC: *Myanmar Opium Survey* 2002, August 2002.

[10] UNODC: *Opium Poppy Cultivation in the Golden Triangle*, October 2006.

[11] Jan Becka, *Historical Dictionary of Myanmar*, Metuchen, N. J.: Scarecrow Press, 1995.

[12] Donald M. Lanham, *Historical Dictionary of Burma (Myanmar)*, Seekins, Md.: Scarecrow Press, 2006.

[13] Martin J. Smith, *Burma: Insurgency and the Politics of Ethnicity*, New York: Zed Books, 1999.

[14] Bertil Lintner, *Burma in Revolt: Opium and Insurgency since 1948*, Boulder: Westview Press, 1994.

[15] UNODC: *World Drug Report* 2007, June 2007.

[16] UNODC Myanmar Country Office: *Achievements in Mong Pawk District* 1999 – 2005, September 2006.

网站

[1] 联合国毒品和犯罪问题办公室: www. unodc. org

[2] 云南禁毒: http://www. ynjd. gov. cn

[3] 英国无国界卫生组织: http://www. healthunlimited. org. cn

[4] 国际在线: http://gb. cri. cn

[5] 第一财经: http://www. china – cbn. com

[6] 联合国粮农组织: www. fao. org

第三章 老挝的毒品问题

马树洪 刘 稚 邵建平 等

老挝，总面积 23.68 万平方公里，位于中南半岛北部，是一个内陆国家。它北邻中国，南接柬埔寨，东界越南，西北达缅甸，西南毗连泰国。境内 80% 为山地和高原，且多被森林覆盖。地势北高南低，北部与中国云南的滇西高原接壤，东部老、越边境为长山山脉构成的高原，西部是湄公河谷地和湄公河及其支流沿岸的盆地和小块平原。全国自北向南分为上寮、中寮和下寮，上寮地势最高，川圹高原海拔 2 000～2 800 米，最高峰比亚山峰海拔 2 820 米。发源于中国的湄公河是最大河流，流经西部 1 900 公里。属热带、亚热带季风气候，分为雨季和旱季。老挝境内多山，气候湿热，十分适宜罂粟生长。毒品生产历史漫长，历来成为毒品集散地之一及重要的国际贩毒通道，尤其是金三角老北地区，历来都是毒品的主产区，也是对中国造成危害的第二大毒源地。

第一节 老挝罂粟种植与鸦片贸易的历史和发展概况

一、英国将毒品输入缅甸祸及老挝

英国 1852 年发动第二次侵缅战争后，便开始诱迫缅甸人民大规模种植罂粟。随着山地民族的迁徙，缅甸的罂粟种植很快殃及与缅甸一衣带水的老挝一侧，即现今南塔、波乔两省。当地的苗族、瑶族、兰靛、拉祜及哈尼等山地民族也引种罂粟，将其提取物鸦片作为治病的良药。从 19 世纪 50 年代至 90 年代初期，老挝的罂粟种植多限于西北部地区。其间随着苗、瑶等民族的迁徙，老挝琅勃拉邦、丰沙里、川圹等地亦出现零星种植。老挝毒品的大规模种植及贸易则兴起于法国入侵后。

二、法国强迫老挝人民大量种植罂粟

1893 年，法国吞并老挝后，目睹了鸦片贸易给英国人带来的巨额利润，法国人也仿效英国人的做法，在老挝北部推广罂粟种植，组织大批商贾从金三角向法属印度支那大规模贩运鸦片，从中抽取税金。法国在老挝各地设立鸦片烟馆，为"瘾君子"提供吸毒场所，并强迫老挝人民大量种植罂粟，把干蒙省以北（北纬 18°以上）的上寮作为其发展鸦片种植的基地。直接派遣"专家"到琅勃拉邦、川圹、桑怒和丰沙里等苗、瑶族聚居区传授罂粟种植和加工技术，致使这些地区的罂粟种植及鸦片贸易迅速发展起来。不仅居住在山区的老松和老腾族种植鸦片，坝区的老龙族也开始种植鸦片。20 世纪初，老族、傣泐族种植鸦片也较为普遍。老挝北部地区原本就有着得天独厚的罂粟种植条件，加之聚居此地的山地民族生活十分贫困，种植罂粟可以增加他们的收入。法国殖民者狂收鸦片税、税收包括株税（按种植株数收税）、销售税（按出售数量收税）和手续费（烟农必须将鸦片出售给法国在各地设立的收购站，同时由收购站收取手续费）等。法国殖民者在老挝实行税目共达百种以上，但鸦片烟税及人头税两项成为其财政收入的主要来源。法国在 1914 年至 1945 年两次世界大战期间，从印度支那掠夺的财富即有一半来自鸦片贸易，其中又主要来自老挝。

为了反抗法国殖民主义的苛捐杂税和残酷镇压，老挝多次爆发起义。1918 年初，在桑怒孟山村爆发了以苗族首领昭发巴柴领导的苗族起义，并迅速扩大到琅勃拉邦和川圹等地。1925 年至 1940 年间，丰沙里德普囡族、南塔的泰族亦相继举行反法起义，这些斗争多与反鸦片烟税有关。

1946 年，法国殖民者重返老挝后，鸦片种植与贸易更为猖獗。他们暗中买通山地民族首领及上层分子，答应购买他们管辖地区生产的鸦片并提供法国制造的猎枪和武器，致使武装贩毒团伙应运而生。琅勃拉邦、川圹、丰沙里等地的苗王、瑶王，大多拥有一支几十人至上百人的武装，专司武装押运毒品。20 世纪 50 年代初，部分国民党残部人员从云南流窜至老挝丰沙里，为求生存，同当地瑶王勾结，为其武装押运毒品。

法国在老挝的殖民统治长达 60 多年，法国殖民者的统治使鸦片生产成了少数民族赖以谋生的主要手段。后来法国的殖民统治虽然结束了，但是种毒、贩毒的恶习却在老挝留了下来。分布于上寮 8 省的苗族 20 多万人，在 20 世纪 60 年代以前，每户年均收获 3～4 公斤鸦片，可以换回 10～13 根银条。银条是苗族财富的象征，男子娶妻一般要花 8 根银条。在盛行一夫多妻制的苗家，妻室多者必是罂粟种植大户。妇女出嫁后，要拼命生产鸦片，丈夫聚财，娶回更多的妻室，并以此为荣。一个苗族家庭只要收获两三公斤鸦片，就相当于城里一个靠薪水生活的人家全年的收入。

三、美国积极参与在老挝的贩毒活动

1954 年，法国撤出老挝后，美国乘机填补了这一"权力真空"。美国新殖民者在老挝推行"扶毒剿共"政策，进一步助燃了老挝的毒烟。到了 20 世纪 60 年代，老挝的罂粟种植面积和鸦片贸易进入了"黄金时代"。1968 年，老挝的鸦片产量达到了 100～150 吨，是1953 年的 2～3 倍，1938 年的 3～5 倍。

美国新殖民者主要采取以下措施，助长了老挝的毒品扩散。

（一）支持少数民族贩毒团伙的制毒犯毒活动

老挝右派头目富米·诺萨万当时掌握着国防、外交和财政大权，曾以鸦片换取美国的新式武器，作为对美援的一种补偿。起初，美国把从老挝和金三角收购的鸦片运回本国制药。由于很快就供大于求，美国便将毒品转销东南亚各国和欧洲。1961 年 4 月，老挝文翁政府宣布成立美国军事援助顾问团后，曾要求与美方合作经营毒品贸易，以此解决财政拮据问题，得到美方支持。

1962 年 6 月 23 日，在国内和国际社会的压力下，老挝成立了第二次联合政府，实现全面停火，并在日内瓦扩大会议上签署了《关于老挝中立的宣言》。虽有美国的援助，但亲美右派政府仍感到经费紧缺，右派政府控制下的军队总司令兼国家鸦片管理局负责人的万提拉同控制了从老挝到西贡的毒品贸易和运输业，并从中获得了巨额的利润。

1964 年后，美国中央情报局沿袭法国的做法，以合作经营鸦片为条件，收买苗族反共武装，建立了一支以苗族为主体的"特种部队"，利用他们同巴特寮作战。正是在美国的扶植和支持下，老挝"特种部队"逐步壮大了武装力量，其最强大时曾发展到三四万人。为了获得苗族的效忠，在为王宝的部队和其控制区内的苗族提供粮食和药品的同时，美国还为王宝的部队提供现代化工具向外运输鸦片。当时的美国航空公司与大陆航空服务公司（CAS）、老挝发展航空公司一起，成为将苗族人的鸦片从其特种部队总部龙镇（龙金）运至万象的主要运输工具，这些毒品经万象再转运至西贡。金三角地区的毒品沿着政治为其铺平的大道，畅通无阻地从深山密林走进了现代都市，过去靠人背马驮徒步山间小道的毒品运输由于政治的需要转瞬间插上了钢铁的翅膀，鸦片的交易成本有史以来降到最低，鸦片利润获得了巨大的增值，特别是毒品交易半合法化，金三角地区罂粟的种植和生产受到了极大的刺激而不断发展。老挝的毒品产量不断增加。据有关资料统计：1968 年，老挝的鸦片产量达到了100 吨至 150 吨。1970 年，毒品收入已经成为老挝王国财政的主要来源。1971 年 9 月 24 日，老挝国会通过了禁止鸦片生产、消费、贩运的法律，但在老挝当时的情况下这种法律形同一纸空文，罂粟仍在老挝的大地上继续生长，仍是山民主要的经济来源。

在此背景下，老挝毒品状况越来越严重，王宝集团的毒品生意越做越大。当时的"特种部队"司令王宝既是反共匪首，更是一名地道的毒枭。他手下有专门的毒品经营机构，控制川圹、桑怒等地的鸦片生产。在其老巢龙镇开设了几家制毒工厂，还高薪聘请金三角和港台地区制毒专家传授提炼海洛因的技术，源源不断地向西贡、曼谷等地贩毒，美国中央情报局与之同流合污并提供各种方便。王宝将贩毒所得巨资分别存入瑞士、曼谷和美国等国家的银行。20世纪60年代初，又在泰国、美国等地购置了数栋别墅，1975年，王宝流亡美国后，即靠这些罪恶财富，过着极度奢华的日子。

（二）纵容老挝王国政府的毒品贸易

在美国的支持和纵容下，老挝王国政府军队也伺机插手贩毒。1967年，坤沙集团派300匹马队、500名保镖往老缅交界处运送16吨鸦片，国民党军残部近千人设伏抢夺，双方大打出手，老挝王国军队总司令温·拉迪功下令出动F—28飞机轰炸，坤沙与残军两败俱伤，温·拉迪功渔翁得利，占有了这批毒品。

（三）部分驻老挝人员参与吸毒和贩毒

入侵越南、老挝的很多美军也吸毒成风，成了"瘾君子"。当他们回国时，夹带了不少毒品回美国，他们也从瘾君子变成了毒犯子。当时的老挝吸食精制毒品海洛因风靡一时，连当时只有20多万人口的万象，也有不少市民吸毒成瘾。

四、老挝官方禁毒效果不明显

1975年12月，老挝人民革命党夺取了政权，宣布老挝实行"社会主义"。官方虽然采取了一些措施打击罂粟种植和鸦片贸易，但其效果不明显。这导致老挝的毒品问题不仅没有得到解决，反而变得更为错综复杂。

1976年4月，老挝官方在全国范围内发动了一场"扑灭社会瘟疫运动"，宣布对吸毒者、妓女、流氓实行"改造"。20世纪70年代末，老挝曾在联合国协助下制定过有关肃毒和"改植计划"。在以后的"农业合作化运动"中，也曾动员少数民族山民少种鸦片，改种其他农作物，但收效甚微。老挝农业人口占 90% 以上，山地民族大多数处于游居游耕的原始状态，多年来靠种植罂粟维持生计。种植罂粟的主体民族苗族，不少人曾经是王宝集团的成员，对新政府怀有敌意。为避免激起民族矛盾，老挝当局对苗族种植罂粟不得不睁一只眼闭一只眼。后来干脆对全国的毒品活动采取放任自流的政策，导致上寮地区罂粟种植非常盛行。老挝实行"革新开放"后，金三角缅、泰一侧的贩毒团伙利用老挝控制不严、边境管理松弛及各地方政府急于与外商"合作"，开展经济合作和国际贸易的心态，以投资经营为幌子，收买当地贪官污吏，大摇大摆地将制毒场所移入老挝。老挝地方政府由于经济拮据，亦纷纷参与贩毒、制毒，并转销泰国等地。泰国报纸曾多次披露老挝政府把罂粟、大麻作为经济作物，成立国营企业大批量生产毒品，并通过泰国向其他国家和地区走私。1988 年 8 月，美国国务院在向国会提交的一份报告中，也指责老挝官员参与贩毒活动，并向老挝政府发出警告，要求其加强禁毒工作，否则将遭受来自美国实施的制裁。迫于国际压力，老挝万象法院曾于同年 8 月公审了一起国际毒犯的特大案件，对 50 名参与此案的老、泰、缅和香港的犯罪分子进行了审判，其中涉及老挝党中央委员、乌多姆赛省省委书记兼省长松平等大批官员。为改善形象和配合宣传，老挝官方报纸也开始报道破获贩毒团伙的消息。1989 年秋，美国负责亚太事务的助理国务卿所罗门访问老挝，答应向老挝提供 890 万美元帮助老挝禁毒，双方决定于 1990 年 6 月在万象举行禁毒合作会议。老挝官方为了争取到这笔款项，于 1990 年 3 月 7 日在波乔省勐东坪县勐芒村查处了一个海洛因加工厂，有意将缴获的 337.2 公斤海洛因及化学药品等于同年 5 月运抵万象展览。正当老、美禁毒会议同年 6 月 4 日至 14 日在万象举行期间，老挝政府又于当月 11 日宣布抓获万象省沙那坎县巴彭乡巴彭村的两名毒犯陶拉和陶哈沙迪，并将缴获的 154 公斤大麻当场销毁，官方报纸对此大加宣传。然而，这一切仅仅出于政治宣传，争取西方援助。老挝政府在得到美国提供的 890 万美元援助后，并没有用于禁毒，而挪作他用。

　　为什么老挝政府喊着"禁毒"的口号，却没有禁毒的决心。其中最重要的原因是鸦片一直是老挝财政收入的一个主要来源。因为它与电力、木材出口被称为老挝的"三大财政"。由于长期战乱，老挝国民经济遭到严重破坏，社会经济发展水平十分低下，是世界上最不发达的国家之一。1975 年，老党从旧政权手中接过一个烂摊子，财政、经济非常困难，对"一本万利"的鸦片贸易不忍割舍。为了摆脱贫困，增加政府的财政收入，老挝政府直接或间接地参与到罂粟的种植和鸦片的贸易活动中，使老挝的毒品种植面积大增，几乎所有省市都有毒品种植，但产区仍主要在北部地区。

　　资料显示，从 20 世纪 70 年代到 90 年代前期的 20 多年间，老挝的毒品生产一直处于发展之中。尤其是 1986 至 1993 年，老挝的毒品产量达到了顶峰。20 世纪 70 年代，老挝毒品年产量约 400 多吨（鸦片约 300～350 吨，大麻 50～80 吨），80 年代以来，鸦片和大麻年产量平均分别保持在 400 吨到 100 吨的水平上。20 世纪 90 年代初期，据联合国开发计划署驻老挝官员认为，当时老挝罂粟和大麻的实际种植面积约为 1.1 万公顷到 1.3 万公顷。大致分布是：南塔省 2 300～2 500 公顷，波乔省 1 500～1 600 公顷，丰沙里省 1 500～1 800 公顷，乌多姆赛省 1 000～1 200 公顷，琅勃拉邦省 1 200～1 400 公顷，川圹省 1 500～1 700 公顷，桑怒省 1 400～1 500 公顷，沙耶武里 500～800 公顷，万象省 300～500 公顷，波里坎赛省 150～200 公顷，甘蒙省 400～500 公顷，沙湾拿吉省 300～400 公顷。据认为，当时老挝境内鸦片年产量的一半被作为原料出售，另一半则用于提炼成海洛因，估计老挝境内年产海洛因约为 10～15 吨，民间贩毒集团约控制 5 吨左右。

　　随着毒品种植业的发展，老挝的毒品加工业也得到了迅速发展。据统计，到 20 世纪 80 年代后期，老挝北部地区的海洛因加工厂多达 30 多个。此外，在老挝北部地区还建有许多海洛因的流动制作点。

随着毒品生产的不断发展，老挝吸毒者也越来越多。据估计，20 世纪 80 年代，老挝的吸毒人数约 2.3 万人，1996 年上升到 13～14 万。

为了有效控制毒品的产销，老挝专门成立了"毒品特别管理委员会"，由国防、内务、财政和交通部门负责人组成，其任务是控制国内毒品生产，有计划地组织出口，为国家赚取外汇，以药用鸦片和吗啡的出口为主，出口对象主要是苏联、东欧国家、古巴和朝鲜。老挝出产的毒品主要通过老、越公路及越南港口流往上述国家。在相当一段时间内，越南为发展"越老关系"，一直默许老挝政府利用老、越公路及越南港口输出毒品，作为对老挝援助的一种形式，从而使老挝的毒品产销具有了政治色彩。

五、老挝境内的主要贩毒集团

老挝境内的贩毒集团大致可以划分为官方、民间、境外三大类。官方贩毒集团如前所述，即政府领导的"毒品特别管制委员会"和军方操纵的"山区开发公司"。"毒品特别管理委员会"成立于 1975 年底，诺哈·丰萨万（老党原第二把手、政治局委员、老挝最高人民议会主席），该委员会由经济计划财政、交通运输、内务部门的负责人参加，是审批老挝境内毒品贸易经营特许手续的最高管理机构。负责秘密策划、指挥老挝全国毒品生产、有计划地组织出口，为国家赚取外汇。委员会在上寮琅勃拉邦、乌多姆赛、南塔、川圹等省设立专门机构，与当地省级政府、警察部门配合，秘密组织生产、收购、运输。直接掌管设在万象、琅勃拉邦、川圹、南塔的四家大型海洛因加工厂，其生产的海洛因 90% 以上经 13 号—9 号公路输往越南港口，再向外转销。

隶属国防部的"山区开发公司"经"毒品特别管理委员会"批准，于 1985 年 8 月 29 日成立。该公司总部设在万象，在琅勃拉邦、川圹、沙湾拿吉和勐赛设有"分公司"。其主要任务是同各省军事指挥部合作，组织各地军垦农场秘密种植鸦片，然后自行加工出售，为部队筹措军费。该公司加工的毒品主要通过泰国、缅甸的毒犯转销东南亚。

1975 年，老挝人民民主共和国成立后，依靠美国扶植的武装贩毒团伙虽然受到了一定程度的打击。但是在老挝活动的贩毒团伙从未消失过。先后出现的、规模比较大的民间贩毒团伙主要有：（1）以赵建明为首的老挝丰沙里省瑶族贩毒集团，该团伙主要在老挝北部地区收购鸦片、吗啡和海洛因，向国外贩销。贩毒渠道一是南经泰国，再转运至其他国家，二是往东贩至越南转销到海外，三是往北经云南贩至中国内地和港澳地区转销。（2）以邦·布帕玛为首的琅勃拉邦贩毒集团。邦·布帕玛曾留学法国学习经济，1982 年出任琅勃拉邦省第一公私合营公司经理，随即以他所在公司为依托，在琅勃拉邦省和老挝北部其他省大量收购鸦片，加工成海洛因后再出售给泰国北部地区的贩毒团伙。（3）以辛坎·永他吉和西潘·沙立加为首的乌多姆赛贩毒集团。辛坎·永他吉和西潘·沙立加曾出任乌多姆赛省第二贸易公司和第二股份公司经理，二人利用长期在老北地区从事商业活动的便利条件，以贩卖日用品和收购土特产品为幌子，在乌多姆赛省大量收购鸦片，然后出售给缅甸、泰国和中国香港等地的毒犯。（4）以甘占和娄山为首的贩毒团伙。该贩毒团伙以乌多姆赛省省会孟赛的"占玛尼森公司"和北本县的"香东公司"为依托，在老挝北部地区收购鸦片，并建立了海洛因加工厂，以加工他们收购的鸦片，其所产毒品大多贩卖至泰国或经泰国销售到其他国家。1988 年 6 月，老挝政府出动军警一举查封了"占玛尼森公司"和"香东公司"，使该团伙受到了重创。（5）华潘省的苗族贩毒团伙。该团伙控制着华潘省的鸦片种植和生产，所产毒品主要流往越南，部分经越南流入国际市场。

此外，缅甸北部的一些制毒、贩毒的团伙也进入老挝收购鸦片，运至缅甸北部地区加工海洛因，外销至其他国家和地区。有些贩毒团伙还以赴老挝投资或与老挝厂商合作经营为幌子，以巨资收买当地的贪官污吏，然后将其毒品生产、收购、加工和贩销的"业务"移入老挝境内，表面上是生产日用商品，暗地里则大肆生产毒品，所生产的毒品常常夹带在其生产的日用商品中，并利用老挝的出口配额销往其他国家。此外，20世纪70年代末期以后，坤沙集团在遭受泰国、缅甸警方的多次打击之后，将部分制毒工厂秘密转移到老挝南塔、会晒等地区，并同当地毒枭合作，负责向老挝方面提供种子、资金、器械及技术人员，在老挝境内种植、收购鸦片加工成海洛因。由于惧怕坤沙集团的势力，老挝地方政府采取两面手法，对之又拉又打。

第二节　老挝毒品问题的现状

20世纪90年代以来，迫于国际社会的压力和争取外援的需要，老挝政府发布了禁毒纲领，同时将种植鸦片的山民迁至坝区，发展替代种植，并积极与国际社会合作，减少罂粟、大麻种植面积。

一、老挝政府采取的主要禁毒措施

（一）设立禁毒机构[1]

1990年以来，老挝相继设立了国家毒品检查和控制委员会、内政部缉毒办公室、省市毒品管理委员会、毒品稽查室等专职禁毒机构。其成员分别来自外交、内政、国防、司法、农业、交通、海关、金融等部门。国家主席为毒品检查和控制委员会名誉主席。该委员会的主要职责是制定禁毒策略、措施，指导并协调全国的禁毒工作，打击国内外贩毒活动。之后，内务部又设立了缉毒局；各省市警察厅也设立了缉毒处，海关、税务、警察等部门在各大口岸均设有专门负责缉毒的工作人员，在万象国际机场还专门设立了毒品稽查科，配备了毒品检测和化验装置。1997年以来，老挝政府又相继在万象、沙湾拿吉、波乔和乌多姆赛省设立了直属中央毒品检查和控制委员

---

[1]刘稚：《中国参与湄公河次区域禁毒国际合作研究》，中国书籍出版社，2004年版，第74~75页。

会的 6 个毒品检查工作组，以加强对禁毒工作的指导。同时，各部委机关、省、市、特区、各地方及基层组织也建立和整顿了本地区、本部门的反毒协调委员会，使这个协调委员会成为动员和组织反毒运动的中心，成为与各部门协调的中心，成为反毒基金的负责管理机构。此外，老挝政府还制定了《2001—2006 年老挝禁种罂粟战略计划》，在此期间内当地农民种植罂粟的，地方政府按种植户中每个劳力征税 200 000 基普（人民币 200 元）。

2001 年 10 月，老挝成立了由总理本杨·沃拉芝任主任的"中央毒品治理指导委员会"，以加强对禁毒工作的指导。该委员会的权力和职责是：在全国范围内，动员全体老挝人民和居住在老挝的外国人积极有效地参加反对各种毒品的运动，组织指导中央和地方的禁毒机构，对在国内加工、贩卖、运输毒品的人员进行严惩。向国内外动员筹集资金，指导建立和管理反毒基金，用于帮助、治疗吸毒人员，了解掌握有关毒品的各种信息数据，及时指导对毒品犯罪分子采取打击措施。

（二）发布禁毒命令[1]

2001 年 1 月 28 日，老挝总理西瓦沙·乔本潘向全国签发的关于"禁止毒品种植、使用、生产和贩卖"的 14 号命令。主要内容如下：

1. 责令国家禁毒委员会配合北部各省，制定各地区禁毒计划和替代种植项目，政府组成工作组进驻各地监督检查，争取在 2006 年前实现全面禁种。

2. 加强宣传教育，建立戒毒中心，严厉遏制边境地区和大城市的毒品买卖，严格执行禁毒法，严厉打击毒品犯罪。

3. 全国禁毒命令由总理办公室、国家禁毒委及中央农村发展指导委员会组织落实，以实现全国扫除毒品的战略计划，完成东盟各国在 2015 年前成为无毒社会的目标。

---

[1]刘稚：《中国参与湄公河次区域禁毒国际合作研究》，中国书籍出版社，2004 年版，第 75 页。

（三）颁布禁毒法规①

1990 年，老挝政府在刑法中第一次规定了一条关于麻醉品所有权和交易权的法律条款。此后老挝政府先后颁布了毒品管理条例、毒品检验标准、医用麻醉品使用条例等法规。1996 年 4 月，老挝政府对以禁毒相关的《刑法》第 135 条进行了修改，规定任何人非法在老挝生产、加工、拥有、销售、运输海洛因、制毒化学配剂、病毒、鸦片或麻醉品等毒品，依据数量将处以 1 年至 20 年刑期并同时罚款 10 万至 5 亿基普的罚款。经常吸食鸦片者将被处以 3～10 年的刑期并处以 50 万至 500 万基普的罚款。具体规定是：

1. 任何人生产、经营买卖、销售或拥有海洛因运进、运出、输送经过老挝其数量不超过 100 克、将判刑 5 年至 20 年并处以 50 万至 1 000 万基普的罚款。

任何人如果经常性或组织团伙经过老挝生产、买卖、销售、拥有、运输海洛因 100 克以上，将被判刑 10 年或无期徒刑，并同时处以罚款 500 万至 1 亿基普。

任何人吸食、购买或者拥有海洛因 2 克以下，将判处 1～5 年刑期或劳改。

2. 任何人生产、加工或拥有制毒配剂，买卖、销售、运输并通过老挝，其数量在 500 克以下，并且用于制造毒品，将判处 3 年至 10 年刑期并同时处以 30 万至 700 万基普的罚款。

任何人违法生产、加工兴奋剂、冰毒，其数量在 200 克以下将处以第二条第一款的刑期。

任何人非法通过老挝生产、加工、拥有、销售、进出运输或经常拥有制毒化学物质或兴奋剂，拥有制毒化学配剂 500 克以下，或兴奋剂类 200 克以上将被处以 5～20 年刑期并同时罚款 500 万至 3 亿基普。

3. 任何人非法通过老挝生产、拥有、运输和贩卖鸦片，其数量低于

---

①刘稚：《中国参与湄公河次区域禁毒国际合作研究》，中国书籍出版社，2004 年版，第 75～77 页。

1 公斤的将处以 2～17 年的刑期，并处 20 万至 500 万基普的罚款。

任何人经常通过老挝组织团伙，生产、拥有、运输鸦片 1 公斤以上，将被判处 3～10 年刑期并处以 300 万至 3 亿基普的罚款。

任何人经常吸食鸦片将被处以 3～10 年的刑期并处以 50 万至 500 万基普的罚款。

任何人种植大麻或拥有大麻 3 公斤以上，将被劳教改造，并同时处以 5 万至 50 万基普的罚款。

任何人生产或拥有大麻通过运输经营贩毒，数量相当于 1 公斤至 10 公斤大麻，将被判处 1～5 年刑期，并处以 50 万至 500 万基普的罚款。

任何人生产、拥有大麻通过老挝经常或有组织结伙运输、或拥有相当于 10 公斤干大麻将被处以 3～10 年刑期并处以 100 万至 2 000 万基普的罚款。

吸食大麻成瘾者将被依法劳教。

1997 年，老挝又对原刑法中有关禁毒条款作了相应修改和补充，加大了处罚力度，规定把对毒犯的最高量刑从 20 年改为无期徒刑，罚款数额增至 1 亿基普。2001 年 4 月，老挝国会对《刑法》第 135 条关于毒品犯罪处罚又作了重要修改，加重了对犯罪的量刑，最高量刑从无期徒刑改为死刑，对携带 500 克海洛因，3 公斤安非他明片，10 公斤毒品制剂及以上的罪犯处以死刑，进一步加大了打击毒品犯罪额力度。该项法律已经从 2001 年 10 月 26 日零时起开始生效。

（四）争取国际援助，开展替代种植

1989 年以来，在联合国禁毒署的大力支持下，老挝政府制定并开始实施大规模的罂粟改植项目，并得到中、德、美、意、日、越、马、澳等国以及亚洲开发银行、世界银行、东盟、欧盟等国际组织的支持。老挝政府强调实施兼顾均需的罂粟改植项目，主要通过在罂粟种植区发展替代经济，达到有效地根除鸦片的目的。1999 年 11 月，老挝政府制定了 2000～2006 年在老挝取缔鸦片种植的规划。近年来，老挝政府在国际社会的帮助下，安排大量的资金促进农村发展、减少罂粟种植、提高群众生活水平的改植项目。通过发展高效农业、修路办电、建学校盖医院等综合措施，全面发展山区及农村经济，改变群众以毒谋生的陋习。

1. 中国通过开展境外罂粟替代发展帮助老挝禁毒

（1）中国通过开展境外罂粟替代发展帮助老挝禁毒的概况。

中国云南省地处西南边陲，国境线长达 4 060 公里，与老挝北部四省丰沙里、南塔、乌多姆赛和波乔直接接壤，这导致云南成了老北毒品危害的重灾区。为了从源头上铲除毒品，在国家禁毒委员会和中央各部门的支持下，云南企业从 20 世纪 90 年代就开始到老北地区开展境外罂粟替代种植。1990 年至 2001 年，中国先后为老挝北部地区提供籽种、技术指导，帮助种植优质水稻和杂交水稻 1 000 公顷，并培训当地农民掌握了水稻高产栽培技术。此外，勐腊县连续 10 年在老挝南塔省勐新县帮助毒源地区群众发展甘蔗种植 1 600 多亩，获得高产，带动了该县部分农民的积极性。1995 年，又帮助老挝丰沙里省发展山区经济，用经济作物取代罂粟种植。从 1995 年至 2001 年，在老挝奔怒、奔岱、丰沙里、约乌等地种植甘蔗 1 000 多公顷，1997 年和 1998 年间甘蔗喜获丰收，经济收入达 300 万元人民币，昔日大片的罂粟地变成了甘蔗林。为进一步发展经济，双方继续合作，到 2000 年，甘蔗种植面积接近 2 600 公顷。南塔省南塔、勐新两地的许多长期以种植罂粟为生的部分山区农民，1993 年以来，在老挝当地政府和中国勐腊县有关企业的帮助下，移往坝区，种植橡胶林 700 公顷，至 2001 年已经发展到上千公顷并已经开始割胶。为解决橡胶深加工，南塔与云南省土特产进出口公司、北京金橡胶有限责任公司签订了建立橡胶加工厂的合作协议。协议规定由中方投资 70 万至 100 万美元，在南塔、勐新建立橡胶加工厂，并负责进行有关的技术培训，为推进替代罂粟种植的力度，进一步扩大橡胶种植面积。该项目被列入了国家级合作项目，是 2001 年 11 月 12 日中国经贸部副部长张祥与老中合作委员会主席在迈恩签署的两国合作议定书中的项目之一，当时的中华人民共和国国家主席江泽民出席了该议定书的签字仪式。中、老双方在该项目中明确介绍：实施该项目的目的是"减少或逐步达到禁止开荒毁林，减少罂粟种植，至 2006 年逐步做到禁止罂粟的种植，以种植、养殖及其他服务工作为稳固的商品生产，改变老百姓的生活为新的生活方式"。为了推动罂粟替代种植的发展，老挝风沙里省政府自 1996 年开始，将山区罂粟种植农户迁往坝区种植甘蔗，中国思茅地区江城县帮助老挝种植甘蔗 200 公顷，杂交水稻超过 50 公顷，都获得了好收成。截至 2000 年，老挝北部已经有近万名山区从事罂粟种植的农民放弃了罂粟种植。2001 年，云南省与老挝合作，在其北部山区进行旱作粮食替代罂粟高产种植试点。老挝政府当时表示，试点成功后，2002 年将在北部山区推广 1 万亩。

为了加强北部四省替代种植力度，2001 年 6 月 20 日，老挝政府在北部乌多姆赛召开全国农林工作会议。在这次会议上，老挝农林部部长沙潘通要求老北省份加强替代种植力度。尤其是在丰沙里、南塔、乌多姆赛和波乔省应该认真总结前两年的移民搬迁工作经验，使禁种后的山民搬迁到交通比较方便的坝区和公路沿线后能够安居乐业，防止移民返回原居住地，努力实现国家的 2006 年禁毒战略计划。具体的要求是：

①替代种植重点应放在种植罂粟面积较大的山区县，尤其是有传统种植习惯的村寨和政府组织搬迁的移民新村；

②继续扩大与中国云南方面的合作，继续扩大种植橡胶、甘蔗、砂仁、咖啡、水稻、玉米等替代种植作物品种的面积；

③引进中国的优质高产水稻良种进行全面试验推广，努力提高单位面积的产量，使罂粟种植面积和毁林开荒面积逐渐减少。

至 2005 年，中国企业在当地替代种植粮食 5 万多亩、橡胶 12 万多亩、砂仁 1 万多亩、甘蔗 3 万多亩、其他作物 3 千余亩。为解决当地的橡胶加工和产品出路，中老两国政府达成协议，中国企业投资 100 万美元在老挝建立 1.2 万吨橡胶加工厂。该项目的实施为当地社会经济的健康发展起到了积极的推动作用。2006 年，中国云南省西双版纳州政府在老挝北部组织实施替代种植 17.8 万亩，品种包括橡胶、甘蔗、粮食、木薯、核桃等等。

至 2006 年，云南省境外罂粟替代种植工作在老挝北部地区取得重大进展，仅 2006 年就新增替代种植面积 17.8 万亩，占当年新增替代种植总面积的 62.7%（表 3 - 1）。至 2009 年，云南省有 44 家企业（表 3 - 2）在老挝北部七省开展替代种植，实现新增面积 40.5 万亩，主要分布情况如图 3 - 1 所示。

表 3 - 1　2006 年老挝北部主要省份新增替代种植面积表　　单位：万亩

省份	乌多姆赛	南塔	丰沙里	琅勃拉邦	波乔	沙耶武里	万象	合计
种植面积	7.05	6.60	2.06	1.94	0.15	0	0	17.8

资料来源：根据商务厅相关资料统计。

表 3 - 2　2009 年老挝北部替代种植企业分布表　　单位：户

地区	南塔	乌多姆赛	波乔	丰沙里	琅勃拉邦	沙耶武里	万象	合计
替代企业	10	11	6	11	2	2	2	44

资料来源：根据商务厅相关资料统计。

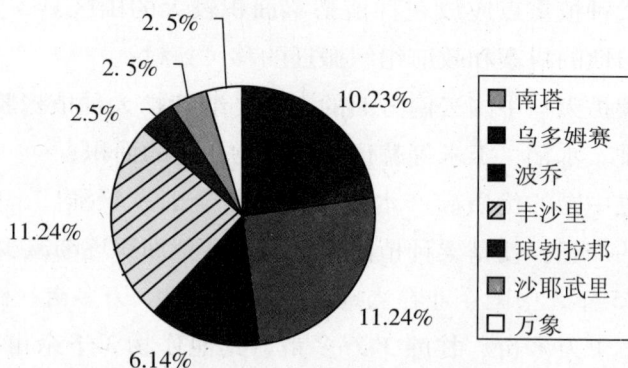

图 3 - 1　2009 年老挝北部替代种植企业分布

资料来源：根据商务厅相关资料统计。

2009 年，老挝北部替代种植的主要作物包括橡胶、甘蔗、水稻、玉米、烤烟等，其中，天然橡胶新增种植面积 8.6 万亩，占老挝北部新增替代面积的 21%。

（2）中国通过开展境外罂粟替代发展，帮助老挝禁毒的特点。

①龙头企业在老北替代种植中发挥重要作用。

替代种植的区域开始向周边扩大，大企业倾向于把政策环境相对较好，投资风险相对较小和管理相对规范的老挝北部地区作为投资重点。西双版纳力量生物贸易有限公司、西双版纳金润商贸有限公司、勐腊县剑锋天然橡胶开发有限公司、云南富跃达经贸有限公司、西双版纳精谷边贸有限责任公司等一批龙头企业在 2009 年老挝北部替代发展工作中成绩突出，就新增替代种植面积来说，上述 5 家企业完成的替代种植面积占老挝北部新增替代种植总面积的 28.5%。

②橡胶、木薯等经济作物成为老北地区主要的替代作物。

老挝北部替代种植的主要作物包括橡胶、甘蔗、木薯、烤烟等（具体见表 3 - 3 所示），其中，由于烤烟种植产量高，经济效益好，种植技术成熟，适宜在老挝北部地区推广，同时也有利于当地烟农增加收入，因此，2009 年老挝北部烤烟种植发展迅速，当年种植面积为 5.3 万亩。

表 3 - 3　2006—2009 年中国企业在老挝北部种植品种和面积

品　　种	面积（亩）
芝麻	13 317
玉米	146 801.85
薏仁米	454
小油桐	7 499
橡胶	706 509.92
香蕉	746

续 表

品 种	面积（亩）
水稻	12 986
三叶豆	18 261
木薯	3 097.6
芦谷	400
龙眼	400
烤烟	53 376
咖啡	500
核桃	2 207.11
旱谷	6 750
旱稻	5 400
谷子	4 600
甘蔗	71 118.5
稻谷	27 987
大豆	1 000
沉香	3 009
茶叶	22 006.75
蓖麻	2 628
桉树	35 700
总计	1 146 754.73

资料来源：根据商务厅相关资料统计。

③替代发展初级产品加工项目，填补了当地加工业的空白。

2006 年，云南省替代企业在老挝北部投资 700 万元，建立了两个初级产品加工业项目，其中，景洪恒信对外贸易有限责任公司投资 300 万元在老挝乌多姆塞省孟赛县新建了 1 个玉米烘干厂，云南富跃达经贸有限公司投资 400 万元在老挝南塔省南塔县新建了 1 个烟叶复烤厂。2007 年，云南绿航生物科技发展有限公司投资 600 万元在老挝北部波乔省新建粮食烘干厂，以解决当地由于热带气候潮湿给粮食储存带来的困难和经济损失，不仅增加了当地群众的就业和收入水平，而且改变了当地缺乏农产品加工业的状况。2008年该厂建成投产。西双版纳精谷边贸有限责任公司2008年在中老边境的勐腊县岔河口岸旁投资380万元，兴建了大型粮食热风杀虫烘干厂。

2. 其他国家和政府组织帮助老挝禁毒的概况

美、日、德、瑞典、澳大利亚等国及一些国际组织也为老挝实施改植项目提供了资金和技术援助。1992年1月，联合国发展计划署和禁毒署与老挝签署了一项资助老挝川圹农村配套发展为期7年的计划，由禁毒署出资180万美元，国际社会出资530万美元，日本出资180万美元，帮助川圹地区推行罂粟改植计划，发展新型农业。据统计，从1988年至2000年，老挝共收到大约3 300万美元①的外援实施罂粟禁种，其中大部分来自国际农业发展组织和联合国毒品控制署。2004年，世界粮食计划署开始对老挝生活有困难的农民提供援助，至2007年7月，世界粮食计划署已经对老挝有困难的农民提供了多达550万美元的援助，给超过36.6万的老挝人民提供了粮食援助。2007年，世界粮食计划署开始提供720万美元给老挝1 100个原罂粟种植需要援助的村庄为期两年的援助，这些村庄是经老挝毒品控制与监管委员会鉴定为需要外来援助的村子②。

（五）打击毒品犯罪，开展反毒宣传，实施强制戒毒

面对严重的毒品问题，在国际社会的压力下，老挝政府在打击毒品犯罪方面也采取了一些行动，并取得了一定成效。1988年6月，老挝政府出动军警，一举查封了"占玛尼森公司"和"香东公司"，抓获毒犯34人，其中，泰国人20人，缅甸人13名，香港人1人，查获海洛因242.5公斤，鸦片344公斤，毒品加工器械118件及大量

①The Five Year Action Plan to Eliminate Opium Poppy Cultivation in Lao PDR, September 2001。转引自 Tom Kramer, Martin Jelsma, Tom Blickman, Withdrawal Symptoms in the Golden Triangle—A Drugs Market in Disarray, Transnational institute, January 2009, p. 40.

②Lao PDR Protracted Relief and Recovery Operation 10566. 0

毒品加工药剂。此案涉及乌多姆赛省省委书记兼省长宋平，北本县县委书记及其他政府官员共 13 人。同年 8 月，老挝司法部门对该案进行了公开审理，宋平被判处有期徒刑 7 年，两名首犯（甘占和娄山）被缺席判处有期徒刑 10 年，其他毒犯被分别判处有期徒刑 2~8 年。1990 年 3 月 7 日，老挝军警查封了设在波乔省东坪县孟芒村的一个海洛因加工厂，查获海洛因 337.2 公斤及大量鸦片、药剂和机器。同年 6 月，老挝警方在乌多姆赛省孟俄县城抓获 3 名毒犯，缉获毒品 24 公斤。11 月，又在万象省沙纳坎县巴彭乡巴彭村抓获两名毒犯，共收缴鸦片 154 公斤。1997 年，老挝警方在中老边境一线发动了较大规模的扫毒行动，此举使老挝中部、北部的海洛因加工厂一度停工。同年 6 月 26 日，即国际禁毒日，老挝在全国许多地方举行了焚烧毒品的行动。在北部的乌多姆赛省烧毁海洛因 1 公斤，鸦片 6 公斤，海洛因生产化学制剂 1.9 公斤。在中部的甘蒙省烧毁海洛因 3.5 公斤，大麻 84 公斤，安非他明 300 片。沙湾拿吉省烧毁海洛因 3.5 公斤，干大麻 1 200 公斤，压缩大麻 385 公斤和一些制毒的化学药品。1999~2001 年，老挝警方破获毒品案件 1 125 件，缴获鸦片 846 公斤，海洛因 92 公斤，摇头丸 378 861 片，干大麻 5 778 公斤，抓获贩毒人员 300 余人。2008 年，老挝全年共破获贩毒案件 57 起，抓获犯罪嫌疑人 103 人，列为嫌疑目标的 260 人。收缴各类毒品 890 公斤。老挝政府在打击毒品犯罪的同时，还十分重视开展反毒宣传，实施强制戒毒。呼吁社会各界，包括父母、学生及老师等都行动起来，开展挽救吸毒人员灵魂的运动，与白色瘟疫作斗争。老挝总理西瓦沙·乔本潘曾批示国家禁毒委要配合司法部、新闻文化部、教育部、卫生部、劳动和社会福利部做好《刑法》135 条和禁毒方面法律规定、通告决议的群众性宣传教育工作。

自 1990 年以来，老挝政府还重视开展反毒宣传，运用广播、电视、报刊等大众媒体，积极宣传政府的政策，介绍毒品的危害，报道缉毒成果。政府官员以身作则，坚持不吸毒不贩毒，积极走上街头，宣传毒品的危害。卫生、教育、内政、青年、妇联等部门紧密配合，向群众及青少年发放有关毒品危害的戒毒知识读物，在城镇、乡村张贴反毒标语等。而且，他们还亲自到罂粟种植区的农村劝导农民放弃罂粟种植。如果烟农不听劝导，他们将没收罂粟种子，并破坏烟地。同时，老挝政府还积极做好强制戒毒工作，与联合国和英、美、德等国合办戒毒所，接收强制戒毒人员。

（六）加强国际禁毒合作

老挝政府从以下三个层次参与国际禁毒合作。

1. 与联合国合作禁毒

老挝是1961年、1971年联合国关于打击毒品协议的成员国。20世纪80年代末期，老挝政府加入联合国禁毒组织，承诺履行禁毒组织成员国的义务。1999年，老挝政府与联合国禁毒机构签订了一份禁毒合同，联合国禁毒机构将为老挝提供200多万美元的资金，用于老挝丰沙里省2001～2006年根除罂粟种植工程，并将在今后6年内为老挝提供519万美元禁毒捐助款。

2. 在东盟框架内与成员国合作禁毒

老挝1997年加入东盟，成为东盟的成员国后，老挝积极配合，在东盟框架内与其他成员国一起合作禁毒。

1998年，联合国召开了关于禁毒的特别大会，国际社会决定在2008年前消除或者大规模减少可卡因、大麻和鸦片的非法种植。在此背景下，东盟第31届部长级会议在同一年发表联合宣言，表示将在2020年前，把东盟建成一个无毒区，消除地区内非法的毒品生产、加工、买卖和滥用。2000年7月，第33届东盟部长会议重新审视毒品对地区安全和稳定的威胁，决定"把东盟建成无毒区"的目标提前到2015年。每一个成员国为了落实该宣言的精神，都制定了相应的禁毒计划，督促烟农放弃鸦片种植，发动国内警力打击毒犯和"瘾君子"。老挝也大力推行"无毒村"建设计划，消除毒品种植和吸食鸦片。地方政府专门安排资金配合国际非政府组织改善当地的基础设施（学校、医院和公路）和农业设施，以实现到2006年达到完全消除毒品种植的目标。

3. 与缅甸、泰国、越南和中国合作禁毒

早在 1993 年 10 月联合国第 48 届联大禁毒特别会议期间，老挝就和中国、缅甸、泰国、联合国禁毒署共同签署了《东亚次区域禁毒合作谅解备忘录》。确定了各方每年举行一次高级别例会，商讨禁毒合作事宜。1994 年 6 月，中国、老挝、缅甸和联合国禁毒团在老挝万象举行了次区域禁毒高级官员会议。为进一步完善次区域合作模式，1995 年 5 月，在中国北京成功地主办了第一次《东亚次区域禁毒合作谅解备忘录》成员国部长级禁毒会议，中国、老挝、柬埔寨、缅甸、泰国、越南和联合国禁毒团的代表出席了会议。在先期召开的高级官员会议上，审议通过了共同签署的《亚洲区域禁毒行动》。这一为期三年的禁毒行动计划包括减少毒品需求、减少毒品供应和缉毒执法方面的十一个项目提纲。会上还讨论通过了以打击制毒化学品贩运和加强执法为目的的两个项目草案。2001 年 7 月 23～27 日，中老双方在中国北京举行了中国—老挝边界制度条约联合执行工作委员会第二次会议，就共同打击边境毒品犯罪活动等问题进行了研讨，双方同意加大边界主管部门管理力度，共同阻止和打击边境地区贩毒走私和跨国犯罪等问题。

2001 年 11 月，中国云南省公安代表团与老挝北部四省警方代表团就加强双边禁毒合作等问题举行了会谈，并签署了双方禁毒合作的会议纪要。中国云南省公安厅与老挝北部四省公安厅设立了省级禁毒联络官；中方在勐腊县和江城县公安机关设立基层禁毒联络官，保持与老挝北部四省的禁毒联络。

应老挝方面要求，截至 2005 年 12 月，由云南警官学院承办的老挝禁毒执法官员培训班，已开办了四期共培训 120 人次。这是中国政府积极务实地推进国际禁毒合作的重要举措。中方承诺将继续在缉毒执法和替代发展领域向老方提供人员培训和技术援助，进一步推动两国间的禁毒合作。

2002 年 5 月 20 日，东南亚次区域禁毒合作谅解备忘录（MOV）高官会议结束后，中国和老挝双边禁毒合作会议在北京举行。近年来，中老两国边境警方积极开展情报交流和联合执法行动，有力地打击了毒品犯罪。为了遏制毒品犯罪，两国在不断加强本国禁毒工作的同时，继续加强在缉毒执法、情报交流、替代种植和减少毒品需求等方面的合作。2003 年中国警方对越南、柬埔寨、老挝三个国家进行了访问。在老挝与万象警方进行了会谈，其中谈得最多的话题仍然是毒品问题。万象的宋旺副局长说："金三角其中一角的老挝突出的社会问题首先是毒品犯罪，警方在打击贩毒上所花费的精力也最大。2000 年，老挝全国破获毒品犯罪案 70 起，2001 年破获 110 起，2002 年破获 270 起。2000 年以前老挝的毒品犯罪涉及的毒品种类大部分是鸦片和大麻，2001 年以来升级为摇头丸（老挝称"马药"）、海洛因和冰毒。2000 年以来，老挝鸦片的种植面积一直在减少，按照老挝国家政府的禁毒战略，到 2005 年要在全国消除罂粟的种植。"宋旺说，老挝政府和警方消灭毒品的决心是很大的，因为贩毒这一本万利的罪恶勾当，已经吸引了一些国家的特务情报机构，他们利用特权贩卖毒品，采取暴力以求"以毒养情"，弥补情报间谍经费的不足。

二、老挝禁毒的成果

（一）罂粟种植面积逐渐减少

经过多方力量多年的努力，老挝的罂粟种植面积已经大大减少。2006 年 2 月，一位老挝政府的官员说老挝的罂粟种植已经基本消除。但是有资料显示，老挝北部仍然有少部分地区少部分人种植罂粟，用于自己消费。因此，老挝的罂粟种植并没有完全彻底地消除，老挝并没有成为一个绝对的"无毒区"。但是，毋庸置疑的是，老挝的罂粟种植面积已经大大减少，已经从 1998 年的 26 837 公顷的顶峰减少到 2007 年的 1 500 公顷。尽管这些数据存在很大的争议，但是毫无疑问，老挝的罂粟种植面积已经有了非常明显的减少。然而，2008 年，老挝的罂粟种植面积比 2007 年有所上升，增加到 1 600 公顷；2009 年又比 2008 年多增加了 300 公顷，达到 1 900 公顷（具体如图 3 - 2 所示）。

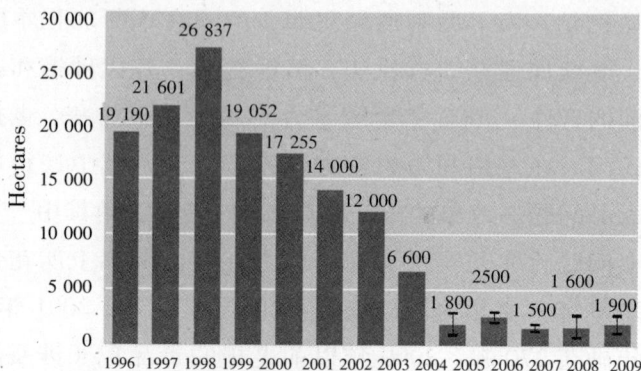

图 3 - 2　老挝罂粟种植面积变化图①（1992—2009）

▧ Mean estimate　– Upper limit of 90% confidence interval —Lower limit of 90% confidence interval

（二）老挝鸦片产量大量减少

随着罂粟种植面积的萎缩，老挝鸦片产量也大大减少。已经从 2000 年的最高值 167 吨降到 2007 年的 9.0 吨。当然，随着 2008 年、2009 年罂粟种植面积的小范围反弹，老挝鸦片产量与 2007 年的最低值相比，也有了一些增加，分别达到 2008 年的 9.6 吨，2009 年的 11.4 吨（具体如图 3 - 3 所示）。

（三）吸毒人员急剧减少

在各方力量的努力之下，尤其是老挝自身认识到毒品的危害后，采取措施禁种罂粟，并运用各种媒体向烟民宣传鸦片的危害。这些措施取得了重要的成果。在老挝，新增吸毒人员日趋减少。据统计，2007 年，老挝新增吸毒人员 7 700 人，2008 年新增 4 906 人②。2009

①UNODC（2009），*Opium Poppy Cultivation in Southeast Asia*，*Lao PDR*，*Myanmar*，p. 21.

②UNODC（2009），*Opium Poppy Cultivation in Southeast Asia*，*Lao PDR*，*Myanmar*，p. 19.

年，老挝北部大约还有 127 000 人至 157 000^① 人吸食鸦片。

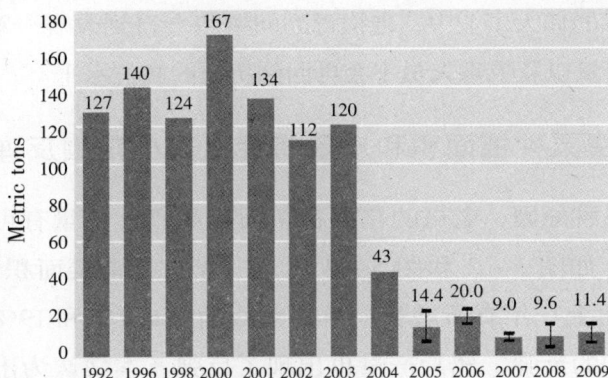

图 3 - 3　老挝鸦片产量变化图^②（1992—2009）

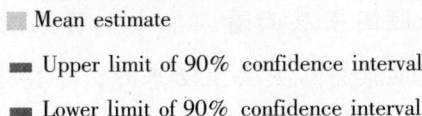

Mean estimate

Upper limit of 90% confidence interval

Lower limit of 90% confidence interval

第三节　老挝毒品问题的发展趋势

经过多年的努力，老挝的禁毒工作取得了很大的成果。罂粟种植面积和产量都急剧减少，吸毒人员的数量也不断减少。总的来说，老挝毒品问题的趋势将会表现在以下两个方面。

一、毒品问题将不会再达到历史上的最严重程度

在各方力量的帮助下，尤其是老挝自己认识到毒品的危害，进而投入到"禁毒战争"中，加强宣传教育，使烟农、"瘾君子"都意识到毒品的危害。经过 10 多年的努力，老挝的禁毒工作取得了很大的成效。罂粟的种植面积和鸦片产量已经急剧下降，吸毒人员也日趋减少。

①UNODC（2009），*Opium Poppy Cultivation in Southeast Asia*，*Lao PDR*，*Myanmar*，p. 22.

②UNODC（2009），*Opium Poppy Cultivation in Southeast Asia*，*Lao PDR*，*Myanmar*，p. 22.

在国际社会普遍"反毒"的背景下，加之老挝积极投入多层次"国际合作"禁毒的伟大事业中，老挝毒品问题将会得到改观。罂粟种植面积和鸦片产量以及吸毒人员不会再回到历史的高位水平。

二、罂粟种植面积和产量将会出现小范围反弹

由于各种原因，老挝的罂粟种植面积和鸦片产量有可能出现小范围反弹，如图 3 - 2 和图 3 - 3 所示。老挝的罂粟面积 2008 年和 2009 年都比上一年有所增长。增长率分别为 6.7% 和 19%；随着罂粟种植面积的反弹，鸦片产量也出现了反弹。本文认为出现这种现象的主要原因有下面几点。

（一）从老挝国家层面看，禁毒和罂粟改植经费严重不足，导致原烟农在罂粟禁种后失去生活来源，不得不"重操旧业"

当老挝政府在全国大力建设"无毒村"时，当时的一个国际非政府组织出台的报告称，"无毒村"计划对烟农来说是利大于弊，政府应该在消除烟农罂粟种植的同时，确保烟农的生活安全，即保证有充足的粮食，基本的收入和健康保障。但是"无毒村"计划既没有保证烟农的粮食安全，也没有给烟农带来稳定的生活[1]。老挝政府的"无毒村"计划迫使烟农从山地地区移到平原地区。"每天，很多村民都到各个地方政府索要粮食、药品和居住场所"[2]。据 2005 年的一份调研报告，老挝超过半数的烟农很可能由于缺乏生活来源而再次种植罂粟[3]。据估计大约有 40 万烟农由于缺乏生活来源不得不离开原居住地，其中大约 3.3 万[4]人迁徙到低地平原地区。2007 年年

---

[1]GTZ (2003). Study Report：Drug Free Villages in Sing District, Luang Namtha Province, Lao - German Program, Integrated Rural development in Mountainous Regions of Northern Lao PDR, p. 4.

[2]GTZ (2003). Study Report：Drug Free Villages in Sing District, Luang Namtha Province, Lao - German Program, Integrated Rural development in Mountainous Regions of Northern Lao PDR. , p. 6.

[3]UNODC (2007), Opium Poppy Cultivation in Southeast Asia, p. 38.

[4]UNODC (2005), Laos Opium Survey 2005.

末，大约在老挝政府宣布老挝已经"没有罂粟"种植两年后，原来的烟民仍然在为生计发愁，"许多家庭没有能力和机会改变原来的生活方式，进入市场出售他们生产的农产品"①。联合国毒品与犯罪办公室 2007 年估计，在老挝大约有 1 100 个村子的农民接受了外来援助，其中的一半已经停止种植罂粟，另外的一半由于缺乏生活来源仍然有复种罂粟的可能②。

（二）由于鸦片产量减少，造成其价格持续飙升。这刺激了一些烟农"铤而走险"

据联合国毒品与犯罪办公室最新资料显示，由于近年来老挝罂粟种植面积下降、鸦片产量减少。鸦片的供求关系发生新变化，价格持续上涨。2007 年，老挝鸦片价格为 974 美元/千克，2008 年，老挝的鸦片价格为 1 227 美元/千克，涨幅达 26%；2009 年为 1 327 美元千克，增长了 8%③。鸦片价格上涨以及贩毒分子提供资金，吸引了很多原已迁入坝区的烟民又返回山区种植罂粟，仅老北南塔省的勐新县 2008 年就有 8 个村近 130 户烟农回迁山区。

（三）烟农"以毒谋生"的生活习惯难以改变

老北种植罂粟已有 100 多年的历史，罂粟种植已经固化为烟农的生产、生活方式，烟农不仅习惯于通过罂粟种植和鸦片生产获取所需要的生活物资，鸦片也是烟农平时最重要的药物之一。而改变烟农的生产生活方式是一项长期的、艰巨的社会系统工程，很难在短时间内实现。

（四）老挝中央政府的态度不够坚决，管理措施不到位

老挝宣布禁种后，国际禁毒援助减少带来了政府的资金困难，政府对私种罂粟者以年老难以戒断等理由姑息，加之对边民管理教育和法律宣传惩治不到位，致使罂粟复种者有机可乘。

---

①UNODC proposal Laos 2007.

②UNODC（2007），Opium Poppy Cultivation in Southeast Asia, p. 24.

③UNODC（2009），Opium Poppy Cultivation in Southeast Asia, Lao PDR, Myanmar, p. 5.

（五）替代种植没有完全覆盖原罂粟种植区，尤其是自然条件极度恶劣的边远山区

中国帮助开展的替代种植项目较单一，且未向老北边远山区推进。这些地区由于交通不便等因素，不适合大规模种植开发，替代发展工作目前不能覆盖到这一地区，各村寨老百姓以生活艰难、无法维持生计为由，强行种植罂粟。此外，中国替代企业大规模开展替代项目的时间还比较短，农业种植项目普遍存在周期长、见效慢的特点，对当地政府和烟农收入的增加贡献有限。尤其是中国部分替代企业在缅北、老北采取"公司加农户"的合作模式，前3～4年烟农还可以在橡胶地、咖啡地、坚果地套种旱谷，勉强维持生存，但从第5年到橡胶开割，橡胶地不能再套种旱谷，而中国企业可以不负责参与橡胶项目的烟农生活，这样烟农就没有了任何收益，只能把复种罂粟作为增收捷径。

三、毒品问题不可能在短期内得到彻底解决

（一）老北山区自然条件恶劣，农民贫穷落后，长期靠种植罂粟为生，要在短期内改变老北地区农民的生活状况、生产、生活方式难度较大

老挝北部山区经济落后，交通闭塞，生产力低下，投入低、产出高的罂粟便成为当地居民的首选农作物。此外，老北地区至今还保留着刀耕火种、游耕游居的生产方式，在这种耕作方式下，效益最好的作物仍然是罂粟，收益一般相当于种植其他农作物的3～5倍，而且收割后自会有人上门收购，这对于当地居民来说，种植罂粟是一种最便捷、最合算的谋生方式。这种状况在短时期内仍然不会改变。

（二）老挝邻国众多，国境线较长，进出通道无数，这为老挝彻底禁毒带来了困难

老挝地处中南半岛中心，与缅甸、泰国、越南、中国、柬埔寨五个国家接壤，国境线长达5 137公里，进出国门的通道无数，加之

老挝对边境的管理不严，历来就是重要的毒品转运地和国际贩毒通道。正是由于老挝的这一特殊地理位置，一直为贩毒分子所青睐。鉴于此，老挝要彻底解决毒品问题，仍然任重而道远。

参考文献

[1]马树洪主编：《云南境外毒源研究》，云南民族出版社，2001年版。

[2]孙渭主编：《当代跨境民族与境外铲除毒源研究》，云南民族出版社，2001年版。

[3]刘稚：《中国参与湄公河次区域禁毒国际合作研究》，中国书籍出版社，2004年版。

[4]刘稚：《金三角毒品形势的变化与国际禁毒合作》，《当代亚太》2001年第9期。

[5]刘稚：《中国与东盟禁毒合作的现状与前景》，《当代亚太》2005年第3期。

[6]刘稚：《妖冶的罂粟花——"金三角"毒品扩散现状》，《世界知识》2004年第22期。

[7]陈鸿雁、张义平：《云南在"金三角"毒源地发展"替代产业"存在的问题及对策研究》，《云南警官学院学报》2009年第3期。

[8]祁苑玲：《依托大湄公河次区域合作消除"金三角"的贫困和毒品》，《东南亚纵横》2005年第6期。

[9]云南警官学院国家社科项目"金三角地区毒品对我渗透的新变化及应对策略研究"课题组：《"金三角"地区毒品形势系列调查报告（四）——老挝北部地区毒品对我渗透形势的调查》，《云南警官学院学报》2007年第3期。

[10]张良民：《近年来老挝的禁毒工作》，《东南亚》2002年第1期。

[11]张焕：《老挝向毒品宣战》，《当代世界》2002年第3期。

[12]杨洋、童俊：《试论中老两国警方禁毒合作现状》，《云南警官学院学报》2005 年第 4 期。

[13]李辉、何廷玉：《老挝北部罂粟禁种调查》，《新西部》2005 年第 7 期。

[14]陈定辉：《老挝：2008 年回顾与 2009 年展望》，《东南亚纵横》2009 年第 2 期。

[15] UNODC, Opium Poppy Cultivation in South East Asia, Lao PDR, Myanmar, Thailand, December 2008.

[16] United Nations Office on Drugs and Crime Regional Centre for East Asia and the Pacific, Drug – Free ASEAN 2015：Status and Recommendations, 2008.

[17] Regional Seminar：Global Partnership on Alternative Development, Opium Reduction in Southeast Asia：Sharing Experiences on Alternative Development and Beyond, 15～17 December 2008, Chiang Mai, Thailand Sustaining.

[18] UNODC, Opium Poppy Cultivation in South – East Asia Lao PDR, Myanmar, December 2009.

[19] UNODC, World Drug Report 2009, UNITED NATIONS, New York, 2009.

[20] UNODC Regional Centre for East Asia and the Pacific, Demand Reduction Strategy 2006 – 2010, May 2007.

[21] Tom Kramer, Martin Jelsma, Tom Blickman, Withdrawal Symptoms in the Golden Triangle—A Drugs Market in Disarray, Transnational institute, January 2009.

第四章　泰国的毒品问题

马树洪　刘　稚　朱　民

泰国总面积51.3万多平方公里。位于亚洲中南半岛中南部，东南临泰国湾（太平洋），西南濒安达曼海（印度洋），西和西北与缅甸接壤，东北与老挝交界，东南与柬埔寨为邻，疆域沿克拉地峡向南延伸至马来半岛，与马来西亚相接，其狭窄部分居印度洋与太平洋之间。热带季风气候。全年分为热、雨、旱三季。年均气温24℃~30℃。泰国与老挝和缅甸相连接的东北部和北部的山区，正是金三角毒品基地的一个组成部分。在金三角毒品基地的形成与发展过程中，该地区因特殊的地理人文条件而始终充当了重要的角色，泰国的毒品问题也因此引起了世界的关注。面对严峻的毒品形势，泰国从20世纪60年代以来就开展了禁毒工作，制定了相应的法律法规、设立了专门的禁毒机构，积极参与了国际禁毒合作，取得了举世瞩目的成就，同时也存在不少问题。有许多成功的经验，也有不少失败的教训。

第一节　泰国毒品问题的历史根源

一、泰国毒品问题的形成

（一）泰国毒品问题形成的历史条件

殖民者的鸦片贸易是泰国毒品生产扩大和蔓延的历史原因。原生于地中海东岸的罂粟是泰国毒品的主要原植物，据考其传入东南亚地区是在公元 7 世纪。直至近代，罂粟在东南亚地区主要作药用，需求量小，故而种植不广泛。罂粟种植和鸦片的加工形成规模是在英法殖民者引入先进的罂粟种植技术和加工技术之后，究其原因，是殖民者将鸦片生产和贸易当做掠夺殖民地财富的最快捷的手段之一，故而积极推广先进的鸦片生产技术和刺激鸦片贸易。

18 世纪，西方殖民者将侵略的矛头对准了东南亚地区的中南半岛各国。1821～1826 年，英国曾四次遣使至泰国提出通商贸易等要求。1826 年，双方签订的《暹英友好通商条约》（亦称《伯尼条约》）打破了泰国闭关自守的局面，但是鸦片仍被列为违禁品。1855 年，两国又签订了《英暹条约》（即《鲍林条约》），其中规定金块、银块及鸦片可免税入口，但必须出售给鸦片税收包收人，从而使鸦片贸易合法化。这为泰国北部山区的罂粟种植和鸦片加工的扩展提供了法律上的保障。

（二）泰国毒品问题形成的地理环境因素

从地理环境来看，泰国与老挝和缅甸相连接的东北部和北部的山区是 金三角地区的重要组成部分。该地区正处于亚洲大陆的大陆气候带与印度洋的海洋气候带的交汇处，属热带季风气候。正是该地区这一适宜罂粟生长的自然条件为该地区大规模加工、生产毒品提供了得天独厚的自然条件。

（三）泰国毒品问题形成的人文环境因素

泰国的东北部和北部的山区与老挝和缅甸相连接，是多民族杂居的地区，刀耕火种的生产模式决定了其生产力水平普遍低下，所以当英国殖民者在该地区推广罂粟良种及其种植加工技术，并负责收购和贩销之后，罂粟的易种植、低投入和鸦片的高额利润激起了当地人对毒品种植和加工的积极性。加之当地人在边境的频繁迁徙和流动，罂粟的种植和鸦片的加工便在该地区迅速扩散和发展起来。

在上述因素的共同作用下，从 19 世纪中期至 20 世纪初，中南半岛北部的罂粟种植和鸦片加工出现了兴盛之势。加之鸦片商的购销活动刺激着罂粟的种植和鸦片的生产，产销互为刺激渐渐形成了以泰、缅、老三国交界的清盛为中心，包括缅甸的大其力、景栋和相腊，泰国的清孔和清莱，老挝的会晒等城镇在内的东南亚毒品基地，即金三角毒品基地的雏形，泰国东北部和北部的山区就是该基地的重要组成部分。

二、20 世纪泰国毒品问题发展

20 世纪，泰国的罂粟种植、鸦片生产和贸易获得了空前的发展。这主要是由以下两方面原因造成的。

一方面，20 世纪 60 年代中期以前，泰国政府都不重视北部边境地区的政治、社会和经济状况。泰国政府对北部山地民族坐视不管的态度，使当地的山民处于无国籍的游离状态。与这些山民居住相邻的缅甸一侧（即掸邦）正是缅甸反政府武装组织控制区。从某种意义上说，泰北与缅甸接壤的边境地区几乎是处于无政府控制的混乱状态，这便给贩毒团伙以可乘之机，跨泰缅边境毒品加工和贩销活动也更加活跃。

另一方面，1955 年以前的泰国法律并没有禁止罂粟种植、鸦片的加工和贩销，使得泰北山区的罂粟种植获得宽松的政治环境，毒品加工和贩销活动也乘机快速发展，泰北山区从而成为金三角基地的重要一角。

三、泰国主要的贩毒集团

英、法殖民者退出中南半岛，放弃对金三角毒品基地的控制之后，泰国境内先后出现了两个较大的毒犯集团。

（一）李文焕和段希文建立的"毒品小王国"

李文焕和段希文创建的贩毒集团最初形成于缅甸，之后才迁往泰国。1953 年，从云南败退至缅甸的国民党残部在缅甸西南组建了以李弥任总指挥的"云南反共救国军游击总指挥部"。为扩大军费来源，他们利用自身的军事实力进行毒品的加工和贩销活动。但这一状况没有维持多久，在联合国的压力和缅甸政府的强烈抗议下，李弥率部撤离至台湾。其后残部又聚集于原国民党第8军副军长柳元麟麾下，在台湾当局和美国中情局的支持下，于1957年成立"云南人民反共志愿军"，李文焕和段希文分别担任其第3军和第5军军长。这个反共武装继续在缅甸境内进行大规模的毒品生产和贩卖活动，并将控制地区扩张到缅老和缅泰边境地区。但该部在1961年受到中缅联军重创，柳元麟及大部分下属被迫撤往台湾。李文焕的第3军和段希文的第5军仍滞留下来，在泰国和缅甸边境地区大肆开展武装贩毒活动，前后持续了十余年。

最初，李文焕的第3军和段希文的第5军均撤至泰、缅边境地区，依靠相对强大的武装力量，完全控制了该地区。他们极力鼓动当地山地民族扩大罂粟种植面积，并负责收购和贩销。立稳脚跟之后，第3军和第5军各自开辟了完全由自己控制的贩毒路线，并有各自固定的贩销地区和对象，各自在其控制区内形成"五脏俱全"的"毒品小王国"。

通过"以军护贩，以贩养军"，李文焕和段希文的"毒品小王国"在泰缅边境称霸十余年。20世纪70年代中期，由于泰、缅两国肃毒行动的加强，李、段"毒品小王国"的贩毒活动才有所收敛。中泰建交后，李、段所率的国民党残部大势已去。1970年10月17日，其残部与泰国军方达成协议，允许其家属1 500余人以难民身份在泰北组建七个"难民村"，每人分给土地一莱（2.4亩），让其自谋生计。李文焕和段希文的"毒品小王国"由此解体，但零星的贩毒活动并未停止。1975年，"难民村"改为"自立村"。1980年，"自立村"发展到13个，由泰军327部队管辖，居民发展到40 000余人，自立村内部组建了"自卫队"。自卫队通过秘密地向过往毒犯提供保护而"征税"，当初"鸦片小王国"的痕迹仍隐约可见。

（二）坤沙武装贩毒集团

1976年以前，坤沙贩毒集团的活动主要在缅北。1976年2月，坤沙逃脱缅甸政府监视重返旧部后，率部南下至缅、老、泰交界的金三角地区寻求发展，并以泰国清莱府辖区内靠近泰缅边界的万欣德镇为中心，建立起新的毒品基地，打着"掸邦革命军"的旗号展开了毒品加工、贩销活动。

坤沙武装贩毒集团势力发展迅速，逐步控制了泰国北部到金三角地区的毒品收购、加工和贩销，在曼谷和清迈等地设置了毒品销售和中间联络机构，并将类似机构扩大到欧美地区，其影响范围从金三角地区扩展到世界大部分国家。

坤沙贩毒集团给泰、缅两国带来了最直接也是最深刻的危害，泰、缅两国政府决心清除这一"毒瘤"。1981 年 7 月，泰国政府悬赏泰铢 50 万缉拿坤沙，并利用报刊等传媒，宣传坤沙武装贩毒集团的有关情况及其给社会造成的危害。与此同时，泰国加强与缅甸政府的合作，组织了多次对坤沙毒品基地的联合围剿，其中规模最大、给坤沙集团造成重创的一次就是 1982 年 1 月 21 日发起的泰北"鸦片战争"。

这一战争虽然没有彻底消灭坤沙的武装贩毒集团，但摧毁了坤沙集团在泰北地区的毒品基地，大大削弱了坤沙集团的势力，减轻了坤沙贩毒集团对泰国境内的影响，使泰北及泰国其他地区的毒品问题有所缓解。

第二节　泰国毒品问题的现状和禁毒措施

一、泰国毒品问题的恶化

（一）毒品问题持续恶化

泰国前总理他信 2001 年上台以来，在禁毒方面采取了严厉的措施。2001 年，国家禁毒蓝图总预算高达 20 亿铢，共包括 54 个禁毒项目，由政府 10 个部下属的 40 个相关单位及两个独立机构共同参与实施。泰国全国所有社区和学校都成为禁毒教育基地，密切配合政府的禁毒斗争。2001 年早些时候，泰国在古都大城市举行了 10 年来规模最大的焚烧毒品活动，2 266 公斤毒品被付之一炬，其中包括 1 087 公斤海洛因、113 万多片安非他明及其他各种毒品。据估计，这些毒品的市价约为 20 亿铢。这是泰国举行的第 25 次焚毒活动。在他信政府禁毒战争的严厉打击下，泰国毒品问题有了很大改善。

但是近几年来，泰国毒品泛滥的问题似乎又有了抬头的趋势。

从 2003—2008 年有关破获的毒品案件和对吸毒人员的统计数据看，近几年这两方面的数据都呈上升趋势。禁毒委员会办公室秘书长，警察中校戈萨·朴讷阿曼宣称：泰国毒品贸易的形势正在呈现上升趋势。从 2005—2008 年破获的毒品案件资料来看，分别为 72 595 件、84 266 件、107 454 件和 121 135 件。而对 2003 年、2007 年和 2008 年三年吸毒人员数量的统计来看同样也在增加，分别为 460 000 人、570 000 人和 605 000 人。

从泰国各关卡/检查点堵截毒品的走私方面看，2008 年，从北部边境 8 个府，18 个县走私入境的毒品占总量的 86.5%，比从东北部 17 个府，44 个县进入的毒品数少 11.8%。从中部的 49 个府的 149 个关卡/检查站缴获疯药 3 263 457 粒，估计占 2008 年年底前破获的全国主要案件的 22.2%。抓获从马来西亚进口的掺有假麻黄碱的感冒药，估计是意欲运往邻国用以生产冰毒或是疯药的原料，此外在中部缴获的还有大麻 21 041.8 千克，挥发物 145.2 千克。

从从事贩毒贸易的人员来看，除了不少被逮捕后保释出狱或是刑满释放出狱的毒犯重操旧业外，越来越多的国外贩毒集团也进入泰国进行贩毒，例如非洲毒犯走私可卡因进入泰国的各个娱乐场所销售，亚洲的贩毒团伙从泰北边境的贩毒集团手中购买海洛因、冰毒然后运往第三国。缅甸、老挝和柬埔寨三国的贩毒集团走私疯药、大麻进入泰国，并销售给泰国的贩毒集团以及尼日利亚的贩毒团伙，这些非洲人的势力越来越大。

其中，特别值得关注的是首都曼谷的毒品形势。泰国易三仓大学的民众幸福观察和研究学术网络在 2009 年 1 月 2 日~7 日，调查估计了阿披实政府上任以来泰国的吸毒数量以及曼谷的各个社区的毒品问题的形势。调查从曼谷 4 274 757 人，2 452 个家庭 12～65 岁成员中沾染毒品一年（12 个月）以上的人进行随机抽样调查。结果显示，在泰国全国的吸毒人数中，曼谷吸毒人群占了 36%，也就是说全国 3 个吸毒的人中有一个就是曼谷的；而在 12～24 岁这一个年龄层的吸毒人员中，其中有 84 517 人，也就是将近一半的人在这个月还在吸食毒品，其中吸食大麻的有 23 981 人，疯药的有 22 226 人，冰毒的有 18 168 人，致瘾性植物的 13 347 人，挥发性物质的 6 795 人。

有关分析指出，曼谷地区严重的毒品问题主要是多方面因素造成的。作为首都的曼谷是大城市，人口的流动性和密度都很大，种群构成复杂，经济、社会以及失业等问题常和毒品问题重叠起来。加之有报道说，作为地方上级机关的曼谷的一些机构在过去的一段时间在关于切实加强社区建设方面的工作太过于表面化，尤其是过于关注政治，而忽视了社会民众之间的分裂，从而使得问题更难以解决。

泰国的毒品形势在近几年抬头主要是由以下原因造成的。

首先，泰国在过去的一段时间，政府更迭过于频繁，使得各个相关的部门在解决毒品问题上缺乏连续性，另一方面是在禁毒战争中对于过度杀戮和侵犯人权的指责使得工作人员难以充分行使职权。

其次，地方的国家公务员对有关问题的忽视，不重视民众所提供的线索，公务员的工作不彻底也不迅速，所有这些都使得民众对政府的工作不放心。

最后，在过去的二、三年中，因为不安定的政治局势，社会的分裂使得政府对解决民众中间的毒品问题的力度减弱了，同时也使曼谷地区受到影响，毒品问题的形势再次变得严峻了。

（二）吸毒和贩毒人员的低龄化趋势越来越明显

从各方面的数据表明，低龄化已经越来越成为泰国毒品问题的一个明显的趋势，青少年已成为禁毒工作的主要对象。

在泰国，毒品问题仍是一个全国性问题。禁毒战争的声势较之前段时间有所减弱，由于社会的缺陷、道德的缺失以及家庭缺乏温暖，被抛弃的孩子越来越多，毒品问题在青少年和孩童中更加突出。

2005 年，从所破获的毒品的案件、接受戒毒的人员、监狱以及少年感化院几方面收集的资料看，各个府吸毒及销售毒品人员的比例都在增加。从民众对政府解决毒品问题的满意度考察，其满意度最好就是达到中等水平，满意度从 95.6% 下滑至 65.5%。从 2005～2008 年破获的毒品案件资料中罪犯的年龄段分部来看，15～24 岁的占 37.1%，25～29 岁的占 23.9%。

一些新型毒品在青少年中扩散的速度很快。国内安全维护司令部下属负责心理学及公共关系的部门长官塔努·能吾泰中尉透露说，在南部进行的田野调查中发现有一种名为 8x100 的新型毒品正在青少年中流行。塔努·能吾泰中尉还说，首次遇到这种新型的毒品是在宋卡府的乍纳县，因为配方很容易，所以后来扩散到其他地区。在吸毒者间广为流传的说法是兰撒果的叶子里含有特殊的物质可以刺激产生毒瘾的症状。现在，这种名为 8x100 的毒品已经扩散到了南部的拉廊府、春蓬府和素叻府。

基于毒品问题在青少年群体中的严峻形势，政府也出台了多项以青少年为主要目标的防治计划。例如，国内安全维护司令部让下属单位 2009 年在拉廊府和春蓬府组织了 10 期青少年训练营，在受到毒品威胁的教学机构内外选取 600 名 14～25 岁的青少年参加，使之参与其中成为禁毒的力量。

（三）新型毒品和软性毒品呈扩散趋势

除了传统的刚性毒品，种类繁多的软性毒品也是近年来泰国毒品形势的一大特征。

目前走私进入泰国的毒品有许多种，有疯药、大麻、海洛因、鸦片、冰毒、克他命、摇头丸，进入泰国的主要通道还是集中在北部边境。主要流行的毒品有疯药、海洛因、鸦片、酒精、含有致瘾成分的植物以及俱乐部滥用药物，而最主要的流行毒品是疯药、大麻和酒精，在不同的地区主要流行的毒品也有所不同。主要几种毒品的流行情况如下：疯药，在各个府都有流行，特别是在中部和曼谷；大麻，在各个府都有流行，特别是在南部和东北部更为多见；酒精，在各个府都有流行，在东北部更为多见；海洛因，在南部、北部更为多见；俱乐部滥用药物，主要在曼谷、中部和南部流行；含有致瘾成分的植物，主要多见于南部和曼谷。

疯药仍是目前泰国最主要的交易毒品，主要是从北部边境走私进入泰国，另一类主要毒品大麻则是从东北部的 8 个府的 18 个县进入泰国。这几个府包括清莱府的美赛县、清盛县、清道县、温恒县、差亚拉甘县和迈艾县；湄宏顺府的拜县、邦玛帕县；廊开府的廊开直辖县、汶干县；那空帕农府的他叮廷县、万烹县；莫拉限府直辖县；乌汶府的肯马拉县以及沙缴府的阿拉泰县。

除了传统的毒品类型外，一些新型毒品也不断出现。

二、泰国的禁毒斗争

在湄公河次区域国家中，泰国的禁毒机构、政策法规是比较完善的。随着毒品形势的发展，泰国政府逐渐加大了禁毒斗争的力度，并积极展开国际禁毒合作，取得了一定成效。

（一）设立了禁毒机构

泰国国家禁毒委员会成立于 1976 年，禁毒委员会的主席由国家总理出任，共有 14 名成员。禁毒委员会是总理府下的政策性机构，主要职责是为内阁提供建议、制定法规、贯彻内阁决议、监督各部门执行、协调全国禁毒工作。泰国国家禁毒委是一个集计划、协调和执行于一体的机构，每年约有 20 亿铢（约 5 亿元人民币）经费预算。该委员会下属的"泰国禁毒委员会办公室"是一个庞大的肃毒机构，下设有计划、政策研究、侦察、培训、外事、情报、技术等部门，并在泰国中部、北部、南部和东北部分设有四个分区机构，具体负责该地区的禁毒工作。

1982 年，泰国政府又成立了一个秘密的"泰缅边境镇压贩毒活动特别委员会"，主要成员包括：国家安全委员会秘书长、中央情报局局长、防止和镇压贩毒行为委员会秘书长、中央审讯局局长、陆军参谋长助理、负责情报的空军参谋长助理和警察副总监。该委员会主要负责制定"镇压泰缅边境贩毒活动的总计划"。泰国还与美国合作，由美国毒品监管局、中央情报局和美国国务院在泰国毒品问题最严重的清迈等地区分别设立缉毒机构。

泰国皇家警察总部于 1991 年设立禁毒局，简称 PNSB，主要职责是侦破案件、收集情报、国际合作、审查毒犯，下设有办公室、情报处、侦察处、反洗钱处、财产调查处和羁押所。

为加大打击毒品走私力度，2001 年 1 月，泰国专门成立了 399 特种扫毒部队，负责在整个陆军部队里训练士兵的禁毒战术，该部队由 4 个连级单位组成，包括两个步兵分队，一个特战单位和一个边境巡警单位，并接受来自美国的资金和情报援助。

（二）颁布了禁毒法规

泰国现有的禁毒法规主要是：1976 年、1979 年、1985 年的《麻醉品法》和 1975 年、1985 年的《精神药品法》。《麻醉品法》将毒品分为 5 类：第一类，海洛因；第二类，吗啡、可卡因、可待因、鸦片等；第三类，含有二类毒品成分的麻醉品；第四类，制造一、二类毒品的化学品；第五类，大麻等以上未列的麻醉品。

其量刑标准和幅度是：非法生产、制造、合成、进出口、贩卖一类麻醉品的，处无期徒刑；以贩卖为目的的，处死刑；非法持有一类麻醉品不足 20 克的，处 5 年监禁，并处 5 000～500 000 铢罚金；为贩卖而非法持有 100 克以上的处终身监禁或死刑；非法消费一类毒品的，处 6 个月～10 年监禁，并处 5 000～100 000 铢罚金；非法生产、制造、种植、合成第二类麻醉品的，处 20 年以下监禁，并处 200 000～500 000 万铢罚金；非法进出口第二类毒品处 20 年监禁无期徒刑，并处 200 000～500 000 铢罚金；非法持有二类麻醉品，处 5 年以下监禁，并处 50 000 铢以下罚金；以贩卖为目的的，处 1～10 年监禁，并处 10 000～100 000 铢罚金；非法消费海洛因和其盐类以及任何含有这类物质的毒品，吗啡、可卡因、可待因、鸦片的，处 6

个月～10 年监禁，并处 5 000～100 000 铢罚金；非法生产、制造、种植、合成第三类麻醉品的，处 3 年以下监禁，并处 30 000 铢罚金；非法进出口、贩卖第三类麻醉品的，处 3 年以下监禁，并处 100 000 铢罚金。非法消费第三类麻醉品的处 1 年以下监禁，并处 1 000 铢以下罚金。非法使用毒品，构成犯罪达三次的，可以送隔离的康复机构禁闭；非法生产、制造、种植、合成、进出口第四类麻醉品的，处 1～10 年监禁，并处 10 000～100 000 铢罚金；非法贩卖四类麻醉品（罂粟除外）的，处 2～15 年监禁，并处 20 000～150 000 铢罚金；非法贩卖罂粟，处 2 年以下监禁，并处 20 000 铢罚金；非法持有第四类麻醉品的，处 5 年以下监禁，并处 50 000 铢以下罚金；以贩卖为目的的，处 1～10 年监禁，并处 10 000～100 000 铢罚金；非法生产、制造、种植、合成第五类麻醉品的，处 2～15 年监禁，并处 20 000～150 000 铢罚金；非法进出口第五类麻醉品的，处 2～15 年监禁，并处 20 000～150 000 铢罚金；非法持有第五类麻醉品（罂粟除外），处五年以下的监禁，并处 50 000 铢罚金，以贩卖为目的的，处 2～15 年监禁，并处 20 000～150 000 铢罚金；非法持有罂粟的，处一年以下监禁，并处 10 000 铢罚金，以贩卖为目的的，处 2 年以下监禁，并处 20 000 铢罚金。

泰国有关精神药品法的规定与麻醉药品法的规定也有相似之处，也是先将精神药品分为四类，第一、二类是特别危险的精神药品。其具体规定如下：非法生产、制造、合成第一、二类精神药品，处 5～20 年监禁，并处 100 000～500 000 铢罚金，如属第三、四类精神药品，处五年以下监禁，并处 10000 铢以下罚金；非法进出口、贩卖第一、二类精神药品，处 5～20 年监禁，并处 100 000～500 000 铢罚金，如属第三、四类精神药品，处 5 年以下监禁，并处 10 000 铢以下罚金；非法持有精神药物，处 1 年以下监禁，并处 20 000 铢以下罚金。

（三）积极参与国际合作禁毒

泰国早在 20 世纪 60 年代就开展了国际禁毒合作，并成为"全球扫毒战略试点国家"之一和"国际肃毒运动主要对象国"之一。其国际禁毒合作领域包括建立国际禁毒合作机制，发展替代毒品产业，清剿毒品产销集团，堵缉毒品和抓捕毒犯及反洗钱等方面。

在国际协议与合作框架方面，泰国与缅甸、老挝、中国、柬埔寨以及联合国禁毒署相继签署了一系列协议与合作框架。1992 年，签署了《缅甸、泰国和联合国禁毒署三方禁毒合作项目》。1993 年，中国和老挝、缅甸、泰国、越南、柬埔寨及联合国禁毒署签署了六国七方禁毒合作《谅解备忘录》。1995 年，泰国与中国、老挝、柬埔寨、缅甸和联合国禁毒署签署了《次区域禁毒行动计划》。2000 年，在曼谷召开第一届东盟和中国禁毒合作国际会议，通过了《曼谷宣言》和《东盟和中国禁毒合作行动计划》。2001 年，成立中国、老挝、缅甸、泰国禁毒合作机制以及其他双边和多边禁毒合作框架。2005 年 10 月，在北京召开了第二届东盟和中国禁毒合作国际会议。会议通过了《北京宣言》，更新后的《东盟和中国禁毒合作行动计划》以及《东盟和中国在 2006 年开展打击苯丙胺类毒品犯罪联合行动的倡议》。

在合作机制方面，2000 年 10 月，泰国和联合国禁毒署联合举办了"东盟＋中国"国际禁毒会议，确立了"东盟＋中国"区域禁毒合作框架。目前共有 21 个国家在曼谷设有禁毒联络机构，即美国、英国、荷兰、法国、新西兰、加拿大、瑞典、澳大利亚、意大利、印度尼西亚、马来西亚、德国、日本、南非、韩国、俄罗斯、波兰、秘鲁、以色列、西班牙和中国。此外，联合国禁毒署亚太地区中心也设在曼谷。1999 年，泰国和美国在曼谷共同建设了一个教育中心——国际执法学院，亚洲国家的执法官员可在这里接受打击毒品贩运及相关犯罪活动的培训。

在泰国建立的国际禁毒机构也比较多。1965 年，在泰北清迈建立了"部落研究中心"，由东南亚条约组织、澳大利亚、英国和法国参与并提供资助。该中心专门从事山地民族的鸦片生产调查。1967 年，联合国应泰国政府的邀请，成立了专家小组，对泰国北部山地民族经济和鸦片生产进行调查。1970 年，联合国专家小组协同泰国政府制定了以经济作物替代毒品作物的改植计划。1972 年，联合国控制麻醉品基金会资助 500 万美元，实施泰国第一个毒品作物改植计划；同时联合国禁毒署出资 200 万美元，在泰北清迈建立了联合国禁毒办事处。同年美国也出资在清迈建立了肃毒办事处。此后，联合国开发署、加拿大、荷兰、挪威、德国等 33 个国际组织和国家先后在泰国建立了禁毒办事机构。

20 世纪 60 年代中期至 90 年代初期，泰国政府与上述国际禁毒机构开展了广泛的合作。这些组织向泰国提供了大量资助，每年少则百余万美元，多则上千万美元，在泰国的禁毒运动中起到了重大作用。

2003 年，泰国加强了与邻国，特别是缅甸的禁毒合作。2 月 9 日，泰国总理他信访问缅甸。双方就进一步加强禁毒合作达成共识，缅甸政府表示将在各方面配合泰国共同打击毒品活动。2 月 18 日，泰总理访问中国，双方就加强禁毒达成一致。4 月 19 日，泰国、老挝、缅甸及马来西亚警方在曼谷召开联席会议，会上签署了联合打击边境毒品走私行动协议。此外，泰国还积极筹划举行中国、缅甸、老挝、柬埔寨、印度、泰国六国联合禁毒会议，以进一步加强与各国的情报交流，共同打击本地区的毒品犯罪活动。

（四）大力发展罂粟替代种植

泰国从 20 世纪 70 年代就开始采取国王倡导，国际参与，政府具体实施的方式，实施毒品作物改植。1969 年，泰国国王普密蓬提出"用经济作物替代毒品作物种植"。自 20 世纪 60 年代以来，这一计划得到了联合国发展署、联合国粮农组织、联合国禁毒署、联合国人口基金等 4 个相关机构和美国、加拿大、德国、挪威、日本、澳大利亚等 15 个国家的政府和基金组织的援助。这些机构和国家通过组织、参与具体的山区发展项目，分别从资金、技术、人力等方面支持泰北地区的罂粟替代种植实践，取得了很好的成效。

20 世纪 70 年代，泰国政府开始制定并推行了第一个《毒品原植物改植计划》，泰北的部分罂粟种植区推行用咖啡、可可、胡椒和果类作物替代罂粟种植。80 年代，泰国又制定和推行了第二个《毒品原植物改植计划》。在实施改植的同时，还建立了改植产品的加工和营销体系，并建立了相应的科技教育和人才培训机构。

在联合国和国际社会的支援下，泰国在开展毒品替代产业的同时，实施了"山区开发工程"，这一工程包括 9 大国际合作项目。

1. 泰国—挪威山区开发计划

泰国—挪威山区开发计划由泰国公共福利部、麻醉品控制局和挪威基督教援助团组成，由"联合国控制麻醉品基金会"和"挪威基督教会"提供资助。在清迈、清莱、南邦和帕跃 4 个府的 50 个村庄实施山区开发，总面积 249.8 平方公里。该计划的指标，一是帮助山区提高农作物产量，发展多种经营，推广经济作物种植替代罂粟种植；二是努力提高各种农产品的商品化率，向山民传授商品化意识，提供市场信息，联系农产品收购商贩；三是开设乡村医疗站，提供医疗、卫生和健康服务；四是建立学校，提高山民文化素质；五是帮助乡村建设基础设施，如修筑公路，建立饮水设施，新建社会服务网点和集市贸易场所等；六是改善乡村经济社会环境，教育村民自觉放弃吸毒、贩毒和毁林开荒等不良习惯。该计划于 1985 年实施，1989 年完成。

2. 夜针山区开发计划

夜针山区开发计划由美国国际开发署提供资助，在泰北清迈府夜针山区实施农业开发和毒品作物改植。该计划 1980 年开始实施，1987 年基本完成。

3. 阿拉伯咖啡研究和实验中心

阿拉伯咖啡研究和实验中心由荷兰提供资助，与泰国农业培训中心合作，在泰北山区引种和推广阿拉伯咖啡，以替代泰北山区的罂粟种植和鸦片生产。这一计划于 1983 年实施，1990 年基本完成。

4. 披培山区开发计划

披培山区开发计划由联合国开发署、人口活动基金会、控制麻醉品基金会和儿童基金会提供资助，在达府宋阳县和清迈府翁桂县实施。主要开展经济作物替代毒品作物种植和综合性农业开发，提高山民的生产和生活水平。这一计划于 1987 年实施，1992 年基本完成。

5. 桑蒙山区开发计划

桑蒙山区开发计划由联合国控制麻醉品基金会提供资助，在泰北夜丰颂府和清迈府的 56 个县推广经济作物和粮食作物替代毒品作物种植。这一计划于 1985 年开始实施，1991 年基本完成。

6. 温帕山区开发计划

温帕山区开发计划由联合国控制麻醉品基金会提供资助，在泰国清迈府和清莱府的 61 个村庄推行用咖啡替代罂粟种植。这一计划于 1987 年实施，1991 年完成。

7. 泰国—德国山区开发计划

泰国—德国山区开发计划由联邦德国提供资助，在泰北清迈府和夜丰颂府的 150 个村庄推行毒品作物改植。该计划 1987 年实施，1994 年基本完成。

8. 美国援助计划

美国援助计划由美国提供财政援助，是一项综合性的长期禁毒援助计划。包括罂粟种植调查、毒区开发人员培训、科学技术推广和根除毒品作物种植等项目。美国均定期或不定期对泰国给予援助。

9. 泰国—加拿大山区开展计划

泰国—加拿大山区开展计划由加拿大政府提供资助，为泰国的阿拉伯咖啡研究和其他实验项目购买设备和加工设施。

（五）夯实禁毒工作的社会基础

关于泰国的毒品扩散问题，各方都认为如果要使问题解决或是控制在一个不危险的水平上，最好的方法是不要让青少年沾染毒品，使民众了解毒品的危害和有关毒品的知识。

在民众中建立健全网络的观点在从事禁毒工作的工作人员中也得到了认同，他们认为，如果民众足够坚强，那么毒品的问题是能够解决的。

一名抓捕毒犯的工作人员说，虽然自己必须要去抓捕毒犯和履行禁毒的职责，但是也必须参与到建立民众网络的行动中来，以建立自己的信息渠道。通过和乡村禁毒志愿者以及县级机构的工作人员的联系，讨论禁毒的途径，寻找可以让民众参与解决毒品问题的渠道，公布和民众联系的方法，建立相互间的信任，使他们家中有孩子沾染毒品时能够敢于寻求帮助。

可以看出，就算是执行禁毒任务的工作人员也支持加强在民众中的禁毒工作，其中仍有一部分人认为，禁毒工作的思路并不完全正确，因为如果是强调剿灭，那么就应该实行更为严厉的措施，所以应该强调的是防范，因为如果民众足够坚强，那么对毒品的需求就不会产生了。

同时，在边境地区加强政府同社区的联系，构建政府与民间的禁毒网络也具有特别的意义。

普遍的观点认为，要使边境能够稳定安全，就必须和社区领导人之间建立良好的关系，使其成为边境村庄中的志愿者，成为对毒品监察的一种常态力量，形成乡村/社区的健全的网络，在情报以及在抓捕吸毒者方面起到协助的作用，以阻止毒品的进一步扩散。对毒品的战争，不能仅仅限于剿灭毒品，同时还应包括帮助恢复吸毒者恢复正常的生活。军队对抓到的吸毒者进行判定，在军方下属的"复健学校"里进行戒毒和恢复正常生活的训练，这可以使吸毒者能够学习到自力更生的技能从而恢复到正常的生活中。

（六）实施"五道防线"战略

毒品被认为是"对国家造成危害的灾难"，对人民、社会及国家的发展造成了严重的影响。另外，毒品的泛滥对国家的声誉和荣誉造成了影响，使各国认为在泰国人身安全和财产得不到保障，使得外国人不敢到泰国旅游或是投资。

从前文的有关数据可以明显地看到，过去的禁毒工作和不断加重的惩罚并没有使毒品问题得到缓解，单纯的清剿活动并没有什么大的作用，还需要其他的措施来支持。

所以，吸收各方的力量参与禁毒工作是解决问题的另一个途径。因此 2009 年政府制定了名为"五道防线战略"的禁毒计划，这是针对禁毒计划中五个方面的薄弱环节提出来的，这些环节分别是边境、社会的危险因素、家庭和社区的弱点，经济和社会方面的因素。

"防线"一方面是指从地理方面的防御，另一方面是指国家和民众共同进行有效的合作，即边境防线、社区防线、社会防线、校园防线以及家庭防线。

第一道防线：边境防线。

大部分的毒品是从邻国生产然后走私进入泰国的，这一方面，泰国的军队是主要的防御力量。边防军根据地域负责，主要负责边境巡逻，阻截毒品从边境进入泰国，组织边境村庄的村民作为监督的志愿者。包括通过新闻报道以及和邻国在情报、毒品的堵截和边防之间的合作。

第二道防线：民众防线。

因为民众对毒品没有抵御能力使得毒品的扩散十分容易。政府明确规定：支持民众参与解决各方面的社会问题。强化村长和社区领导通过社区监察毒品的交易和吸毒行为的作用，以便于在农村和基层民众中发现毒品问题，当然，这也包括法律方面的措施，以解决国内的毒品贸易以及吸毒人员的戒毒问题。

第三道防线：社会防线。

社会防线主要是针对儿童和青少年，在过去的 2～3 年中，社会中的消极因素，一些非法的娱乐场所，没有登记的住宅、台球室、赌球场所、赌马场、赌场、网吧等一些非法场所都是会让青少年接触到毒品的危险场所。这一道防线主要是通过府尹/各府的负责安全事务的主任负责一些辅助性的事务。比如说新建运动场、音乐教室，青少年进行发明活动的场所，同时还包括建立各式各样的训练营，使其成为规范社会的力量，如志愿教师训练营、监护人训练营、青少年训练营以及社区训练营等等。

第四道防线：校园防线。

通常青少年是接触毒品的高危群体。因此，解决青少年问题应该着重于各级的教育机构。有关这项工作由教育部牵头，负责检查和收集吸毒者、进行毒品交易者以及受到毒品危害的青少年的资料，同时让教师通过在教学场所安排各种活动以规范青少年的行为，比如说设置特别的课程，根据青少年的需要设立音乐、体育、艺术和职业发展等训练营，同时还应在管理者和民众中建立网络。

最后一道防线：家庭防线。

这道防线被认为是这一战略中重要的一环。因为当家庭的基础牢固那就将成为国家牢固的基础。社会发展与民众安全部将在群众中设立家庭发展中心，致力于在各个家庭的家长中普及禁毒知识，使之成为禁毒力量中的一员。

除了禁毒的五道防线外，国家还采取法律措施打击贩毒集团，以阻断毒品向吸毒人员扩散的渠道。这项工作主要是由警察部门来负责的，同时卫生部将加快对吸毒人员戒毒和恢复计划，当然，这需要多个方面的配合，包括社区渠道，民间团体通过相关的中央机构，如泰国军方、内政部、劳工部的合作建立恢复训练营和学校的规范行为；另一方面，在戒毒恢复完成后对其生活给予帮助，比如说，安排工作，提供创业资金，帮助经过戒毒的人重新进入社会，过上正常的生活。

毒品是一个全国性的问题，单靠某个部门是难以解决的，必须健全社会的各级机构、家庭、社区、学校、宗教机构，使它们都在禁毒战争中发挥作用，这样泰国的毒品问题才可以得到真正的解决。

（七）泰国的禁毒措施取得的成效

1. 罂粟种植面积大幅降低，鸦片产量减少

20 世纪 90 年代中期，泰国的毒品原植物改植计划和山区开发项目基本完成，取得了可喜成就。罂粟种植面积 60 ~ 70 年代中期为 11 ~ 15 万莱（每莱 2.5 亩）；70 年代中期 ~ 80 年代中期为 2 ~ 8 万莱；80 年代中期 ~ 90 年代中期为 2 ~ 6 万莱；世纪之交的最少年份仅有 1

万莱左右。鸦片产量 60~70 年代中期为 140~180 吨，占金三角总产量的 2/5 左右；70 年代中期~80 年代中期为 30~70 吨，占 1/25 左右；90 年代以来减少到 10~25 吨，不到 1/100。

2. 在打击毒品犯罪、强制戒毒方面了取得明显成效（具体数据见表 4-1、表 4-2 和表 4-3）

面对毒品泛滥的严峻形势，泰国政府近年来不断加强对毒品犯罪的打击，取得了较大成绩。自 1997 年到 2001 年一季度，泰国总计破获涉毒案件 773 488 件，抓获涉毒人员 839 720 人，缴获各类毒品 73 981 公斤。2001 年 3 月他信总理主持的禁毒工作会议确定了堵源、截流、严打、社会协力的禁毒方针。堵源方面，在近十几年来推广替代种植，已使泰国境内罂粟种植面积减少 90% 的基础上（从 20 世纪 80 年代初的 8 800 多公顷减少到 2001 年的 900 公顷），力争进一步减少境内毒品种植和生产，同时加强堵住境外毒品流入泰国或经泰国转口其他国家。截流则重点加强对吸毒人员的戒除工作，减少国内对毒品的需求。泰国以往 5 年每年约有 4 万吸毒人员接受戒毒治疗，他信总理当时要求今后每年增加到 10 万人。严打方面，加大对毒品犯罪的打击力度，政府制定第一期战胜毒品计划（2001~2002 年）中，7 000 多人被列入需严厉打击的毒枭、毒犯名单。

目前，泰国毒情与前几年相比，已经有了很大改变。甲基苯丙胺药片仍是泰国最主要的走私与消费的毒品，过去几年里在城市社区最为流行，现在在泰国一些城市的社区仍然存在走私和消费问题。海洛因和甲基苯丙胺仍然是泰国北部毒品和违禁药品消费的主要种类。缅甸东部掸邦和老挝北部生产的片剂冰毒（Ya-ba）有 80% 走私进入泰国。在泰国泛滥的冰毒片剂主要是由缅甸掸邦第二特区（佤邦）生产的带有"WY"字样的圆形药片，其中含有 25%~30% 甲基苯丙胺，60%~70% 的咖啡因，5%~10% 的其他成分。

2003 年 2 月 1 日至 5 月初，在他信总理亲任扫毒总指挥开展的"向毒品宣战"禁毒行动中，泰国警方共破获毒品案件 5 万多起，抓获毒犯 4.4 万余名，约有 28 万吸毒人员向政府自首，缴获摇头丸

4 230 万粒，没收毒资 30 多亿铢，900 多名涉毒政府官员遭到开除或法办，其中包括 700 名警察。

据泰国政府 2003 年公布的数字称，泰北共有 18 000～30 000 人从事毒品交易活动，有 65 000 人～80 000 人是吸食毒品的"瘾君子"，有 280 条路线和 371 个村庄涉及走私毒品，国内种植鸦片 2 100 多英亩，17 500 个村庄中逾 70%受到毒品的影响。

泰国政府 2001 年前开始在全国范围进行的扫毒工作取得了卓有成效的进展。据统计，泰国境内的毒品交易量呈逐年下降趋势。2005 年查获的毒品总量比 2003 年减少了一半多。从 2003 年泰国"禁毒战争"开始，冰毒的扩散趋势有所缓解。与 2005 年相比，海洛因在泰国的流行正在减少，主要原因在于缅甸的海洛因产量有所降低，而且海洛因进入泰国后主要是转运到第三国。在泰北边境的 3 个省主要有 3 条毒品走私路线，湄宏顺有 8 条，清迈有 17 条，清莱有 8 条。泰国政府高度重视此次禁毒行动，专门成立了"国家战胜毒品指挥中心"，任命负责安全事务的副总理差瓦立任指挥中心主任，泰警察总监、泰军最高司令、三军司令任副主任，并由国防部具体负责边境地区的缉毒任务；泰军最高司令部成立了"泰军战胜毒品指挥中心"，最高司令任中心主任，在 4 个部域分别成立"禁毒指挥中心分中心"。泰军最高司令制定了泰军禁毒行动计划，要求陆海空三军加强对所辖防区边境村寨、海岸线、边境通道等的监控，防止毒品、制毒工具和化学药剂过境泰国边境一线。

因为地理因素、毒品形势的特点以及每个地区行政官员预防和禁毒能力的不同，泰国 4 个地区的毒品形势也有所不同。为了解决这一问题，泰国政府通过 ONCB 设立了许多运作计划来减少对于毒品的供应与需求。

在减少需求方面，其主要根据是总理 1998 年的第 141 号命令，这一命令主要是通过各个部门的合作控制毒品的扩散和流行。不仅鼓励公众抗击毒品，对毒品犯罪施加压力，而且通过提高现有的治疗技术和恢复中心的潜力与水平来加强治疗和恢复的能力。

在减少供应方面，法律措施仍然是重点强调对毒品的镇压和堵截措施，同时镇压毒犯和他们的贩毒集团。根据已经完成的 1998 年第 192 号总理命令，扫毒工作的范围已经在全国扩展开了。

2008 年，禁毒机构对泰国境内毒品问题的关注集中于化学药品的管制，特别是甲基苯丙胺的主要原料，如咖啡因的非法进口。现在，由于对化学原料和药片生产的机器和设备的检查，这些原料和设备已经转移到泰国以外的地区。由于这些严厉的措施，泰国政府希望毒品交易会因为原料短缺而受到影响。

国内方面，泰国政府重视全社会协力禁毒，加强军、警、政各部门在禁毒斗争中协调配合，改变以往各自为政的状况，同时拟修改、完善相关法律，杜绝禁毒工作法律上的漏洞。在全国普遍展开建立无毒社区、学校运动，在全国中小学开展"远离毒品"教育，通过各种传媒对大众开展禁毒宣传等。

同时，泰国政府将各国的合作禁毒作为一项主要的政策，鼓励同其他国家和地区的双边合作。这些合作主要集中在情报、经验的交流和其他在毒品控制方面必要的操作性合作上。

表 4 - 1　泰国 2002—2006 年打击冰毒犯罪情况

年份	破获案件数	抓获违法人员数	缴获数量（公斤）
2002 年	41	48	8
2003 年	70	112	49
2004 年	195	265	47
2005 年	506	664	323
2006 年	476	604	89.33

资料来源：泰国北部地区毒情形势调查课题组：《"金三角"地区毒品形势调查报告》，载《云南警官学院学报》2007 年第 3 期，第 16 页。

表 4-2　泰国 2002—2006 年打击海洛因犯罪情况

年份	破获案件数	缴获海洛因数（公斤）
2002 年	2 243	704.762
2003 年	1 190	274.626
2004 年	539	790.822
2005 年	330	1 487.669
2006 年	215	71.108

资料来源：泰国北部地区毒情形势调查课题组：《"金三角"地区毒品形势调查报告》，载《云南警官学院学报》2007 年第 3 期，第 17 页。

表 4-3　泰国接受戒毒治疗的各类毒品吸毒人员数据　　单位：人

种类 \ 吸毒人员	2003 年	2004 年	2005 年	2006 年
苯丙胺类	211 327	2 457	31 062	15 511
海洛因	6 953	3 361	2 207	1 186
鸦片	21 993	4 396	3 803	1 949
吸入剂（inhalents）	11 060	2 937	1 626	683
其他	4 958	1 804	2 463	1 139
不确定	53 499	1 630	5	4
总量	319 733	41 596	43 814	21 529

资料来源：泰国北部地区毒情形势调查课题组：《"金三角"地区毒品形势调查报告》，载《云南警官学院学报》2007 年第 3 期，第 17 页。

第三节 泰国毒品问题的发展趋势

总而观之，当代泰国毒品问题的一些新的发展或趋势主要表现在以下几方面。

一、泰北地区罂粟种植面积虽然大幅降低，但是仍然不能杜绝

泰北地区的罂粟种植和鸦片加工可以追溯到 19 世纪上半叶，随后各个贩毒集团在这一地区大肆进行鸦片收购、毒品加工和贩销活动，以及国际毒品市场的扩大，都大大刺激了该地区的罂粟种植，鸦片产量也随之剧增。据有关方面估算，20 世纪 60 年代，泰北地区的罂粟种植面积为 11～15 万莱（26～36 万亩），鸦片产量最高达 140～180 吨。

20 世纪从 60 年代末期开始，泰国实施了改植计划，罂粟种植面积有所减少，鸦片产量也有所下降，但是这些成就只是与原来的状况相比较而言，而实质上的危害并未降低多少。加之改植计划中存在的一些问题，改植成果没有得到巩固，罂粟种植面积出现了反弹。如 1979～1983 年泰北地区罂粟种植面积均控制在 10 万亩以内，而 1983～1984 年的种植面积都超过了 10 万亩。20 世纪 90 年代初期至中期种植面积为 5 万～14 万亩，近两年已不到 1 万亩。罂粟种植和鸦片加工仍是泰国毒品问题的一个主要方面，仍将对泰北乃至泰国内地构成严重的威胁。从表 4-4 可以看出，泰国的罂粟种植面积和鸦片产量在 2003～2004 年度降到了历史最低水平，但从 2004～2005 年始，由于各种因素，导致罂粟种植面积又出现一定的反弹，但基本属于零星种植。据泰国官方估计 2005～2006 年间，罂粟种植面积为 157 公顷，分布在泰北地区和其他六个山区地点，比 2004～2005 年间的 119 公顷略有增长。另外，"冰毒"和海洛因加工工厂也很少发现。从表 4-5 看，泰国的罂粟种植面积和鸦片产量在 2007 年和

2008 年都出现了增长。

表 4 - 4　泰国罂粟种植和鸦片生产统计

年份	种植面积（公顷）	鸦片产量（公斤）
1961/1962	12 112	64 000
1965/1966	17 920	145 600
1984/1985	8 290	33 560
2003/2004	7	110
2004/2005	119	15.6 × 119 = 1 766.4
2005/2006	157	15.6 × 157 = 2 449.2

资料来源：泰国国家肃毒委员会，转引自梁晋云：《"金三角"地区泰国北部毒品形势调查报告》，载《东南亚纵横》2008 年 12 月，第 23 页。

表 4 - 5　2008 年泰国鸦片调查表

	2007 年	2008 年	与 2007 年比较的变化值
鸦片种植面积（公顷）	231	288.06	+ 24.63
鸦片平均产量（公斤/公顷）	15.6	15.6	0%
预计鸦片产量（吨）	3.6	4.5	+ 24.65
鸦片销毁量（公顷）	220	284.46	+ 29.46
鸦片平均起价（美元/公斤）	1 071	1 250	+ 17%
鸦片的估算总值（百万美元）	3.6	5.6	+ 55.56%
估计鸦片种植涉及的家庭（户）	1 600	1 800	+ 12.50%
涉及鸦片种植的家庭（户）	8 000	7 200	- 10%
估计的鸦片滥用者（人）	1 359	/	/

资料来源：UNODC, Opium Poppy Cultivation in South - East Asian, Lao ppk, Myanmar, December 2009.

二、传统毒品仍将在泰国扮演主要角色，毒品种类从单一化发展到多元化

根据以往的经验，毫无疑问，安非他明将是今后一段时间内主要流行的毒品。90%的安非他明是金三角周围的国家生产的。从邻国流入泰国的安非他明呈增长趋势，而且这些国家的生产能力也未见下降趋势。因为泰国政府的严厉打击，毒品的运输线路有所改变。国内对于大麻的需求呈稳定趋势，但是对海洛因的需求呈下降趋势。今后一段时间，泰国国内大麻的生产能力将会下降，因为从邻国的进口增加了。此外，对大麻需求的外国市场仍然存在，如马来西亚、印度尼西亚、美国和欧洲。所以泰国将会是大麻从其邻国运往第三国的主要通道。根据海洛因的情况，80%的海洛因将会出口到其他国家，特别是美国和欧洲。总之，以上三种毒品将会在泰国扮演主要角色。

但是，从泰国警方20世纪60年代至21世纪初近30年中的缉毒战果来看，虽然鸦片和海洛因占大部分，但已包含了少部分的吗啡、大麻、冰毒。可见，困扰泰国社会的毒品早已由单一的鸦片发展为多种类了。

值得一提的是，20世纪90年代中期以来，冰毒在泰国社会的影响逐渐扩大。冰毒在泰国被称为"马药"、"疯药"，吸食冰毒的人群呈现出一种社会化趋势：以体力劳动者、中小学生、农村村民到部分失业人员，甚至在和尚和教师中也有人吸食。据泰国国家麻醉品控制署的不完全统计，1997年在戒毒中心的吸毒人员中有39.8%的吸食冰毒，这一比例明显高于其他毒品的吸食。联合国禁毒署东南亚与太平洋区域中心估计，当年泰国大概走私贩卖了1亿多片冰毒。泰北沿泰缅边境一线是走私贩卖此类毒品的中心。目前，从泰北到泰国内地，冰毒可谓无孔不入，"冰毒"的扩散速度、影响范围已超过了其他种类的毒品，对泰国社会构成了巨大的危害。

三、吸毒人数迅速增加，毒品造成的社会问题越加突出

目前泰国的吸毒人员已近 100 万，特别是青少年吸毒人数增加更加迅速，仅吸食冰毒者就达 60 余万人，占青少年人口总数的 1/30 左右。现在毒品特别是冰毒已渗入泰国各个阶层，甚至僧侣和学生也有不少加入了"冰毒瘾君子"行列，冰毒宛如瘟神在泰国游荡，使泰国各界始料未及，防不胜防，堵不胜堵。目前泰国 2/3 的犯罪与冰毒有关。毒品已成为影响国家安定和社会稳定的最大祸源。因冰毒酿成的血和泪的故事，每天都充斥着泰国的报刊、广播和电视。

四、毒品贩销集散中心的作用越来越突出

近 30 年来，由于泰国政府对泰缅边境地区的毒品生产和贩销严厉打击和控制，泰国境内的毒品产量明显减少，而其作为金三角毒品基地通往东南亚乃至世界其他地区和国家的通道地位却日益突出。

泰国南部有长达 2 600 公里的海岸线，西南面临印度洋的安达曼海，东南濒临太平洋的泰国湾。首都曼谷即全国最大的河港和海港，又是东南亚最繁忙的空运中心，是亚欧之间重要的航空枢纽。如此便利的自然条件加上泰国对外开放的经济政策，就很容易被毒犯集团利用，各贩毒集团极力开辟由金三角贩毒集团为始，中经泰国最后转运至其他地区和国家的专门线路，在泰国各处设立贩毒联络点和转运中心。即使面对泰国政府及国际禁毒组织的严厉打击，毒犯们仍不愿放弃泰国这一"得天独厚"的集散地，而采取更加隐蔽的手段继续在此组织着毒品的贩销。从泰国每年缉获的毒品数量之巨来看，大量涌入泰国的毒品已经远远超过了泰国本国毒品市场的需求，显然其中很大部分是途径泰国转销世界其他地区或国家的。泰国已成为东南亚乃至世界性的毒品集散中心。

五、毒品集团的"洗钱"活动将会更加猖獗

（一）"洗钱"后毒品利润的流向

一旦毒品所带来的利润被清洗干净，它们就可以用在许多方面。

第一，用于毒品扩大再生产，购买更多的毒品，或用来支付诸如毒品携带人以及运输成本等费用；第二，用于加强毒品组织的力量，消除或威吓竞争对手，贿赂政府或军方官员，以及购置武器弹药；第三，清洗干净的钱财可以公开地用来再投资，如投资于房地产、股票、购买股份或其他商业活动（如饭店、餐饮和旅游业，这些行业现金流量大，管理相对较弱，创业或进入没有技术障碍，竞争力较强）。此外，最简单的情况是，毒品赚来的利润可以使毒品制造者和走私者过上奢侈、富裕的生活。

（二）与东南亚贩毒集团有关的主要洗钱中心

"洗钱"是将非法所得转入合法流通渠道的过程，也是云南境外大金三角毒品集团在毒品贸易特别是在跨国界和跨地区的毒品贸易中所惯用的手法。洗钱活动通常分三个阶段：第一是资金放置到位阶段，就是洗钱者将非法所得资金开列账号存入银行；第二是资金分层阶段，就是洗钱者将巨资化整为零，用电子或其他高科技手法将其寄往海外市场，进入流通渠道；第三是资金整合阶段，就是洗钱者将分散于各金融市场的资金回笼整合，融入所在地区和其他地区的金融体系，重新进入合法或非法的经济活动。

20世纪90年代，全球毒品贸易额迅速增长。90年代初期，全球毒品贸易总额为3 000亿～4 000亿美元，中期为4 000亿～6 000亿美元，末期达到7 000亿～8 000亿美元，大大超过全球汽车贸易的总额。这些巨额毒资的流动大多是通过"洗钱"来实现的。

近几年，中国和东南亚各国实施了金融市场开放和大量吸纳外资的政策，这给大金三角毒品集团的洗钱活动提供了便利。据一些国际毒品问题专家的研究，中国和东南亚一些国家已成为毒品集团的主要洗钱场所。

东南亚贩毒集团的洗钱中心目前主要包括加拿大、中国香港、泰国以及后来者居上的柬埔寨。

毒品收益之所以能够占据或支配加拿大的洗钱场面，主要是由于其相对不完善的货币控制与现金报告制度。加拿大洗钱的大部分来自东南亚毒品业。

泰国和中国香港成为洗钱的中心，其因素包括：银行保密法的存在（尽管泰国在1998年制定法律开始着手解决这一问题，但银行保密法不允许司法当局插手进行调查）、低收入税规定、优先的购买或成立皮包公司的限制以及业已存在的地下银行/汇款体系。柬埔寨吸引贩毒集团成为洗钱中心之一的原因，主要是柬埔寨不受控制的现金经济制度造成的，这使赃钱可以很容易投进饭店、夜总会、酒店、豪华商品经销店、赌场等营业场所。

总之，泰国毒品产销的现状和发展趋势是多种因素共同作用的结果，其中不乏历史原因，而现实因素中当代国际贩毒组织和世界毒品市场的不断扩展，更是大大影响着泰国境内的毒品产销活动。在全球毒品问题恶化的大环境中，泰国境内的毒品产销活动将在一段时间内存在甚至活跃起来，而泰国社会因毒品而生的问题也可能更加复杂。

第四节　泰国禁毒工作中存在的问题和解决策略

一、泰国禁毒工作中存在的问题

泰国是"全球性扫毒战略"的试点国家之一，是国际扫毒运动的主要对象。从20世纪从60年代中期以来，在联合国有关机构和一些国家及地区的财政援助下，泰国政府积极配合，采取有效的政策措施，使毒品走私、罂粟种植及鸦片生产明显下降，但是泰国的毒品问题仍然十分严重，其中主要存在着以下问题：

一是在泰国发展替代毒品产业时，一些不愿意实施替代的山地民族迁到了其他国家和地区，仍重操旧业，而且将毒种和生产技术带到了新的地区。因此，在泰国毒品产量减少的同时，其他毗邻国家的毒品增加了，而且总量也增加了，形成局部减少，全局增加的局面。

二是对泰北毒品集团实施的军事行动只伤其皮毛，未动其筋骨。毒品集团又将其毒品加工设施迁到了毗邻国家和地区，而且不断增加和更新设备技术。结果是毒品加工不但有增无减，而且精度和毒性更高了。

三是泰国实施的国际禁毒合作发展替代毒品产业，并未从根本上改变金三角的毒品产销格局。在这一地区，毒品依然没有边界，不受国家、民族、宗教和税制等的制约。泰国强化肃毒，在促使毒品基地北移东扩的同时，毒品营销网络也在北移东扩，导致毒品市场不但没有减少，反而扩大了。

四是泰国改植计划仍有其很大的局限性。对一个地区实行改植，涉及一系列经济社会问题，涉及原有生活方式和生产方式的改变，甚至是对一种民族文化的否定。例如：在开发区只允许进行泰文教育，在改植区进行村社组织建设，必须由政府任命村长，这个村寨才算合法，村民才能获得公民权，否则就只能作为"难民"而被歧视。改植计划具有强制性，在许多方面仍是强制同化，往往表现出"大泰族主义"倾向。正因为如此，有的山民仍以迁徙来逃避改植。

另一方面，改植计划也是一个改变人们价值观念的过程，它涉及向山区少数民族灌输现代化思想和商品化意识，提高生产力，改变传统生产方式、生活方式等问题，因而也是一项极为困难的任务。改变人的意识，是落后地区发展的关键，但同时也是改植计划中最大的困难。因此也有外国观察家对改植计划存有疑虑，认为其成果难以得到巩固，甚至批评"改植计划只是自欺欺人"。

二、未来影响泰国毒品形势的主要因素

在接下来的几年中，缅甸的政治和民族问题仍将是影响泰国边境毒品问题的主要因素。缅甸的国内冲突导致军队需要从毒品贸易中获得资金来源。所以泰国不可避免地将会受到毒品流动的影响。

过去，金三角生产的海洛因60%会从中国过境。从1996年开始，中国采用最严厉的手段对毒品运输进行控制，迫使毒品运输改

道从泰国、老挝、越南和印度境内通过。同时，中国对香港恢复实施主权也成为犯罪集团向泰国转移的另一个原因。

金三角区域经济合作的扩大对毒品贸易起到了刺激作用。这一地区国际运输线路的发展成为毒品运输便利化的主要因素。因此从金三角生产的毒品可以通过其他区域广泛而持续地散播开来。

经济和社会发展引起的社会和文化的变化吸引人们卷入毒品贸易中来。为了在很短时间内在这个工业化和物质化的社会中满足他们的欲望和提高其生活水平，越来越多的人为了金钱参与到了毒品贸易中来。

三、泰国政府解决毒品问题的启示

从泰国的禁毒斗争和国际禁毒合作出现的问题和经验中，我们得到了如下启示：

一是在毒品国际化、全球化的时代，仅仅在某一国家或地区实施国际禁毒合作、发展替代毒品产业，不仅达不到根除毒品对全球祸害之目的，也难以起到根除毒品对该国祸害的作用。

二是改植计划从表面上看是一项以替代罂粟为目的的发展计划，但实质上是一项综合性的贫困山区开发计划。几乎每个山区发展计划都涉及农业、造林、卫生、教育、基础设施建设和旅游等项目。简单的手段是不可能达到罂粟替代目标的。只有通过综合的、系统的方法，使山区少数民族在生活水平上明显提高，才有可能改变旧的传统习惯，只有引入新的生产方式，才有可能巩固改植的成果。

三是肃毒是全人类的共同事业，需要全球共同行动，在国际社会广泛参与，各国紧密合作，发动肃毒世界大战，在全球所有毒品产区同时发展替代毒品产业，消除制贩毒人员赖以生存和发展的土壤，才能达到肃清毒品之目的。

四是毒品问题的根源是贫穷，毒品产地均是世界的穷困和动乱地区。因此发达国家应负起帮助毒品产区社会、经济和文化发展的责任，将其每年数以千万计美元的国内肃毒经费之一部分用以毒区开发，为全球从事贩毒的人们开辟新的谋生渠道，才能从根本上清除毒源，消除毒害。

五是拟在联合国旗帜下，进一步建立和健全全球禁毒机制，扩大和加强联合国禁毒署的职能和权力，组织国际警察缉毒部队，建立国际禁毒和毒区开发基金。同时拟在司法、情报、信息、替代产业、查缉毒品、引渡毒犯、反洗钱和其他有关禁毒事业方面，缔结和签署国家合作公约、条约和协议。

参考文献

[1] 泰国北部地区毒情形势的调查课题组：《"金三角"地区毒品形势系列调查报告(三)》，《云南警官学院学报》2007 年第 3 期。

[2] 梁晋云：《"金三角"地区泰国北部毒品形势调查报告》，《东南亚纵横》2008 年第 12 期。

[3] 刘稚：《"金三角"毒品形势的变化与国际禁毒合作》，《当代亚太》2001 年第 9 期。

[4] 王新建：《东南亚金三角毒品威胁及其对策》，《福建公安高等专科学校学报——社会公共安全研究》2001 年 7 月。

[5] 刘稚：《妖冶的罂粟花——"金三角"毒品扩散现状》，《世界知识》2004 年第 22 期。

[6] 祁苑玲：《依托大湄公河次区域合作消除"金三角"的贫困和毒品》，《东南亚纵横》2005 年第 6 期。

[7] 刘稚：《中国与东盟禁毒合作的现状与前景》，《当代亚太》2005 年第 3 期。

[8] 泰国麻醉品控制局网站：网址：http://www.thaidrugpolice.com/data.html.

[9] [泰]《将毒品赶出泰国》《ยอดยาเสพติดทะลักไทยพุ่ง》，网址：http://www.thaihealth.or.th/node/9824

[10] [泰]《新配方毒品在南部肆虐》《ยาเสพติดสูตรใหม่ระบาดหนักภาคใต้》，

网址：http：//www. thaihealth. or. th/node/8672

［11］［泰］《指出解决毒品问题的道路》《ชี้แนวทางแก้ปัญหายาเสพติด 》网址：http：//www. thaihealth. or. th/node/7875

［12］［泰］《对五道防线战略的评论》《มาร์คตั้งยุทธศาสตร์ 5 รั้ว 》，网址：http：//www. kroobannok. com/6804

［13］［泰］《五道防线的围绕　远离毒品的侵害》《5 รั้ว ล้อมไทย พ้นภัยยาเสพติด 》，网址：http：//www. thaihealth. or. th/node/9831

第五章 越南的毒品问题

马 勇 杨祥章

越南地处大金三角的最东侧，其罂粟种植历史与老、缅、泰三国相近。因越南获得独立后根除了罂粟种植和鸦片生产，所以没有被列入原金三角毒源的范畴。从 20 世纪 80 年代开始，越北地区的罂粟种植和鸦片生产又死灰复燃，种植面积一度达 1 万多公顷，鸦片生产达 200 多吨，被称为"东南亚的又一毒品基地"。加之缅北河老北地区罂粟种植面积迅速扩大，毒源重心北移，越南也被列入了大金三角的范畴①。

第一节 越南毒品问题的起源与发展
(20 世纪 90 年代初以前)

一、封建时期的鸦片问题

18 世纪末至 19 世纪初，鸦片开始输入越南。从越南语"鸦片"一词来看，开始是当药品进入越南的，Thuocphien，前者是药的意思，后者大概是梵语（phan）的变音，即从印度来的药。

1802 年，越南最后一个封建王朝——阮朝建立，朝廷对鸦片的

---

①马树洪主编：《云南境外毒源研究》，云南民族出版社，2001 年版，第 115 页。

危害逐渐有深入的认识，政策也随之逐渐完善，惩治也日益严厉。有一个在明香乡买卖鸦片的商人送给北城（今河内）镇总官一些鸦片，这位镇总官吸了鸦片后，迷糊了五六天不省人事。这种事屡见不鲜，无人过问。此事传到皇帝的耳朵里，才下诏禁吸、禁止买卖鸦片。明命元年（1820 年）七月，阮圣祖谕群臣曰：鸦片鸿毒之物，来自外国游棍荡子。始吃以为风流，转相沿习，往往迷而不能舍，官废其职，民荡其业，甚至积羸成病，损脏伤身。可议以严禁之。于是廷臣议奏：不论官民，敢有吃鸦片及藏匿煎煮贩卖其罪徒，捕告者赏银二十两，父兄不能禁约子弟及邻佑知而不举，各以杖论。

明命十二年（1831 年）四月，"帝谕内阁曰：鸦片乃外番所造，转买（卖）愚顽，败坏人心，有关风俗不小。年前节次，严禁外国商船盗载，明著条章，更念本国官船间有派往外国，不得不严为禁令，以杜弊端，其以本年为始，凡官船洋程公回，权泊在何辖者，地方官即派兵加意提防，如有挟带鸦片上岸，立拿人赃具奏。其安泊在沱漫汛则由镇官，抵官则由兵刑二部派员会同侍卫，各取重供，详加检察，若有拘稳，觉出犯者重治，检察员亦严议。"这里提到的沱漫即为今日越南的岘港。

初始，阮朝对买卖、吸食、藏匿鸦片者，流放 3 000 里以外的边远地区，知情不报者罚杖 100 下。到明命二十年（1839 年），惩治严厉了，凡买卖、藏匿鸦片 1 斤以下者，处于死刑缓期执行；1 斤以上者，处以死刑立即执行，财产充公。受贿者、包庇者同罪。知情不报者，罚杖 100 下，流放 3 000 里以外边远地区。如实举报者赏，1 斤以下者赏银 200 贯，1 斤以上者赏银 250 贯。

明命时期（1820～1840 年）、绍治时期（1841～1847 年）、嗣德时期（1848～1882 年）的头 17 年（即 1848～1865 年），阮朝对禁毒很严厉，嗣德十七年（1864 年）以后，越南逐渐沦为法国殖民地。1865 年，法国殖民者首先占领了南部的嘉定、定祥、边和三省，嗣德帝效仿法国，对老百姓吸食、买卖鸦片，不禁，只上税，但对官员和举人、秀才等学生禁毒①。

二、法国殖民统治时期的毒品生产

同老挝一样，越南的毒品生产也是在法国殖民统治时期逐步发展起来的。法国殖民者占领越南以后，买卖鸦片，吸食鸦片合法化、公开化，并鼓励种植罂粟。其目的一是毒害越南人民的身心，使其成为不堪一击的病夫；二是搜刮民财，增加殖民者的库银。法国殖民者垄断鸦片的买卖，种植的罂粟，要完成殖民者交给的任务后，剩下的才能出售和消费；税收不缴给当地的统理、统贯，而是向殖民当局专门设置的税收部门缴纳。种植者除卖烟膏外，殖民者也收购罂粟果，人挑马驮到指定地点，像牛屎堆一样堆集，损耗很大。

19 世纪后半期，法国殖民者把莱州省奠边府扶持成盛产罂粟的地方，鸦片销往越南国内和中国。法国殖民者公开卖鸦片，如在河内市皮行街、桃行街，有的杂货店用一根木棍，挑出一块铁皮制的牌子，长约 30 余公分，宽约 18～20 公分，白底黑字，上写法文 Regie Opium 的缩写 RO 二字，意思是在税务监督下出卖鸦片。在这种环境下，吸鸦片的人很多，富人抽，穷人也有吸的②。

20 世纪 20 年代和 30 年代，法国殖民者曾派遣"专家"到越南西北部，帮助山地民族发展鸦片生产和贸易，使该地区成为当时印度支那最大的鸦片产区。二战后，法国和美国长期在越南南部推行"扶毒剿共"政策，使南越的毒品问题继续得以发展，当时西贡（今胡志明市）是东南亚地区最大的毒品集散地③。

三、越南民主共和国时期的毒品问题

越南民主共和国成立以后的毒品发展情况，可分为三个时期。

①《大南实录》正编第二记卷，转引自范宏贵：《越南的毒品及禁毒措施》，《东南亚纵横》2000 年增刊，第 17～23 页。

②范宏贵：《越南的毒品及禁毒措施》，载《东南亚纵横》2000 年增刊，第 17～23 页。

③马树洪主编：《云南境外毒源研究》，云南民族出版社，2001 年版，第 52～53 页。

第一个时期，是处于抗法抗美战争时期，实行农业合作化的 20 世纪 50～60 年代，罂粟禁种运动取得显著成效。政府号召已种植罂粟的各族群众放弃种植罂粟，通过动员、宣传教育、学习、讲解，做了大量深入细致的思想工作，广大群众对鸦片的弊端有了正确的认识，再加上农业合作社实行对社员生活全包下来的政策，社员生活有了保障，对原来种植罂粟后来放弃不种、从而减少了家庭收入的农户，国家适当给予补贴，尽管当时还处于战争时期。干部首先带头不种罂粟，群众也跟着不种植。赫蒙族即苗族，是种植罂粟最多的民族，他们聚族而居，生活、耕作要求一致，全寨人都不种罂粟，如有个别人种植，按习俗他得搬离本寨，到另一个种植罂粟的寨子去住。然而，每个寨子都不种植罂粟，又能搬到哪个寨子去居住呢？这样，这个时期，罂粟在越南基本绝迹。

第二个时期，20 世纪 70 年代的动荡时期，罂粟种植死灰复燃。20 世纪 70 年代，抗美战争进入更加激烈、残酷的阶段，居住在越南、老挝边境的赫蒙族不得不疏散。中国的苗族由于"文化大革命"的原因，有的进入越南。这种迁移大多数是自由搬迁，利用宗族纽带搬迁的人很少。老挝的赫蒙族迁移到越南后，继续种植罂粟，这就影响到越南，在赫蒙族中点燃再种罂粟之火。当时农业合作社还有强大力量对罂粟的销售进行管理，合作社之上由国家统一控制，但只坚持了三年，由于客观原因逐渐松弛，最终，失去了约束力。

第三个时期，20 世纪 80 年代实行农业承包制至 90 年代初，种植罂粟盛行时期。70 年代末，越南开始出现经济危机，1986 年，通货膨胀率高达 774.7%，是经济危机最严重的一年。受经济危机和国际毒品泛滥的影响，越南北部的罂粟种植和鸦片生产又重新活跃起来。越南政府对罂粟种植和鸦片生产不但不制止，反而采取支持鼓励的政策，企望以此"提高西北部贫困山区人民的生活水平"和"通过政府有组织地进行收购和出口，为国家增加外汇收入"。1982 年，越南有关部门专门向山区农民发放了罂粟种子，允许每户种植 1～3 亩，收获鸦片由政府统一收购。1984 年、1985 年越南政府正式下文，号召北部地区的人民多种植罂粟。由于政府的鼓励支持，罂粟种植和鸦片生产在越南北部迅速蔓延。

80 年代末，越南农村实行土地承包，政府对农民的控制减弱，政府虽然放弃了统一收购鸦片的政策，但由于种植罂粟能产生较好的经济效益，各地农民特别是北部山区农民仍然种植罂粟，越南罂粟种植进入全盛时期，种植面积达 6 万公顷。越南西北部和北部山区的山罗、莱州、河江、老街、高平、梁山等省是主要鸦片产地，中部地区的清化、太原、义安等省及南部越柬边境的加莱、多乐等省也种植大量罂粟。

随着罂粟种植面积的不断扩大，鸦片产量也日益上升。据有关部门估计，80 年代中期，越南的鸦片产量为 20～30 吨，到 80 年代末 90 年代初上升到 90～110 吨。1990 年，越南第二次提出不种罂粟的号召，政府发出 06 号指示，主要精神是帮助已种植罂粟的农户转向种植其他作物。由于上述种种原因，国家虽然花了不少人力、物力、财力，不种罂粟运动收效甚微，种植面积反而扩大，产量剧增。

第二节 越南毒品问题的现状

20 世纪 90 年代中期以后，越南政府加强了罂粟改植力度，拨专款扶持北部山民搞经济作物替代罂粟种植，收到显著成效。1996 年，罂粟种植面积下降到 3 000 公顷，鸦片产量 50 吨左右，1999 年，罂粟种植面积仅 400 多公顷，鸦片产量 8 吨左右。2000 年的罂粟种植面积和鸦片产量也有较大减少。除了边远地区、深山老林里的死角还有人种植罂粟之外，其他地方基本上已不种植罂粟，种植罂粟的泛滥局面已得到控制。

一、各种毒品加速蔓延，吸毒人数居高不下

近年来，国际和地区毒品问题及毒品犯罪愈演愈烈，越南所面临的形势也异常严峻，各类毒品如鸦片、海洛因、可卡因、大麻及

合成毒品在全国各省市迅速蔓延，城市尤其集中。当前，不少省市存在安非他明、幻觉剂等合成毒品问题，吸毒人数居高不下，青少年、学生吸毒人数日益增多。截至 2002 年 6 月，合成毒品走私已经蔓延到了越南的 34 个省市；2004 年年底，全国登记在册的"瘾君子"有 17 万人，2005 年新增 2 000 人，达到 17.2 万。据联合国毒品与犯罪办公室发布的报告《2015 无毒的东盟：现状及建议》（2008年）数据显示，截至 2006 年 11 月，越南登记在册的毒品吸食者已达 160 226 人，而这一数据约为总吸毒人数的 96%。

　　2004 年，越南有 18 200 人因贩卖毒品被捕，该数据在 2005 年为 17 712 人，到 2006 年为 16 686 人，与 2005 年相比下降了 5.8%①。

表 5 – 1　1995—1999 年越南毒品问题相关数据统计表

年份	1999 年	1998 年	1997 年	1996 年	1995 年
鸦　片					
种植面积（公顷）	2 100	3 000	6 150	3 150	–
估算产量（吨）	11	24	45	25	–
查获情况					
鸦片（吨）	–	–	0.039	0.831	1.418
海洛因（吨）	–	–	0.011	0.054	0.031
大麻（吨）			7.074	0.548	0.574
逮捕人数（人）	18 000	18 000	14 000	6 615	3 649
毒品消费					
鸦片（吨）	18	18	18	18	18
毒品吸食者（人）	185 000	185 000	185 000	185 000	185 000

数据来源：《中南半岛国家反毒行动（1999）》，第 32~33 页。

---

①UNODC, *Drug – Free ASEAN* 2015：*Status and Recommendations*, 2008, p39.

二、毒品对越南社会的危害

毒品已经成为越南社会发展的重大障碍，严重危害了社会治安，衍生了大量违法犯罪，杀人、盗窃、抢劫、诈骗、伤害等刑事案件和各类治安案件时有发生。据统计，85.5%的吸毒者有犯罪前科，或与刑事犯罪有牵连。毒品也是使感染艾滋病人数增加的罪魁祸首，在越南3万艾滋病毒感染者中，有60%以上是由注射毒品引起的。2004年，越南死于吸毒的有1 451人。毒品问题给越南造成了巨大的经济损失。近年来，仅全国登记在册的"瘾君子"吸食海洛因、摇头丸，使越南每年就损失至少2.5~3万亿越盾[1]。

三、毒品问题呈现新的特点

（一）毒品来源及流向、毒品运输渠道立体化、多元化

毒品交易通过陆路、海路、航空、邮件等途径进入越南，呈现立体化特点。毒品走私日益精密化，毒品走私规模大，身体藏毒、邮件运毒在航空及陆上运输线、尤其是越南西北山区日益普遍，此外利用礼物袋、被服、鞋子、木头、石头、废料，混在新鲜水果里，或雇用铁路、航空人员、跨省旅客，或直接用机动车运毒。毒品通过越老边界进入越南，常用的运输线路是从老挝经和平省进入越南。此外，还有多条跨省运输渠道已经形成，进入越南的毒品数量在不断增加[2]。

（二）毒品犯罪活动日益国际化

越南毗邻世界上最大的毒品产地金三角，越老边界长1 650公里，越柬边界长930公里，海岸线长3 260公里，为毒品渗透和中转世界各地提供了便利。随着越南开放度的提高，国际贩毒分子乘机

---

①蒋玉山：《新时期的越南禁毒问题探讨》，载《东南亚纵横》2006年6月，第28页。
②蒋玉山：《新时期的越南禁毒问题探讨》，载《东南亚纵横》2006年6月，第28页。

打通金三角毒品的越南通道，使越南成为毒品中转国。河内、西贡、海防、谅山、高平等省市及奠边府、苗皇、茶岭、重庆、何乐、禄平、同登等县镇成了毒品的主要集散地，每年有大量的毒品通过这些中转站流向国际市场及中越边境。金三角的毒品一是经过越老边境至越南的莱州、山萝、义安三省的边境小路进入越南；二是从柬埔寨走海路进入越南中部和南部。流入越南境内的毒品一部分被当地的吸毒者消耗，一部分从越南沿海地区走私到欧美和澳洲，或者经中国的云南和广西走私到香港，再转运到世界各地①。

另外，国外贩毒分子同国内毒犯之间相互勾结，利用沿海开放和边境地区，将毒品中转到国内外，使得边界、沿海地区毒品走私呈现全线上升的趋势。比如，在广治省，通过"跨国药剂师组织"，毒犯已经多次运输数千粒颗粒状致瘾类药物及神经类毒品进入越南。2004 年，越南公安、边防部队破获了 7 起跨国贩毒案，逮捕了 14 名国外毒犯，另外还有数百起在越南内地破获的案件，都与国外贩毒分子有牵连②。

（三）毒品种类多样化、精制化

20 世纪 80 年代末以前，越南的毒品以自产的鸦片为主，到 90 年代，发展到鸦片、海洛因和大麻并存的状态。其中海洛因约占毒品总量的 40%，鸦片约占 40%，大麻和冰毒约占 20%。随着金三角至越南的贩毒通道打通以后，大量的海洛因经由老挝和柬埔寨流入越南。越南生产的鸦片也有一部分被运往泰国、老挝，加工成海洛因后再运回国内，伺机销往国际市场。大麻主要来源于越南中部、南部九江平原和柬埔寨，在谅山省出现了大麻加工厂。从当时越南公布破获的毒品数量看，呈现传统毒品下降、精制毒品上升之势：1994 年查获鸦片 2 019 千克，海洛因 32 千克；1996 年查获鸦片 884

①刘稚：《中国参与湄公河次区域禁毒国际合作研究》，中国书籍出版社，2004年版。

②蒋玉山：《新时期的越南禁毒问题探讨》，载《东南亚纵横》2006 年 6 月，第 29 页。

千克，海洛因 54.7 千克；1999 年上半年查获鸦片 186 千克，海洛因 38 千克[①]。

进入 21 世纪以来，越南毒品市场又有了新的变化，主要是使用合成毒品的趋势日益增加，鸦片、海洛因在降低，因为合成毒品易于使用，在青年人中很有市场，同时买卖合成毒品获利很高。

（四）毒品消费市场扩大化，吸毒群体年轻化

根据越南国家禁毒委办公室的统计，2001 年，越南有 101 036 名登记在册的吸毒者，但吸毒实际人数估计在 20 万以上。目前吸毒者吸食的有鸦片、大麻、海洛因、冰毒、红片和 ESCATR（合成毒品）等，吸毒者每年用于购买毒品的花费在 2 万亿越南盾（约 1.38 亿美元）。越南社会事务与劳动部的统计资料显示，越南的吸毒主体趋向低龄化，30 岁以下的青少年已占吸毒人数的 70% 以上。吸毒人员涉及范围很广，除了高危人群，如社会闲散人员外，还向国家干部、职工、教师、学生蔓延，农村吸毒群体也在逐年增加。据越南公安部在 50 个省市的调查显示，2005 年有 783 名教师学生涉毒，危害极大[②]。

日益增多的毒品静脉注射加速了艾滋病的流行。同时，与吸毒伴生的抢劫、凶杀、赌博、走私、卖淫嫖娼等社会问题日趋严重，据越南官方估计，有 40% 的犯罪案件与吸毒密切相关，严重危害到了越南国内社会稳定和人民群众正常的生产、生活秩序[③]。

（五）海洛因成为越北山区农民吸毒者的新宠

越南北部山区各省是泰、芒、侬、赫蒙等少数民族聚居区，这些少数民族占该地区居民人数的 65%。通过大量的禁毒宣传，1999 年底吸食鸦片人数大幅下降。然而近年来，吸食海洛因的人数急剧

①刘稚：《中国参与湄公河次区域禁毒国际合作研究》，中国书籍出版社，2004 年版。

②蒋玉山：《新时期的越南禁毒问题探讨》，载《东南亚纵横》2006 年 6 月，第 29 页。

③刘稚：《中国参与湄公河次区域禁毒国际合作研究》，中国书籍出版社，2004 年。

增加，到 2003 年 9 月，越北 13 省吸毒人数占全国的 30.5%，每 10 万人中就有 368 人染毒，是全国平均数的 2.5 倍。吸毒比例高的省份是莱州、山罗、太原。

（六）鸦片种植禁而不绝，国内毒源依然存在

1993 年以来，越南政府虽然采取了一些禁种措施开展铲毒行动，越南北部地区罂粟种植面积也明显减少，但非法种植罂粟的情况仍大量存在。其种植地点多集中在人烟稀少、交通不便、山高林密的偏僻山区和半山区，一些越南边民甚至还到中越两国有争议地段种植罂粟。更为严重的是，极少数地区罂粟种植还有所增加。越北山区是越南最贫穷的地区，部分山民依靠种植罂粟和变卖鸦片为生的局面短期内难以改变，越南的罂粟禁种将是一个长期而艰难的过程。据有关统计，2004～2005 年，全国边远地区 10 省 41 县的 186 个特困乡仍然在复种鸦片，面积达 39.9 公顷①。同时，越南官方也承认，由于自身财力有限，全面禁种的目标难以实现，并将彻底禁种的希望寄托在国际社会的援助上。

四、毒品问题对中越关系的影响

越南是继缅甸、老挝之后，毒品向我国渗透较多的国家之一。越南与我国云南、广西两省区交界，中越陆地边界长达 2 280 公里，有 8 个民族跨境而居，这里通道众多，地形复杂，为跨境贩毒活动提供了便利，而且具有枪毒同流的特点。这些情况表明，越南毒品问题仍将对我国产生不可忽视的影响。建立和加强两国间禁毒合作势在必行。中越两国都是共产党领导的社会主义国家，在禁毒立场和地理环境、人文条件等方面具有良好的禁毒合作基础和共同的利益。中越两国自 1991 年关系正常化以来，双边关系稳定发展。1999 年两国提出了"长期稳定，面向未来，睦邻友好，全民合作"的十

---

①蒋玉山：《新时期的越南禁毒问题探讨》，载《东南亚纵横》2006 年 6 月，第 29 页。

六字方针，政治上高层互访不断，经济上经贸合作发展迅速。从发展中越两国睦邻友好合作关系，从根绝毒品对中越两国的危害，加强中越两国的禁毒合作都是十分必要的。我们应当把握时机，在国家禁毒委的统一部署下，积极开展对越禁毒合作，尤其是注重发展省（区）、地、县与越方的对等会晤和联系，建立情报联络和司法合作，打击跨境贩毒集团，切断国际贩毒线路。同时，大力发展中越边境经贸合作，开展包括贸易、旅游和作物改植等方面的合作，推动北部地区的经济发展，帮助当地山民摆脱对毒品的经济依赖，逐步达到根除越南北部地区毒源地的目的。

五、越南的禁毒措施

越南的毒品问题从 20 世纪 80 年代开始才日趋严重。为遏制国内毒品泛滥和改善国际形象，从 20 世纪 90 年代开始，越南政府逐步制定和推行了各种禁毒政策和措施，加大了禁毒力度，取得了一定成效。

（一）建立健全禁毒机构，增强缉毒能力

1992 年 6 月，河内市公安局经济警察处成立了缉毒队，这是越南最早的禁毒机构[1]。

为了统一领导，协调全国禁毒斗争，越南于 1993 年成立了"国家防治和控制毒品计划委员会"。1997 年 8 月 25 日，越政府总理签署了《关于成立国家禁毒委员会的决定》（686 号决定），成立了国家禁毒委员会，取代原国家预防打击和控制毒品计划委员会。其成员包括 14 个部委，作为全国最高禁毒领导机构。该委员会由越政府副总理阮庆任主任，内务部部长任常务副主任，社会劳动伤兵部部长任副主任。委员有民族与山区委员会副主任、卫生部副部长、政府办公厅副主任、计划与投资部副部长、财政部副部长、越南祖国

---

[1]李晨阳、刘稚：《东南亚有关国家的毒品防控体系》，内部研究报告，2004年，第 11 页。

阵线中央书记处代表、胡志明共产主义青年团中央委员会书记处代表及越南妇女联合会中央主席团代表。该委员会的常务办事机构设在内务部。其职责是：指导实施各项禁毒方针、政策与计划，督促检查各部门、各地方落实政府和总理有关禁毒的各项决议、决定和指示，组织协调各部门、各行业、各人民团体的禁毒工作，指导禁毒领域的国际合作。各省（市）也成立相应的禁毒委员会，负责协调各部门的工作①。

各职能部门也随即成立了禁毒机构。1998 年，越南公安部成立了禁毒局，各省（市）公安厅成立了禁毒处，部分边境县公安局成立了禁毒科，专门负责毒品案件的查缉以及禁吸戒毒等方面的工作。越南国防部也于同年 9 月在越南政治局下设立禁毒委员会，由总政一名副主任兼任负责人，各大军区、各军和各省军区也分别在保卫部门设立了相应的禁毒领导小组。越南海关也建立了一个从中央到地方的禁毒组织系统。

军队系统于 1998 年 9 月在越军总政治局下设立禁毒委员会，由总政一名副主任兼任负责人。各大军区、各军和各省军区也分别在保卫部门设立了相应的禁毒领导小组。与此同时，在公安、海防、边防等部门都加强了缉毒能力，充实队伍，配备各项设备，增加缉毒专项经费，改进缉毒手段。此外，在 1998 年底，还成立了隶属于公安部的缉毒警察部队，使缉毒力量得到进一步加强②。公安、海关、边防部队组成了打击毒品犯罪的主力军。

2000 年 6 月，建立了全国艾滋病、毒品和扫黄管理委员会，取代了先前成立的国家禁毒委员会。新机构由越南打击丑恶现象指导委员会、禁毒委员会和控制艾滋病委员会合并组成。该委员会由一名副总理任主席，公安部、劳动社会事务部、卫生部部长和越南全国阵线的代表担任副主席。

---

①李晨阳、刘稚：《东南亚有关国家的毒品防控体系》，内部研究报告，2004 年，第 11 页。

②马树洪主编：《云南境外毒源研究》，云南民族出版社，2001 年版，第 237 页。

2005 年 1 月，越南边防部队成立缉毒局。越南海关健全了缉毒机构，海关总局缉私调查局现有 3 个专门负责缉毒的单位：边界毒品走私调查工作管理业务处、缉毒管理工作队及海关毒品信息处理中心。同时在毒犯活动的重点地区成立了 12 个缉毒工作组，在重点关口也增加了海关缉毒检查组①。

（二）制定并完善禁毒法律法规

1990 年，越南对刑法进行了修改补充，明确了惩治非法生产、销售、储藏毒品罪的法律条文。

1992 年，越南宪法第 6 条明确规定，禁止鸦片种植和使用。

1993 年 1 月，越南政府下发了关于加强禁毒工作的第六号决议，为各禁毒执法部门制定了相应的法规、打击各种毒品违法犯罪活动提供了政策依据。

1995 年 2 月，越南政府正式颁布了《关于缉毒防毒工作的决议》，号召在全国开展一场声势浩大的禁毒活动。

1996 年，越南正式颁布《犯毒品法》，制定了《1996～2000 年禁毒计划》，对刑法再次进行修改、补充，增加了禁止非法生产、藏匿、买卖和贩运毒品等有关禁毒的条款。

1997 年 5 月，越南国会又再一次修改、补充刑法，确定了种植毒品作物，非法生产、储存、运输、买卖和使用毒品，组织吸毒等 13 种毒品犯罪行为，并加重了对毒品犯罪的量刑。修改后的刑法加重了对毒品犯罪的量刑：非法生产、贮藏、运输和贩卖海洛因或可卡因 100 克以上、大麻叶或古柯叶 75 千克以上、罂粟干果 600 千克以上、罂粟生果 150 千克以上、其他固体毒品 300 克以上、其他液体毒品 750 毫升以上者，均可判处无期徒刑或死刑。同年 10 月，越政府总理签署了《（1997）第 01 号电令》，要求将打击吸、贩毒品活

①蒋玉山：《新时期的越南禁毒问题探讨》，载《东南亚纵横》2006 年 6 月，第 29 页。

动纳入全国"严打"行动之中①。

1998 年 8 月，越政府召开全国禁毒工作会议，要求有关部门在 2000 年前完成禁毒的立法工作，尽快批准禁毒国际公约，进一步修改和补充刑法、刑事诉讼法，完善与国际接轨的国际刑事犯罪司法协助和引渡法等法律制度。

1999 年 2 月，越南教育部制定下发了《关于对吸毒学生的处理规定》。明确规定：学生第一次吸毒，经尿液检查呈阳性者，责令其休学一学期，并在家里接受戒毒治疗；第二次复吸的，责令其休学两学期，并在当地戒毒中心戒毒治疗；第三次复吸的，作退学处理；参与走私贩运毒品和组织他人吸毒，触犯刑法的，依法追究刑事责任。同年 4 月，越南公安部颁布《调查法令》，对毒品案件的调查作了专门的规定。

跨入 21 世纪后，越南的禁毒政策得以进一步完善。

2000 年 12 月，越南国会通过了《防毒反毒法》，于 2001 年 1 月生效②。

2004 年 11 月出台了关于继续实施 09/1998/NQ - CP 号决议的 37/2004/CT - TTg 号指示和到 2010 年政府关于预防打击各类犯罪的国家计划。

2005 年 7 月，通过了政府总理关于"到 2010 控制毒品通过边境"的第 187/2005/QD - TTG 号决议，决议的目标是到 2010 年，基本上能够阻止边境毒品走私活动。此外，还颁布了政府总理关于到 2010 年预防、打击毒品和毒品犯罪的 49/2005/QD - TTG 号决议，目标是降低全国的犯罪率和毒品弊病。这些法律法规及政府指示在动员越南社会各行各业、各社会组织、各阶层人民参与防打毒品工作提供了重要的法律依据。同时还对成功接受戒毒者再就业安排出台

①李晨阳、刘稚：《东南亚有关国家的毒品防控体系》，内部研究报告，2004年，第 12 页。

②刘稚：《中国参与湄公河次区域禁毒国际合作研究》，中国书籍出版社，2004年版。

222

了相应的政策，如 2003 年 7 月颁布了"关于在胡志明市和部分省、直辖市对戒毒后人员进行组织管理、习艺和安排就业试点"的 16 号决议。2005 年 7 月，颁布了政府总理批示"为巴地头顿省戒毒人员组织管理习艺安排就业"的 186/2005/QD – TTG 号决议①。

（三）强化缉毒、戒毒工作，严厉打击毒品犯罪活动

越南国家领导人十分重视禁毒工作，前越共总书记黎可漂在 1998 年 10 月 19～20 日的全国预防、打击毒品犯罪会议上，把毒品视为新的外来入侵之敌。

据越南内务部公布的一项报告显示，在 1993～1997 年的五年间，越南缉毒机构破获了 1.7 万起毒品案件，抓获 34 747 名涉毒违法犯罪人员，查获了大量毒品，其中包括 7 255 千克鸦片，170.8 千克海洛因，111 万千克大麻和 243 千克可卡因②。1998～2005 年的 8 年间，越南公安边防部队共破获了 88 284 起贩毒案，惩处了 166 128 名毒犯，收缴鸦片超过 3 275 千克、海洛因 810.5 千克、勤沙 7 821 千克、合成毒品 25.9 万颗、致瘾类新药和注射管剂 66 万颗，侦破大型毒品案件 9 000 起，堵死了多条跨国贩毒线，摧毁了数百个毒品零售窝点，处决了一批罪大恶极的毒犯。其中最大的是富寿 853T 毒品案，牵扯到 12 个省区，缴获毒品达 3 500 多包。2001～2005 年的 5 年里有 34 名缉毒人员牺牲，50 多人负伤。越南海关缉毒工作成绩突出。2001～2005 年，越南海关缉毒力量共破获 208 起毒品案，抓获 160 名贩毒分子，收缴数百包海洛因、数十公斤鸦片及数十万颗神经麻醉管剂，为禁毒工作作出了相当大的贡献③。

在打击贩毒犯罪活动的同时，越南政府也十分重视开展禁吸戒毒工作。1995 年 2 月，越南政府下发《关于缉毒防毒工作的决议》，

①蒋玉山：《新时期的越南禁毒问题探讨》，载《东南亚纵横》2006 年 6 月，第 29 页。

②马树洪主编：《云南境外毒源研究》，云南民族出版社，2001 年版，第 237 页。

③蒋玉山：《新时期的越南禁毒问题探讨》，载《东南亚纵横》2006 年 6 月，第 30 页。

明确规定，吸毒必戒。为此，越南政府从中央到地方层层拨款，建立了一批强制戒毒所，强制吸毒人员戒毒。民间也相继成立了一些戒毒机构，收治自愿戒毒者。戒毒方法除了传统的按摩、冷水浴及草药等外，还有"劳教法"和"心理再教育"法。另外，为了解决戒毒后复吸率高的难题，越南政府在全国大力推广"社会化戒毒法"。同时，从 1995 年开始，越南的科研部门和戒毒机构还积极开展研制戒毒药品的工作，以提高戒毒效率。1996 年 11 月 30 日，越共中央政治局发出 06 号指示，要求加强对禁毒工作的领导，加大铲除罂粟和大麻的力度。1998 年初，越南总理潘文凯发布了 1411/CP—NC 法令，宣布自 1998 年 1 月 30 日至 2000 年，在越南全国举行历时三年的全面扫毒运动[①]。

总之，越南各相关部门的戒毒工作效果显著。据不完全统计，到 2004 年底，越南为 24 135 人实施了戒毒，截至 2005 年底，越南正在接受戒毒的人数为 44 398 人，为两万名戒毒康复者教授谋生手艺。戒毒、传授文化知识同劳动教养有机地结合在一起，使相当数量的接受戒毒人员在戒毒之后重新步入社会，效果显著。有关部门宣布将戒毒分为三个阶段，并与减刑结合起来。胡志明市延长了戒毒时间，并扩建了戒毒中心，增加了戒毒中心工作人员。胡志明市、河内市、广宁、安沛、太原省建立了试点戒毒俱乐部，并辅之以精神治疗。采取强制戒毒、家庭社区戒毒以及自愿戒毒相结合的形式，河江省再次染毒比例大大减少，只有 37.7%。运用民族医学，如针灸、气功等进行治疗，并加强对致瘾药物进行检查，使戒毒效果增强。农村戒毒工作稳步推进，成效显著，各级农会在谅山、老街、安沛、山罗、太原、清化、义安、承天—顺化、富安、庆和、林同、岘港、胡志明、海防等省市为 46.1 万人次开办了 6 320 个培训班，培训了近 1 万名农民禁毒骨干力量，基层农会建立了 5 800 个农民禁

---

① 李晨阳、刘稚：《东南亚有关国家的毒品防控体系》，内部研究报告，2004年，第 13 页。

毒俱乐部[①]。

（四）对北部地区的罂粟种植采取控制、减少和替代种植政策

为控制国内毒源，替代并消除罂粟种植，越南政府于1993年下达了控制和减少罂粟种植的指令。同年，越南政府组织工作组深入北部山区开展收缴鸦片和捣毁罂粟地工作，经过3个月的宣传动员，毁掉3 650公顷罂粟地，收缴鸦片138千克、罂粟粉425千克。1995年4月，越南政府下发了《关于在西北各省减少罂粟种植面积，大力发展林业、油菜和咖啡经济作物的决定》，当时的越南总理武文杰和国会主席农德孟到北部山区视察时也指示要调整结构，替代罂粟种植。提出按照国家经济社会发展要求，根据当地自然环境、风俗习惯和优势，推广经济作物、水果和粮食的种植，以替代罂粟种植和鸦片生产。与此同时，越南政府加大了对边境少数民族地区的扶贫攻坚力度，从政策和资金上给予优惠，帮助发展多种经营，大力发展庄园经济[②]。

1996~2001年，联合国禁毒署和越南政府在越南义安省的圻山县（ky son）进行禁毒替代发展的试点，即"替代毒品种植的社会经济发展计划"（AD/VIE/95/1309KY soa计划）（1996~2001）。联合国禁毒署资助经费402.32万美元。项目执行机构是联合国发展计划署和越南山区民族发展委员会。该项目取得了很大成绩，是典型的在落后乡村实施替代发展取得成功的例子。圻山县是越南9个最贫穷的地区之一，1994年该地区的鸦片产量位居全国前列，实施替代发展后，到1999年罂粟种植已基本清除。

越南政府为了清除该地区的罂粟种植，首先组织民众学习政府的有关法规政策，宣传鸦片的危害，让老百姓了解国家开展铲除鸦

---

①蒋玉山：《新时期的越南禁毒问题探讨》，载《东南亚纵横》2006年6月，第30页。

②马树洪主编：《云南境外毒源研究》，云南民族出版社，2001年版，第239页。

片的目的，取得老百姓对于铲除罂粟种植的支持。其次是层层签订铲除罂粟种植的责任书。上一级人民委员会与下一级人民委员会签订责任书，村一级人民委员会与种植罂粟的农户签订责任书，签订责任书后的农户要保证不再种植罂粟。最后是铲除罂粟。每个种植罂粟的农户要自行将自己种植的罂粟铲除。同时，在每个村设立观察员，建立领导小组，互相观察、监督铲除罂粟的情况，若发现没有铲除的罂粟就立即捣毁，并对当事人进行处罚。

在经济社会发展方面，经常举办培训班、研讨会，组织到外地参观学习，使当地的负责人增强提高生活水平的可能性及机遇的认识；充分发挥妇女在项目实施中的作用，不断提高其素质，使其掌握创收技能、贸易技能、艾滋病知识并防止吸毒；加强当地的畜牧兽医、医药卫生、教育和培训工作，新建了3所学校、3个卫生所，并对其他8所学校提供了教学设备；加强基础设施建设，改造公路、修建桥梁、建设供水和灌溉设施、新建电视转播站；农民积极从事经过试验成功的玉米、稻谷、马铃薯和果树的种植及家畜饲养。该计划根据当地山区的特点，把发展畜牧业作为收入的主要来源，玉米、木薯被大量种植用做牲畜饲料。国家还举办了畜牧兽医研讨会，为圻山县制订了畜牧业发展行动计划。

圻山替代发展项目的第一阶段成功结束之后，第二阶段已于2001年后期得到核准。新项目主要解决可持续性问题，并制订和总结出可以移植到其他地方的办法和经验，以便在生产鸦片的少数民族中兴起替代鸦片收入和减少毒品需求的活动。这一目的将结合制订社区一级的发展计划，通过加强国家负责提供所需服务的机构的能力来实现。省一级和地区一级的当局将起到关键作用。传授替代发展技术和运用方面的经验将会推动政府在其他农村发展活动中的作用。

1998年7月，越南政府通过了第135/1998/QD－TTG号决议，决定在边远、落后的农村实施"135"经济社会发展计划，其对象是最边远、落后、依靠种植鸦片为生的乡村。实施的乡村经评估有

1 715 个，其中最贫穷的 1 000 个优先安排。计划用 5～7 年的时间实施。内容为改善交通，兴修水利，建立学校、卫生所、净水和电力供应系统。每个村每年将得到 4 亿越南盾（约 2.85 万美元），完成 1～2 个具体项目。村领导负责选择和监督项目的实施[①]。

此外，还将实施一些其他政府和双边援助的禁毒替代发展项目。如亚行资助修建的公路项目，世行和其他国际机构帮助建立商品市场体系等。

经过多年的改植，越南已将 20 世纪 90 年代初全国的 6 万多公顷罂粟种植面积减少到了 2000 年的 428 公顷。而到了 2004～2005 年度，全国鸦片种植面积只有边远地区的 30 公顷，鸦片种植面积已经减少了 98%[②]。

（五）开展禁毒宣传教育

越共中央政治局 1996 年 11 月在一份文件中强调，毒品泛滥"危害社会安定，败坏传统道德。毁灭家庭幸福，贻祸子孙后代，关乎民族存亡"，要求各级党组织必须把禁毒作为"事关建设祖国和保卫祖国两大战略任务"的一项经常性工作来抓。越南把毒品预防工作视为"最基本、最长久和最具决定性的因素"，提倡家庭与社会管理相结合的预防形式，集中调查吸毒犯罪的网络，对吸毒上瘾者进行系统的统计、分类和分析，以便制定出彻底的戒毒措施。越政府开展了广泛的禁毒宣传工作，充分发挥卫生、教育、共青团、妇联、坊（越南社会的基层行政单位，相当于我国的地区办事处）在禁毒宣传中的作用[③]。

为了预防和打击毒品犯罪，教育公民远离毒品，实现全社会参与禁毒活动的目标，越南政府提出了"以防为主，以民为根，以家

---

①李晨阳、刘稚：《东南亚有关国家的毒品防控体系》，内部研究报告，2004 年，第 14 页。

②蒋玉山：《新时期的越南禁毒问题探讨》，载《东南亚纵横》2006 年 6 月，第 30 页。

③李晨阳、刘稚：《东南亚有关国家的毒品防控体系》，内部研究报告，2004 年，第 14 页。

庭为细胞，乡村、街坊为支点，公安队伍为主干"的禁毒工作方针；同时，在全国范围内组织开展各种形式的禁毒宣传活动。一是通过广播、电视、报刊等新闻媒体，宣传国家的禁毒方针和政策；二是利用展览、报刊、小册子、挂图、文艺演出等多种形式进行禁毒宣传，使广大群众尤其是青少年深切认识毒品的危害，从而远离毒品；三是利用行政手段，发动工、青、妇群众组织开展各种形式的禁毒宣传活动；四是利用每年"6.26"国际禁毒日开展大规模禁毒宣传，公开宣判处决毒品走私犯；五是组织各地公安机关与各大、中、小学校以及居委会签订"无毒小区"或共同预防和打击毒品犯罪活动协议书①。

此外，政府还建立了数十所戒毒中心，大力提倡通过家庭和社区加强对吸毒者的管理、教育和监督。越南政府采取强制戒毒的政策，使全国戒断毒瘾的人数逐年增加，新吸毒人数逐年减少。仅1998年全国就对56 300名吸毒人员进行了强制戒毒，帮助12 200名戒毒人员学习技术，并帮他们找工作，使其重新融入社会。据越南外交部发言人潘翠青2001年3月2日在河内说，越南有近60个戒毒中心，通过戒毒中心、社会和个人家庭等采取的综合戒毒措施，平均每年全国毒瘾人数中有20%～25%得到戒毒。越南还大力在国内推广一些成效较好的戒毒模式②。

（六）开展国际禁毒合作

越南与联合国、东盟、湄公河次区域国家积极开展国际和地区禁毒合作，同国际和地区缉毒机构在提高干部能力，加强缉毒设备，提高缉毒装备和技术，实现资源共享，信息交流，缉毒干部培训，打击毒品犯罪，控制毒品过境等方面进行了密切的合作。

1. 与联合国相关机构开展合作

越南与联合国禁毒署、联合国禁毒委员会、国际刑警不断加强

---

①马树洪主编：《云南境外毒源研究》，云南民族出版社，2001年版，第240页。
②李晨阳、刘稚：《东南亚有关国家的毒品防控体系》，内部研究报告，2004年，第15页。

禁毒合作。至 2000 年 8 月，联合国禁毒署已向越南提供了六个禁毒援助项目，即"加强越南国内禁毒缉毒能力"、"加强国家首脑机关反毒援助项目"、"替代性社会发展项目"、"高危人群吸毒及其恶果的防止"、"校园中的吸毒防治"、"毒清分析和社区基本治疗方法培训"，援助金额达 639.04 万美元。另外，越南还加入了《联合国毒品控制公约》，与联合国禁毒署、联合国麻醉品管理局开展了其他实质性禁毒项目合作，并积极参与联合国禁毒署易制毒化学品会议、安非他明兴奋剂会议及国际缉毒联络官会议[1]。

2. 参与区域层面禁毒合作

在区域合作方面，从 1993 年起，越南就参加了亚洲—环太平洋地区国家禁毒机关首脑会议。从 1995 年开始，越南就是东盟禁毒合作项目的正式成员。1996 年 9 月，越南举办了第 19 届东盟成员国反毒品高级会议。1998 年 11 月，越南在河内主办第 34 届东盟部长级会议，会上，由越南倡议，东盟通过了《预防和控制东盟地区青年吸毒的行动纲领》等文件。同年 12 月，越南在河内举办第 6 次东盟首脑会议，此次会议通过的《河内宣言》表示：东盟各国"将在 2020 年之前彻底铲除毒品的生产、加工、交易和使用"。此前越南已经在《建立一个无毒的东盟联合宣言》等一系列区域禁毒文件上签了字。同一年，越南警察加入东盟警察组织，1999 年 4 月又加入了东盟犯罪情报交流系统，其中包括涉及东盟各国的国际毒品犯罪情报的交流[2]。另外，越南还积极参与亚洲缉毒执法会议，并于 2005 年在河内筹办了第 29 届亚太地区缉毒首脑会议。

3. 参与次区域层面禁毒合作

在次区域合作方面，1995 年 5 月，越南、中国、老挝、泰国、缅甸、柬埔寨及联合国禁毒署在北京召开了第一次次区域禁毒合作部长级会议，通过了《北京宣言》，并共同签署了《次区域禁毒行

---

①蒋玉山：《新时期的越南禁毒问题探讨》，载《东南亚纵横》2006 年 6 月，第 30 页。

②马树洪主编：《云南境外毒源研究》，云南民族出版社，2001 年版，第 241 页。

动计划》，形成了东亚次区域的禁毒国际合作模式。1998 年 5 月，越南与中、老、泰、缅、柬五个周边国家一道与联合国毒品控制委员会签订了一项联合控制毒品的协议，计划耗资 1 500 万美元实施 12 个禁毒项目。1999 年 5 月，越南参加了在万象举行的东亚小区域 6 国抵制跨境毒品走私会议，会议就各国间的合作问题达成了协议并发表了《万象声明》。"声明"强调：湄公河小区域 6 国决心在禁毒工作上进行更有成效的合作，以履行联合国第 20 届大会特别会议关于在 2008 年减少毒品供应的决定。2001 年 7 月，越南又参加了在仰光举行的东亚次区域 6 国部长级禁毒会议，与会各国禁毒国际官员回顾了亚太地区的禁毒成果，并寻求进一步加强禁毒合作的途径①。另外，越南还积极参与东南亚次区域禁毒合作谅解备忘录成员国部长级会议及历次湄公河次区域禁毒合作会议。

4. 开展双边禁毒合作

越南不断加强与其他国家的双边禁毒合作关系。1995 年 3 月，越南签署了《关于越缅两国共同打击毒品走私活动的协议》，同年，越南同意泰国在河内设立禁毒联络处。1999 年 6 月，在越南义安省举办了越老禁毒合作会议。会议提出并讨论了加强两国禁毒合作的具体措施，签署了禁毒协议。2001 年，越与柬、老在金边签署了联合肃毒声明。三国重申，将加强边防口岸的肃毒合作机制、互相通报与毒品过境有关的信息、经济交流意见和互相支持、举行肃毒研讨会、共同呼吁国际社会提供援助，积极支持次区域的肃毒计划等②。2005 年 3 月，越南与新加坡的禁毒合作也拉开了帷幕③。

此外，越南还与美国、澳大利亚、法国、英国、德国、加拿大、俄罗斯和中国建立了禁毒合作关系。

---

① 刘稚：《中国参与湄公河次区域禁毒国际合作研究》，中国书籍出版社，2004 年版。

② 刘稚：《中国参与湄公河次区域禁毒国际合作研究》，中国书籍出版社，2004 年版。

③ 蒋玉山：《新时期的越南禁毒问题探讨》，载《东南亚纵横》2006 年 6 月，第 31 页。

第三节　越南毒品问题的发展趋势

总的来看，越南政府在禁毒方面确实作出了新的努力，采取了一些积极措施，并取得了一定成效，但禁毒形势仍不容乐观。越南毒品问题的产生和发展有着历史的、地理的、经济的以及国内和国际等多方面因素，是大金三角毒品问题的一个组成部分。

一、越南毒品问题将继续存在

越南的毒品问题由来已久，虽然越南政府自 20 世纪 90 年代以来在毒品禁种、打击贩毒等领域采取了各种积极措施，但受各种因素影响，越南的毒品问题在短期内将会继续存在，无法根除。综合各方面情况看，在相当长的一段时期内，毒品问题仍将是困扰越南的一个社会问题。

（一）地理因素

越南紧邻世界上最大的毒品产地金三角，金三角近年来毒品生产有增无减，老挝北部地区的罂粟种植也在不断增加。根据毒品生产规律，毒品市场一旦形成便很难缩小，一定量的毒品生产出来后总是要千方百计流入市场，而其流动就像水一样专往低处、也就是反毒薄弱地段流。从目前金三角周边环境看，走泰国的南通道严重受阻，而且泰国毒品市场已经出现了冰毒替代海洛因的势头。其走中缅边境的北通道今年来在我卓有成效的反毒斗争打击下，贩毒风险不断加大。相比较而言，越、老两国、特别是老挝对边境的控制能力较弱，金三角经老挝到越南的东通道就是在这样的情况下打通的。随着中南半岛国家经贸合作的加强和沿边开放的发展，从老挝和柬埔寨进入越南的毒品还可能增加。金三角毒品基地的长期存在决定了其毒品向越南的渗透也将是长期的。换言之，越南境外毒源的长期存在决定了越南禁毒斗争的长期性、复杂性和艰巨性。

（二）司法腐败

越南国家官员和司法工作的腐败是越南毒品泛滥的重要原因。

越南国内拜金思潮严重，在毒品巨额利润的诱惑下，越南党、政、军、警内部的腐败分子与国际毒犯勾结，联手贩毒情况突出，使其毒品贩运较为隐蔽，加大了禁毒工作的难度。越南公安、边防、海关以及法院、检察部门之间缺乏有效的禁毒配合机制，开放边境与防范打击毒品走私尚未有机结合起来，难以遏制毒品多头入侵的势头。

（三）毒品问题尚处于发育期

从越南国内的情况看，其毒品问题尚处于发育期，今后的趋势仍是不断增长。越南是一个正在实行改革开放的发展中国家，人流、物流、信息流倍增，进入社会转型期的人们的传统观念、生活方式受到猛烈冲击，随着贫富分化的加剧、失业队伍的扩大，越来越多的人为逃避现实，追求解脱和刺激，这种特殊的需求为毒品提供了广阔的市场。目前越南毒品消费的情况是：以北方农村为主的传统吸食鸦片的问题仍未解决，以城市青年人为主的吸食海洛因和精神药物的群体迅速扩大，出现毒品精制化、类型多样化、吸毒者年轻化的特点。从毒品的生产和贩卖情况来分析，越南与老挝、中国交界地区属于缅、老、越、泰四国北部组成的大金三角范围，这条毒品密集地带是世界上最大的毒源地，有众多的贩毒通道，有十多个民族跨国界而居，他们既是毒品生产者、消费者，又是毒品贩运、传播的天然载体。据统计，被我公安机关抓获的越南毒犯大部分是来自边境一线的农民。而且越南的毒品贩卖还有一个特殊的背景：在美国居住着150万美籍越南人，其中越籍黑帮在美国几十个城市里从事毒品交易，形成了一个从越南到欧美的贩毒网络。总之，越南既有潜力巨大的毒品市场，又有较多的毒品通道；国内毒源尚难根除，境外毒流又滚滚而至，禁毒形势不容乐观。

二、新型毒品将继续扩张并导致"洗钱"活动加剧

在越南国内毒品种植尚未有效解决的同时，新型毒品已蜂拥而至。越南已经成为金三角毒品流向国际市场的通道和中转站。

近年来，越南进一步加快了改革开放的步伐，加入了世贸组织，对外开放呈现欣欣向荣之势。而金三角的毒犯也利用越南对外开放的有利时机，打通了经老挝或柬埔寨到越南的通道。金三角的毒品主要通过三条路线流入越南，一是经越老边境至越南莱州、山罗、义安三省的边境小路、公路进入越南；二是从柬埔寨走海路进入越南中部和南部；三是经中国的云南和广西进入越南的高平、谅山和黄连山等省[①]。随着市场需求的扩大和新型兴奋类毒品的涌入，越南国内吸食新型兴奋剂的人数将呈上升之势。

毒品的大量流入，使越南的一些地区，如河内、西贡、瑞安、新安等地成为毒品主要集散地和毒犯"洗钱"的活动中心[②]。

三、越南政府将进一步治理毒品问题

越南既是毒品生产国，又是毒品过境国，同时还是毒品消费国。毒品问题给越南的经济发展、社会稳定和对外关系带来了各种负面影响。

20世纪90年代以前，越南的毒品吸食者主要是年龄较大的山民，现在青少年则是吸食主体[③]。一些大中学校也被毒品侵袭，不少学生也染上了毒瘾。这对越南的发展是一个潜在的严重威胁。

同时，越南的贩毒分子和毒品吸食者中的很大一部分还兼有其他违法犯罪活动。由于毒品价格昂贵，吸食者为了满足对毒品的需求，往往铤而走险，以贩养吸，以盗养吸，以抢养吸，以卖淫养吸，其结果必然是吸毒与其他犯罪行为并存[④]。所以，毒品不仅侵蚀越南国民的身体，还毒害其意识，致使一系列不利于社会稳定的犯罪活动发生。

因此，在今后很长的一段时间内，越南政府必然会通过完善相

---

①马树洪主编：《云南境外毒源研究》，云南民族出版社，2001年版，第54页。
②马树洪主编：《云南境外毒源研究》，云南民族出版社，2001年版，第55页。
③马树洪主编：《云南境外毒源研究》，云南民族出版社，2001年版，第56页。
④马树洪主编：《云南境外毒源研究》，云南民族出版社，2001年版，第57页。

关法律法规，加大对贩毒活动的打击力度，加强与国际社会的禁毒合作等来进一步治理本国的毒品问题，为维护社会稳定和促进经济发展扫除障碍。

参考文献

［1］刘稚：《中国参与湄公河次区域禁毒国际合作研究》，中国书籍出版社，2004 年版，第 82～94 页。

［2］蒋玉山：《新时期的越南禁毒问题探讨》，《东南亚纵横》2006 年 6 月，第 28～31 页。

［3］范宏贵：《越南的毒品及禁毒政策措施》，《东南亚纵横》(增刊)2000 年，第 17～23 页。

［4］马树洪主编：《云南境外毒源研究》，云南民族出版社，2001 年版。

［5］马树洪：《大湄公河次区域经济合作中的毒品治理问题》，载孙渭主编：《当代跨境民族与境外铲除毒源研究》，云南民族出版社，2001 年版，第 59～72 页。

［6］刘稚：《越南毒品问题的特点与发展趋势》，《当代亚太》2001 年第 1 期，第 57～61 页。

［7］UNODC，*Drug – Free ASEAN* 2015：*Status and Recommendations*，2008.

后　记

　　呈献给各位读者的《金三角毒品研究》属于老题新作，因为自20 世纪 90 年代以来，国内出版了数十种关于金三角及其毒品问题的著作或者论文集，由旅游者、记者和作家撰写的带有演义性质的作品同样是汗牛充栋，单篇的论文则不计其数。因此，本书要完全摆脱以往的研究成果，重新另起炉灶是不可能的，也不太现实。但这并不意味着金三角毒品问题就没有再研究的必要了，也不能因为前人的成果多就否定本书的价值。

　　首先，本书是一个综合性的研究，从整体和国别两个维度对金三角毒品问题的形成、演变、现状、趋势以及长期存在的原因进行了比较全面和深入的探究，其中不乏真知灼见。

　　其次，对近几年来金三角毒品问题的新态势以及我国企业在缅甸、老挝北部开展的替代种植及其成效进行了分析，尤其是在资料的使用方面，既参考了云南省商务厅、云南省公安厅禁毒局的官方资料，也大量引用了联合国毒品与犯罪办公室每年公布的世界毒品报告。数据和材料的时效性突出、准确度高是本书的主要特点和贡献之一。

　　本书是云南大学禁毒与防艾研究中心资助的研究项目成果，全书由我制定编写框架和体例，我指导的邵建平、杨祥章、朱民等研究生和我一起完成初稿。初稿出来后，我在认真审读的基础上提出了修改意见，学生们根据我的意见进行了多次修改。为了加深对缅甸毒品问题的了解，我把云南大学国际关系研究院 2008 届硕士研究生孟爱琴的硕士学位论文《缅甸佤邦地区毒品问题研究》也纳入本书。出版社把清样送回作者手上之后，先由我和邵建平对全书进行了初步的修订，最后由我统稿和审定。因此，这既是一项导师与学生合作的成果，也是在前人研究基础上加以总结和深化的结果。我要特别感谢董胜、刘稚、马勇、马树洪、梁晋云、陶颖等云南省研究金三角毒品问题的资深专家同意我们参考和借鉴他们的研究成果。为了尊重他们研究成果的知识产权，本书各章节也署有这些专家的名字。

就本书研究的主题——金三角的毒品问题而言，有必要把最新的情况在后记中加以说明。自 2006 年 4 月国务院下发《关于在缅甸老挝北部开展罂粟替代种植、发展替代产业问题的批复》（国函〔2006〕22 号文件）以来，我国企业在缅甸、老挝北部的替代种植迅猛发展，禁毒效果明显，同时巩固缅北、老北的罂粟禁种成果面临的挑战也非常突出。

2006 年，我国企业在缅北、老北实施替代种植的禁毒成效表现在两个方面。第一，随着替代种植面积的增加，缅北、老北的罂粟种植面积明显减少，替代项目开展较好的掸邦北部第一、第二和掸邦东部第四特区罂粟禁种的成果得到了较好的巩固。20 世纪 90 年代中期，缅北罂粟种植面积最多时达 248 万多亩，到 2005 年为 49.15 万亩，2006 年为 47.25 万亩，2007 年急剧下降到 27.9 万亩，为历史最低点。2007 年，金三角罂粟种植面积仅占全球罂粟种植总面积的 12.4%，彻底改变了金三角罂粟种植面积和海洛因产量长期位居世界第一的状态。2008 年，缅北罂粟种植略有反弹，达到了 33.89 万亩，但仍然处于历史低位，而且掸邦北部第一、第二和掸邦东部第四特区等替代项目实施得较好的地区基本未发现罂粟复种。2009 年，缅北罂粟种植面积为 36.45 万亩，主要集中在掸邦缅中央政府控制区内，而且与历史最高峰相比，也实际减少了 210 多万亩。由此可以看出，在原罂粟种植区发展替代种植，对于减少罂粟种植面积、从源头铲除毒品的替代工作是卓有成效的。第二，从缅甸、老挝进入云南省的鸦片和海洛因持续下降。随着境外罂粟替代种植面积的增加和罂粟种植面积的减少，从缅北地区进入中国境内的海洛因持续下降，流入消费市场的海洛因明显减少。境外毒源地传统毒品海洛因对我渗透呈逐年下降势头，全国海洛因缴获量从 2004 年的 10.8 吨降至 2008 年的 4.33 吨，云南省海洛因缴获量也从 2004 年的 8.3 吨降至 2007 年的 3.2 吨。2009 年，云南省共缴获海洛因 3.28 吨、鸦片 1.11 吨，仍然保持在历史低位。

　　但是自 2008 年以来，缅北、老北的罂粟种植面积持续反弹，尤其是缅北地区 2009、2010 年的罂粟种植面积已接近 2006、2007 年的水平。根据我禁毒部门掌握的信息，2008 年，缅北罂粟种植面积 33.89 万亩（比 2007 年增加 5.99 万亩），其中，克钦邦第一、二特区分别增加 2.1 万亩、1.9 万亩。另据境外调研估测，老挝北部 2008 年罂粟种植 1.6 万亩，2009 年为 2 万余亩。2009 年，缅北种植罂粟 36.45 万亩（比 2008 年增加 2.56 万亩），其中，克钦邦第一特区、东掸邦、南掸邦分别增加 0.1 万亩、0.6 万亩、2 万亩。缅北罂粟种植主要区域为北部掸邦军、南部掸邦军、克钦保卫军等特区组织、坤沙残余势力、部分民兵组织辖区以及与之犬牙交错的政府控制区。2009 年，在缅北 36.45 万亩罂粟种植中，掸邦为 31.63 万亩，其中，东掸邦 13.3 万亩，南掸邦 11.1 万亩，北掸邦 7.1 万亩。受缅政局不稳、政府控制力弱等因素影响，根除这些地区的毒品种植尚需时日。此外，缅北地区毒品加工仍然突出。虽然掸邦北部第一、第二特区保持了罂粟禁种，木姐地区种植面积较少，但当地毒犯到掸邦南部和东部、克钦邦等地收购鸦片进行加工的情况日益突出，加工地点也更加隐蔽和分散；一些特区部分高层人员仍然参与和庇护制贩毒活动，禁毒执法合作面临阻力较大。同时，掸邦东部第四特区（西双版纳境外）由于经济不景气，又迫于各方压力，放松了对过境毒品的堵截力度，掸邦北部第一、二特区（临沧、普洱境外）辖区内生产的毒品经该地区进入我境的情况十分突出。其中克钦邦第一、二特区 2009 年有数万亩的罂粟种植，属于明显的复种，主要罂粟种植区域集中在腾密公路（云南腾冲至缅甸密支那）两侧甘拜地至昔董坝东西约 40 公里、南北约 15 公里的区域和盈江境外的昔马拱地区。尚未开展替代种植的缅甸政府控制区仍有 30 多万亩的罂粟种植。

2009 年 8 月果敢事件之后，由于缅北局势持续紧张，缅北毒情发生了重大变化，主要表现是 2010 年缅北各特区辖区内的罂粟种植已经出现大规模反弹，兴奋类毒品产量不断提高，中缅、泰缅边境的贩毒案件明显增加，新的毒枭开始涌现。这表明云南境外禁种除源的任务依然艰巨，必须进一步加大替代种植的推进力度，巩固禁种成效。

缅北、老北的罂粟种植之所以难以彻底根绝，甚至出现复种势头，主要有以下几个方面的原因：

一是缅北、老北罂粟种植已有 100 多年的历史，罂粟种植已经固化为烟农的生产、生活方式，烟农不仅习惯于通过罂粟种植和鸦片生产获取所需要的生活物资，鸦片也是烟农平时最重要的药物之一。而改变烟农的生产生活方式是一项长期的、艰巨的社会系统工程，很难在短时间内实现。

二是由于国际毒品供求关系发生新变化，使全球毒品价格持续飚升，种植及加工的高额利润使罂粟复种有了内在动力。鸦片价格上涨以及贩毒分子提供资金，吸引了很多原已迁入坝区的烟民又返回山区种植罂粟，仅老北南塔省的勐新县 2008 年就有 8 个村近 130 户烟农回迁山区。

三是缅甸、老挝中央政府的管理措施不到位。老挝宣布禁种后，国际禁毒援助的减少造成了政府的资金困难，政府对私种罂粟现象难以完全根绝，加之对边民管理教育和法律宣传惩治不到位，致使罂粟复种有机可乘。虽然缅北各特区已宣布基本禁种罂粟，但缅甸中央政府控制区要 2014 年才禁种。此外，缅甸克钦邦的大面积罂粟种植主要位于缅甸政府与克钦邦第一、第二特区交界的"三不管"

地带，缅甸政府与两特区的管控力度弱，不能对毒品犯罪进行联合打击。而且即便是我禁毒部门提供了克钦邦准确的罂粟种植信息，缅甸政府有关部门的核查和铲毒效果仍然不佳。2009年初，缅掸邦根据我方通报的900多个坐标点，多次组织开展铲毒行动，铲除罂粟4.09万亩，但克钦邦第一、二特区受缅甸政府辖区大面积罂粟种植的负面影响，铲毒不积极，采取"拖延、应付"政策，只进行了象征性铲除。

四是替代种植的覆盖面有限，中国帮助开展的替代种植项目较单一且未向缅北、老北边远山区推进。这些地区由于交通不便等因素，不适合大规模种植开发，替代发展工作目前不能覆盖到这一地区，各村寨老百姓以生活艰难，无法维持生计为由，强行种植罂粟。此外，我替代企业大规模开展替代项目的时间还比较短，农业种植项目普遍存在周期长、见效慢的特点，对当地政府和烟农收入的增加贡献有限。尤其是我部分替代企业在缅北、老北采取"公司加农户"的合作模式，前3～4年烟农还可以在橡胶地、咖啡地、坚果地套种旱谷，勉强维持生存，但从第5年到橡胶开割，橡胶地不能再套种旱谷，而我方企业可以不负责参与橡胶项目的烟农生活，这样烟农就没有了任何收益，只能把复种罂粟作为增收捷径。

五是中国采取封关、禁赌等措施后，缅北各特区的经济大多步入了困境，尤其是2009年8月果敢事件之后，面临被改编压力的缅北部分特区高层领导的内心失衡，认为中国政府是在配合缅甸政府对其进行政治施压、军事围堵、经济封锁。出于生存需要，这些民族地方武装禁种除源的决心有所动摇，因而对其辖区内的罂粟种植持包庇、纵容的态度，个别人甚至把种毒、贩毒作为筹集扩军备战所需经费的主要手段。此外，军政府试图采取以夷制夷的方式对付不接受改编的民族地方武装，一些新成长起来的、受到军政府支持的少族民族武装趁机大肆从事制毒、贩毒这样的"特种产业"。在本书截稿之时，缅甸北部的克钦独立组织在2010年10月5日发表声明，把10月15日定为全面禁止麻醉毒品生产走私使用所有类型毒品的最后期限，此后克钦独立组织将收集所有毒品走私制作和吸毒者名单，并将对他们采取行动，包括被判处死刑。但愿这次克钦独立组织的禁毒行动能取得成功并且长期坚持下去。

除了以罂粟为原料的鸦片、海洛因等传统刚性毒品之外，我们还有必要重点关注金三角地区兴奋类毒品产量不断攀升的现象。我们要坚持这样的观点，金三角地区罂粟的禁种难度很大，即便禁种，成果也不意味着金三角毒品问题的终结，关键原因就是兴奋类毒品将是未来金三角地区的主要毒品种类，并将持续相当长一段时间。从这个角度看，对金三角毒品的研究仍是任重而道远，我们将会继续关注和研究金三角的毒品问题。

在本书的写作过程中，云南大学副校长林文勋教授、社科处处长杨毅教授、社科处副处长李东红教授以及国际关系研究院院长刘稚教授给予了非常多的关心和帮助，没有他们的指导和帮助，本书很难在短期内完成并出版。在此仅向各位领导表示最诚挚的感谢，也要感谢社科处的其他老师、禁毒防艾研究中心的其他同事以及本书的责任编辑。

李晨阳

2010 年 10 月 22 日